KB142082

IMF 이후 한국 경제를 강탈한 투기자본과 국내 거대 자본에 맞서, 그 누구보다 치열하고 강단 있게 싸워온 홍성준 동지의 활동에 아낌없는 지지와 응원을 보냅니다. _ KEB하나은행 노조위원장 이진용

대한민국 법을 잘 모르는 저희 탈북민들이 잘못된 홍보에 전재산을 날리고 갈팡질팡할 때 만나, 그 어려운 법적 재판과 집회에 앞장서서 열정과 힘을 주신 홍성준 사무국장님을 우리들은 영원히 잊을 수 없습니다. 존경합니다.
_한성무역사기-탈북민피해대책위원회 위원장 최미란

그간 금융투기자본의 횡포에 맞서 금융질서를 바로잡기 위해 헌신하신 홍국장님의 열정과, 쌍용자동차 투쟁에도 많은 노력을 함께 해주신 노고에 감사드립니다. 책의 출간을 축하드리며 출간과 함께 이 땅의 투기자본에 의한 약탈경제가 사라지길 바라봅니다.
_전국금속노동조합 쌍용자동차지부 지부장 김득중

10년 동안 투기자본과의 싸움, 다시 그것을 넘어서 5년여 약탈경제를 향한 절규, 그러나 여전한 저들의 철옹성. 홍동지의 삶이 진정한 민중의 역사입니다. _약탈경제반대행동 공동대표, 변호사 이대순

저자는 불순한 자본과 일부 관료집단 그리고 그들과 결탁한 동맹세력들의 탐욕에 대해 분노하며, 감시와 처벌을 촉구하는 사회운동을 해온 진정한 운동가이다. 십수 년 현장에서 함께 하기도 하고, 때론 옆에서 지켜보기도 하면서 저자가 추구하는 진정한 민주사회, 사회연대적 경제를 추구하는 열정에 감동을 받지 않을 수 없었다.

저자는 "발분(發憤)"이라는 표현을 즐겨 쓴다. 이번 저서는 그간 대한민국 내에서 자행되었던 자본의 부도덕성과 불법행위들에 대한 사례를 총망라한 역사서라 해도 과언이 아니다. 이념투쟁의 프레임 시각에서만 볼 것이 아니라, 불순한 투기자본들을 어떤 기준에서 가려낼 것인지, 자본의 정체성에 따라 어떤 칼을 뽑을 것인지에 대한 유일한 지침서일 것이다.

지금도 소박한 종로3가 사무실에서 "발분의 실력"을 발휘하고 있는 저자에게 경의를 표하며 노고에 아낌없는 박수를 보낸다. 그리고 빨간 뚜껑이 생각난다. _전 금융산업노동조합 정책본부장 김재율

양의 탈을 쓴 늑대들에 대항하여 함께 싸워온 홍성준 동지의 저서에 대해 한사람의 노동자로서 경의를 표합니다. 이 책을 통해 사악한 자본들의 민낯을 확인하고 함께 행동하길 기대합니다. _전국건설기업노조 위원장 홍순관

전 세계가 투기자본의 약탈에 의해 신음하고 있습니다. 그렇지만 아직도 투기자본을 상대로 한 투쟁은 생소하기만 합니다. 이 책은 시민들의 평온한 삶을 위해 무엇을 상대로 싸워야만 하는지를 잘 보여줍니다. 그리고 투쟁의 현장에서 외로운 싸움을 이어 온 저자의 생생한 경험을 우리들에게 전달해 주는 소중한 지적 자산입니다. _성신여대 법학과 교수 김봉수

투기자본 골든브릿지를 상대로 한 골든브릿지투자증권 노동조합의 지난했던 586일간의 파업 투쟁에 늘 헌신적으로 연대하고 도움을 주신 홍성준님의 노고에 이 기회를 빌어 감사의 말씀 올립니다. 그 간의 활동의 결과물이기도 한 이 책이 투기자본에게는 공포를, 맞서 싸우는 이들에겐 희망을 가져다줄 것이라 믿습니다.
_전국사무금융서비스노동조합 증권업종본부 본부장, 골든브릿지투자증권 지부장 김호열

자본주의에서 탐욕은 '독(毒)'이다. 탐욕이 지나치면 사람을 해할 수도 있다. 돈의 흐름보단 가치가 더 존중받게 하기 위해 홍성준은 싸우고 있다. 그는 론스타 먹튀 등 탐욕과 약탈에 맞서 지금까지 전쟁을 하고 있다. 그 전쟁에 홍성준이 있어서 외롭지 않다. 그의 깃발을 보고 우리는 오늘도 한발 앞으로 가고 있기 때문이다. _금융정의연대 상임대표 김득의

신자유주의적 세계화, 금융자본주의, 주주가치제고 등등의 어렵고 추상적으로 들리는 단어들이 대량해고, 비정규직, 금융사기로 퇴직금 날리기 같은 일상의 비참함을 낳았다면? 그 둘을 연결시킨 주범이 지금도 잘 나가는 정치인, 고위관료, 금융전문가들이라면? 우리의 각성과 분노와 실천만이 삶의 비참으로부터 스스로를 구할 수 있음을 이 책은 말해준다. _좌파 교육활동가 한형식

홍성준 약탈경제반대행동 사무국장님이 지금까지 현장에서 겪었던 일들을 모아서 책으로 낸다는 소식에 정말 기뻤습니다. 분명 현장 노동자들에게 꼭 필요한 내용이기 때문이죠. 2016년 썬코어(구 루보) 투쟁을 함께 하면서 투기자본의 폐해와 그들의 속성에 대해 국장님으로부터 많은 이야기를 들을 수 있었습니다. 투기자본에 의해 속절없이 무너져간 우리 동지들을 생각하면 분노와 후회의 시간이 반복되지만, 그만큼 우리도 자본에 대해 조금 더 공부하고 그들의 공격을 방어할 준비가 되어있어야 한다는 걸 뼈저리게 느낄 수 있었습니다. 아무쪼록 많은 독자들이 홍국장님의 이야기를 함께 공유하고 연구했으면 합니다. _전국금속노동조합연맹 조직부장 정태교

진실과 정의를 위해 고군분투하시는 약탈경제 사무국장님은 많은 이들에게 희망을 주시고 계십니다. 감사합니다. _Ids홀딩스피해자연합회 회장 조명옥

홍성준 하면 중국 고사 우공이산(愚公移山)의 이미지가 떠오른다. IMF 경제위기 후 20년, 한국경제를 누군가는 부의 축적으로, 누군가는 근근이 먹고 산 것으로, 누군가는 많은 것을 빼앗긴 것으로 기억할 것이다. 많은 자들이 화려한 부의 축적에 몰두하고 이것을 찬양할 때, 일관되게 빼앗긴 이들을 기록하고 피해자들과 함께 집요하게 싸워온 이가 홍성준이다. 그래서 뭐가 달라졌냐고? 그의 분투 덕에 오늘날 우리는 투기자본, 약탈경제라는 단어를 보통 명사로 쓰게 되었다. 이 책은 결국에는 기어코 산을 옮기고야 말 그의 기록이다.
_약탈경제반대행동 공동대표, kt새노조 대변인 이해관

자본주의 경제는 돈이라 부르는 자본이 필요한 곳으로 흘러가야 유지, 발전할 수 있다. 그러나 자본은 개인과 일부 집단의 과욕과 광기에 의해 다른 이들의 삶을 수탈하는 도구가 되기도 한다. 저자는 십수 년 간 자본이 화마로 돌변하는 현장을 직접 보고 겪으면서 자본의 공공성을 외친 바 있다. 이 책은 자본의 감시자를 자처한 저자가 그동안 겪어온 자본의 광기가 실제 사건에서 우리 삶을 어떻게 바꿔놓았는지 얘기해주는 경험담이자, 자본의 공공성은 어떻게 실현될 수 있는지 생각하게끔 하는 나침반이다. **_변호사 박휘영**

금융수탈 99%에 저항하는1%로! 정의의 파수꾼! 홍성준!!!
책 발간을 축하합니다. **_전국저축은행사태비상대책위원회 위원장 김옥주**

2007년~2008년 이랜드-홈에버 비정규직 투쟁에서 월드컵지부를 건설하고 510일 파업 투쟁을 지지 엄호했던 홍성준 동지! 지금은 악랄한 약탈자본의 실체를 파헤치며 노동자들의 지표가 되어주는 그에게 좋은 일만 있기를 바랍니다. **_민주노총 전국서비스산업노동조합연맹 사무처장 이경옥**

지난 13년간 탐욕스러운 약탈자본에 맞서 그 피해자들의 하소연과 눈물과 투쟁을 함께 해온 홍성준의 이 책은 한국사회의 현실을 적나라하게 보여준다. 소위 '그들'이 저지른 약탈 자본의 사례는 이미 멀리 있는 것이 아니라 어느 날 내 주변의 지인들에게 들이닥친 '삶의 붕괴'를 가져오는 일상화된 현실이 되고 있음을 경고한다. 또한 이 책은 지난 세월 약탈자본과의 힘겹고 외로운 싸움의 '기록'만이 아니라 현실에서 우리 사회가 무엇을 직시하고 무엇을 해야 하는 가를 생각하게 해주는 소중한 지표가 되고 있다. _민주노총 희망연대노동조합 박재범

"오늘날의 시장경제는 아담 스미스 시대의 그것과 달리 '약탈하는 자와 약탈당하는 자', '약탈하는 기업·자본과 약탈당하는 기업·자본', '약탈하는 나라와 약탈당하는 나라'로 나뉘어 있다. 약탈적 자본주의(predatory capitalism)의 전면화야말로 오늘날 자유시장 자본주의(free market capitalism)의 찬미자들이 이데올로기적으로 숨기고 있는 경제현실임을 세계의 지성과 양심이 고발하고 있다. 약탈경제반대행동에서 활동해온 홍성준 사무국장이 새로운 고발장을 제출했다.
 _새로운 사회를 여는 연구원 이사 정승일

20년간 투기자본과 싸워온 활동가의 경험이 뒷받침되어 현실을 잘 분석한 저서입니다. 투기자본의 횡포에 대한 투쟁에서 큰 도움이 될 것입니다.
 _변호사 이민석

한국의 약탈자본과 공범자들

.

Vampire Capital

한국의 약탈자본과 공범자들

홍성준 지음

어떻게 소수의 '그들'이 다수의 시민과 노동자를 약탈하는가

레인북

목차

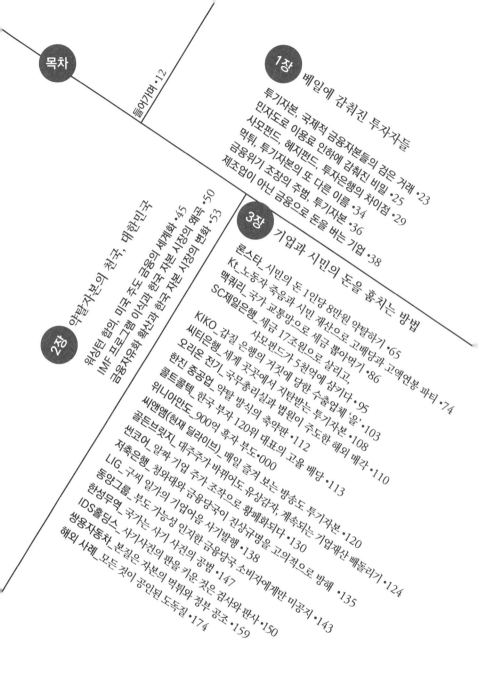

들어가며 •12

1장 베일에 감춰진 투자자들

투기자본, 국제적 금융자본들의 검은 거래 •23
민자도로 이용료 인하에 감춰진 비밀 •25
사모펀드, 헤지펀드, 투자은행의 차이점 •29
먹튀, 투기자본의 또 다른 이름 •34
금융위기 조장의 주범, 투기자본 •36
제조업이 아닌 금융으로 돈을 버는 기업 •38

3장 기업과 시민의 돈을 훔치는 기업

론스타_시민의 돈 1인당 8만원 약탈하기 •65
Kt_노동자 죽음과 시민 재산으로 고배당과 고액연봉 파티 •74
맥쿼리_국가 교통망으로 세금 뽑아먹기 •86
SC제일은행_세금 17조원으로 살리고,
   사모펀드가 5천억에 삼키다 •95
KIKO_감질 은행의 거짓에 당한 수출업체 '을' •103
씨티은행_세계 곳곳에서 지탄받는 투기자본 •108
오리온 전기_국무총리실과 법원이 주도한 해외 매각 •110
한진 중공업_부자 120위 흑자 부도 •112
콜트콜텍_한국 부자 120위 흑자 부도 •112
위니아만도_900억 흑자 부도 대표의 고율 배당 •113
씨앤앰(현재 딜라이브)_매일 즐겨 보는 방송도 투기자본 •000
골든브릿지_대주주가 바뀌어도 유상감자, 계속되는 투기자본 •120
썬코어_알짜 기업 추가 조작으로 황폐화되다 •130
저축은행_창와대와 금융당국이 진상규명을 고의적으로 방해 •135
LIG_구씨 일가의 기업어음 사기발행 •138
동양그룹_부도 가능성 인지한 금융당국 소비자에게만 미공지 •143
한성무역_국가는 사기 사건의 공범 •147
IDS홀딩스_사기사건의 판을 키운 것은 검사와 판사 •150
쌍용자동차_본질은 자본의 먹튀와 정부 공조 •159
해외 사례_모든 것이 공인된 도둑질 •174

2장 약탈자본의 천국, 대한민국

외환선 참사, 미국 주도 금융의 세계화 •45
IMF 프로그램 이식과 한국 자본 시장의 역속 •50
금융자유화 확산과 한국 자본 시장의 변화 •53

한국의 약탈자본과 공범자들

4장 공모자들은 누구인가

500년 전 명나라 부패의 데자뷰 •183
관료 사회 특정 파벌의 공모 •187
와인 바의 추억, 관련자들의 일상적 만남 •188
은퇴후 뇌물인가? 금융관료의
창업 자금 2조원 •194
자본과 결탁한 금융감독원 원장 •196
우리는 한팀, 투기자본측 변호사와
금융위 심사위원 •199
어떤 관료의 말, "도장값을 받았다" •201
불법 의혹 김앤장으로 이직한 판사들 •206
퇴직 법관 61명 중, 32명 대형로펌으로 •207
불법 주도 의혹 김앤장에겐
어떤 조사도 없다 •209
국무총리는 로비스트인가 •211
금융위원장은 투기자본의 앞잡이인가 •214
관료 집단, 시민의 통제 필요 •215
투기자본화 된 국민연금과 군인공제회 •218
금융·투기자본을 보는 두 시선 •226

5장 기업을 약탈하는 공식 3단계

1단계 은행 또는 기업 인수_ 돈값 또는 불법으로 •239
2단계 투자자금 회수_ 경영권 인수 후, 비상식적 고배당과
소비자에 대한 사기 •241
3단계 재매각_은행 또는 기업을 기업을 매각 •244
제조업이 쉽게 투기자본의 먹잇감이 되는 이유 •247
지금의 금융시스템을 시민들 두 번 죽인다 •248

6장 지금 저지할 수 있는
우발 대응책

투기자본의 먹튀에 맞서,
단계별로 싸우기 •255
1단계 인수 과정 •256
2단계 자본회수 맞 경영 감시 •260
3단계 재매각, 먹튀 •263
99%를 위해 금융자본
규제하기 •274
금융, "여의도를 점령하라" •276
금융시스템 정상화를 위한
제안 •278
김기준 국회의원에게 제출한
정책안 •284

7장 누가, 어떻게 자본을 통제해야 하는가

마음만 먹으면 바로 도입 가능한 해외사례 •293
국내법 개정과 제도적 개혁 방향 •304
아직 끝나지 않은 이야기 •333

에필로그 •353

"그들의 역사를 구분 짓는 진정한 요소는 그들이 지닌 탁월한 재능이 아니라, 그들이 누린 특별한 기회이다."_말콤 글래드웰(Malcolm Gladwell)

언제나 대중은 누가, 어디에 투자를 해서, 얼마만큼의 돈을 벌었는지, 호기심을 갖는다. 이런 대중의 호기심은 언론, 학교, 정부 등이 조장한다. 또 무수히 많은 '00투자 교실'이 문을 열고 있다. 이러한 '투자 교실'은 직장인은 물론, 청년과 주부, 퇴직한 노인들까지 일확천금의 환상을 품고 달려들게 만든다. 하지만 대부분의 경우 대박이 나는 수익은 커녕 쪽박을 차지 않으면 다행이다. 그러나 우리는 심심치 않게 주변 사람들 중에 누군가가 주식 투자를 하여 1억, 2억 씩의 돈을 날렸다는 이야기를 듣곤 한다. 부자들에게 1억, 2억은 큰 돈이 아니다. 그러나 직장인, 자영업자, 은퇴한 노인 등에게 1억, 2억은 매우 큰 돈이며, 나아가 그 사람의 인생 전체를 바꿀 수도 있는 돈이다.

　그러나 우리가 진정으로 관심을 가져야 할 것은 일확천금의 대박을 챙기는 '그들'의 실체이다. 또한 그들이 누구의 돈을 챙기고 있는지 알아야 한다. 그리고 '그들'이 '대박'을 챙기는 특별한 기회와 거대한 수익을 창출하는 과정은 과연 정당한 것인지 물어야 한다. 이 책에서 다루는 '그들'의 이야기는 우리사회 대부분의 시민들이 일생토록 시도하거나 상상하기조차 하기 힘든 것이다. 또한 직접 '그들'의 실체를 다룬 전문서적이나 정책 자료를 찾는 것조차 어렵다. 다만 많은 언론보도 기사의 행간에서 사소해 보이는 차이를 두고 싸우는 국회의 정쟁에서, 그것도 아니라면 피해노동자나 금융소비자들의 집회 구호에서 희미하게나마 찾을 수 있다.

　사실 천문학적인 수익을 노리는 '그들' 집단의 일원이 되어서 처음부터 함께 계획하고 투자하지 않는 한 '그들'의 구체적인 전모를 알 수 없다. 이 책의 내용은 대부분 '그들'이 천문학적인 수익을 챙겨 유유히 사라진 이후 남은 흔적들을 추적한 것이다. '그들'의 수익 뒤에 남겨진 피해자들의 증언, 관련 언론보도, 비슷하지만 다른 곳의 경험(지식)들을 모아서 합리적인 추론을 하고 논리적으로 정리를 한 것이다. 나는 이일을 13년째 하고 있다.

　단언컨대 나는 미국드라마 〈X파일〉에서 "진실은 저 너머에 (The true is out there)"와 같은 뜬 구름 잡는 소리를 하며 등장하는 '담배 피우는 남자'가 아니다. 여기 내가 쓴 모든 이야기는 우리의 일상이며, 그들은 분명히 구체적인 실체가 있다. 다만 서민들이 쉽게 느끼기 어렵지만 그들은 어디에나 있는 공기처럼 존재하고, 우리 모두가 그 안에 살고 있다. 이처럼 우리들이 느끼기 어려운 것들을 필자가 경험한 내용을 기반으로 정리하였다.

'그들'이 한국에 출현한 것은 1997년 IMF사태 전후였고, 미국과 유럽 등 선진자본주의 국가에서는 1980년대에 나타났다. 이른바 신자유주의 금융화 시대와 일치한다. 과거 역사에서 '그들'과 가장 유사한 모습을 지닌 것은 '사략선(Privateer)'이다. 초기 상업자본주의 시절 국가로부터 특허장을 받은 개인이 선박을 무장하고, 적성국가의 상선을 대상으로 해적질을 하는 그 사략선 말이다. 왜냐하면 '그들'이 목표로 하는 기업을 공격할 때에 사략선의 해적처럼 수단과 방법을 가리지 않고 '잔인'하기 때문이다. 사략선은 상선의 선적화물만이 아니라 선원과 승객 즉 모든 사람의 재산과 목숨을 노린다. 오늘날의 '그들'도 기업에 축적된 자본만 아니라 노동자와 소비자도 '약탈'한다. 더욱 중요한 것은 이 모든 것이 '국가로부터 허가'받은 행위이며, 노략질의 규모가 클수록 '국민적 영웅'으로 대접을 받는 것도 같다. 다른 점은 사략선은 적성국가의 상선만을 약탈하는데, 오늘날의 '그들'은 국내 기업을 주로 노린다는 것이다. 그들이 자국민의 생명과 재산을 공격하는데도 국가는 자국민이 아니라 과거 사략선 같이 '그들'을 적극 지원하고 있다. 오늘날의 시민들은 과거 영국과 스페인의 절대군주 아래의 신민들보다도 보호받고 있지 못하다.

그리고 '그들'은 제국주의 시절 식민지개척(약탈)회사인 영국의 동인도회사나 일본의 동양척식주식회사와도 공통점이 있다. 국가와 주요 권력자들이 투자자들이라는 점이다. 또한 독자적인 외교·교전권까지 보유한 동인도회사의 경우처럼 '그들'도 현지에서 막강한 권력을 행사한다. 거시적으로 보면, 식민지 약탈을 통한 국민경제 발전과 주식회사 제도의 발전 등 자본주의 성장을 견인했다는 점에서도 오늘날과 비슷하다. 그것은 다수 시민의 소득은 계속해 줄어들고 있고, 소수인 그들 부(富)는 날로 많아지며, 부의 격차가 늘어나는 것이다. 다만 오늘날은 식민지가 아니라 자국의 금융·신용, 연기금 등을 장악하고 이를 매개로 국민경제 전반을 지배하는 것이 다르다.

이처럼 우리 앞에 잔인한 약탈을 목적으로 하는 '그들'이 나타났다. 하지만 '그들'의 정체를 학술적으로 엄밀하게 정의하기는 어렵다. 다만 '투기자본', '먹튀', '초국적 금융자본' 등의 이름으로 한국 사회에는 알려져 있다. 그런 이름들도 IMF사태 이후 그들에게 저항하는 노동조합과 시민단체의 활동 속에서 만들어져 사회적으로 용인된 단어들이다. 이 많은 이름들에는 공통점이 있다. 바로 기업에 대한 '약탈'을 자행한다는 점이다. 기업은 재화와 용역을 생산하고, 그 생산을 위해 노동자를 고용한다. 그리고 생산물을 시장에 판매하여 수익을 남기고 그 수익으로 배당과 임금, 재투자와 사내유보, 그리고 국가에 세금을 낸다. 이 과정이 순조롭게 계속된다면 기업은 장기적으로 성장한다. 이처럼 기업은 노동자, 소비자 등 수 많은 시민들의 기여로 우리 사회의 부(富)가 모이는 '곳간'이다. 따라서 모든 기업 곳간의 부는 기여한 이해관계자 모두의 몫 이여야 한다. 그런데 '그들'은 잔인한 약탈을 통해 이러한 기업의 '계속기업 가치'를 파괴하고 그 곳간에서 봄에 뿌릴 씨앗까지도 탈탈 털어간다. 그 결과 '그들'은 천문학적인 고수익을 챙기지만, 성장에 기여했던 다른 모든 시민들은 굶주리게 된다.

그렇다면 '그들'의 '먹잇감'이 되는 기업은 어떤 기업일까? '그들'에게 약탈을 당한 기업들에게서 발견된 몇 가지 공통점이 있다. 첫째는 지배주주의 경영권에 여러모로 문제가 많은 기업, 둘째는 현금이 많은 기업, 셋째 쉽게 현금화 할 수 있는 자산이 많은 기업이다. 현금화할 수 있는 자산에는 토지와 부동산, 시장 우위의 생산기술, 그리고 정규직 노동자 등이다. 여기서 '그들'이 집요하게 정리해고를 많이 하는 이유는 해고노동자의 퇴직금만큼 자본시장에서 '기업가치'가 상승하기 때문이다. 기업이 어려워서 정리해고를 한다는 것은 '사기'에 가깝다.

이 책은 이러한 '그들'이 저지른 약탈 사례를 그냥 나열해 서술만 하지는 않았다. '그들'의 약탈 과정을 일반화하고 공식처럼 정리하려고 노력하였다. 그리고 나와 내가 활동하는 시민단체가 개별 기업에서 자행되는 '그들'의 약탈에 맞서 활동하면서 해당기업 노동자, 피해 입은 소비자와 함께 찾았던 대응 방안을 제시하였다. '그들'이 천문학적인 고수익을 챙길 수 있게 만든 여러가지 원인 중에서 가장 핵심적인 역할을 한건 국가였다. 더 정확히는 사업의 인허가권, 감독권을 가진 고위 관료들이 하였다. 그들이 관료들과 '공모'하지 않고서는 약탈에서 성공할 수 있는 '특별한 기회'를 가질 수 없기 때문이다. 이 책에서 가장 강조하는 것은 바로 이 부분이다.

관료가 '그들'에게 약탈의 먹잇감으로 제공한 기업은 대개 금융, 통신, 교통수단, 기간산업 등이다. 이들 기업은 다수 시민을 대상으로 고도의 공공성이 요구되는 서비스와 상품을 제공하는 사업을 하며, 많은 수의 노동자들을 고용한 곳이 많다. 그리고 국가가 '공적자금'을 투입하여 기업을 회생시키고, '그들'을 위해 국가가 대신하여 '구조조정'까지 해놓은 이른바 '알짜' 기업들인 것이다. 따라서 이런 기업에 대한 약탈은 '그들'에게 천문학적인 고수익을 가져다주지만 해당 기업의 노동자와 다수 시민들에게는 커다란 희생이 전가된다. 그럼에도 언론과 학교, 정치권은 '그들'의 약탈에 따른 폐해는 외면하고 효율성과 편리성의 증대, 주주가치의 실현이라는 말도 안 되는 주장을 하고 있다.

문제는 국가 관료가 시민들에 의해 선출되지도 않았음에도, 누구에게도 통제받지 않는 국가의 실질적인 주인 행세를 하는 것에 있다. 정권교체에 관계없이 '늘공(늘 공무원)'이기 때문이다. 그런 관료들이 입법 정책이나 행정 집행을 통해 우리사회의 부를 약탈하는 그들에게 '봉사'하고 있고, 사법적으로도 그들을 보호하고 있다는 것이 솔직한 나의 생각이다.

더욱 화가 나는 것은 그런 관료들이 우리시민을 어떻게 바라보며 인식하고 있는지이다. 몇 년 전, 교육부의 고위 관료인 나향욱이 "민중은 개, 돼지"라고 말한 사실이 드러나 사회적 분노가 크게 일어난 사건이 있었다. 그냥 술 먹고 헛소리한 것으로 볼수도 있지만, '취중진담'이라고 그의 평소 '민중에 대한 멸시관'이 은연중에 드러난 것만은 사실일 것이다. 필자는 그자만이 그런 생각을 하며 관료로서 직무를 수행하고 있지는 않을 것이라 생각한다. 어려운 고시 합격과 승진 과정에서는 국가와 시민에 대한 충성심을 시험하지 않는다. 오히려 합격과 승진은 국가 기관을 장악하고 하찮게 생각하는 시민들을 지배하려는 욕망과 쾌감의 충족과정이라 보여 진다. 이런 욕망과 쾌감은 끝이 없다. 그래서 욕망과 쾌감을 충족 시켜줄 더 큰 기회을 찾을 것이다. 그것은 관료 사회 바깥에서 천문학적 부를 쌓아 올린 자들, 이 책에서 지목하는 '그들'과의 결탁일 것이다. 이 과정에서는 국가는 공정하지도 공평하지도 않으며, 민주주의는 사멸하고 만다. 따라서 오늘날의 민주주의 과제는 시민이 이 관료를 통제하는 것에 있다고 해도 결코 지나친 말은 아니다.

해답은 시민을 대표해 선출된 유능한 정치인이 관료를 통제해야 한다. 그러나 현실은 많은 경우 그렇지 않다. 이미 우리는 이명박, 박근혜 같은 사람이 대통령으로 선출된다면 그것이 얼마만큼 큰 재앙으로 돌아오는지 경험했다. 일단 선출된 정치인공직자가 지금보다 더 많아 져야 하고, 그런 공직자들이 지금보다 더 많은 국가기관(그 안의 관료)을 장악해야 한다. 더욱 중요한 것은 시민들이 그 공직자들을 직접 소환하고 파면할 수 있는 방식으로 직접 통제해야 한다. 시민들의 직접 민주주의가 더욱 확대 되어야 한다.

하지만 이것만으로 관료를 통제하는 것은 쉽지 않을 것이다. 관료들은 오랜 세월 국가 권력기관의 조직과 정보를 장악하고 있다. 또한 그 관료들은 깨알 같이 많은 법과 제도를 그때그때 임의대로 해석, 적용하는 무책임성을 보여 왔다. 그리고 관료들은 거대 국가기관의 권위 뒤에 숨어 책임을 회피할 수 있는 익명성을 가지고 숨어 있다. 그래서 가능하다면 시민들이 '국가기관에 직접 침투'해 들어가 담당 관료들과 싸워야 한다. 이 책은 이런 점들을 고민하며 실천했던 것을 정리해서 썼다.

이 책의 1, 2장은 '그들'의 양상과 출현 배경을 다루고 있다. 3장은 해외와 한국에서 널리 알려진 '그들'의 약탈 사례를 제시, 분석하였다. 4장은 그들의 약탈을 위해 특별한 기회를 제공한 국가 관료의 문제를 다루었다. 5장은 이러한 약탈 사례를 일반화, 공식화하여 정리한 것이다. 6, 7장은 나와 내가 활동하는 시민단체가 그동안 찾아낸 대응 방안 중심으로 어떻게 자본을 개혁해야 하는지를 정리해 보았다. 그리고 인용된 모든 사건은 대부분 현재 진행 중이다.

책 속에는 많은 사람의 이름이 등장하는데, 진정으로 옳고 그름을 가려보고자 하는 심정으로 '그들'의 말과 행동을 적어 보았다. 언제나 내 옆에서 지지해주고 함께 한 소중한 동지이고 스승처럼 갈 길을 열어 준 이들도 있지만, 그렇지 못 한 사람들도 허다하다. 또한 시민들이 곳곳에 기업이라는 곳간을 채워 놓았지만 이것을 털어간 도둑들이 있다. 명백한 사실이다. 하지만 우리는 도둑놈을 보고 도둑놈이라고 말했는데, 이를 들은 도둑이 '기분 나쁘다'하면 명예훼손죄로 처벌을 받을 수 있는 이상한 나라에 살고 있다. 약간 두렵기도 하다. 도둑질은 명백하지만 그들 중 상당수는 법적 처벌을 받지도 않았다. 앞으로도 처벌받지 않을 것이며 늘 승승장구할 것이다. 이런 현실에서 그들에 대한 기록을 하여 역사에라도 남기고자 한다. 용기를 가지고 내 기억과 당시 언론보도 등으로 확인되는 그들의 모든 실명들은 썼다.

마지막으로 필자의 글을 꼼꼼히 읽고 편집해 준 한대웅 운영위원과 임황석 동지, 기꺼이 출판을 결심해준 곽유찬 대표에게 감사한다. 그리고 이글에 등장하는 모든 투쟁에서 늘 함께 싸우고, 지지와 응원을 해주셨던 이대순 공동대표, 이해관 공동대표, 약탈경제반대행동의 선후배 동지들, 항상 필자를 걱정하는 동생 부부와 돌아가신 어머니에게 이 책을 바친다.

1장 베일에 감춰진 투자자들

"내가 어렸을 때 사람들은 나를 도박꾼이라고 불렀고, 판돈이 커지자 투기꾼이라고 했다. 그리고 지금은 나를 은행가라고 부른다. 하지만 그때나 지금이나 나는 같은 일을 하고 있다."_어니스트 카셀(Ernest Cassel)

투기자본, 국제적 금융자본들의 검은 거래

투기자본이라고 하면, 흔히 '외국자본' 또는 '미국 월가의 금융자본'이라고 생각한다. 일면적으로는 맞지만 꼭 맞는 말은 아니다. 대개의 경우 투기자본은 '사모펀드(private equity fund, PEF)'나 '헤지펀드(Hedge Fund)' 또는 '투자은행(Investment Bank)'을 통하여 그 정체를 드러낸다. 이러한 자본은 공모를 공개적으로 하지 않는다. 이러한 자본은 100명 미만의 부자들을 은밀히 모아 형성되기 때문에 투자자들이 누구인지 정확한 실체를 알 수 없다. 그런 이유로 비공개적으로 자본을 모아 운영하는 행위에 대해 우리는 업무상 배임의 문제를 물을 수 있다.

예를 들면 다음과 같은 상황이다. 펀드의 매니저가 어떤 기업을 인수했을 때, 기업의 정상적인 운영보다는 펀드의 수익을 목표로 기업을 운영할 수 있다. 아니, 그런 경우가 대부분이다. 투자자는 펀드에 투자하면서 몇 년 내에 원금과 얼마의 수익금을 회수하기로 '약정'을 한다. 이 때문에 펀드 매니저가 그 약정을 못 지킨다면 그와 그가 소속된 펀드회사는 엄청난 투자사기 소송에 휘말릴 수밖에 없다. 따라서 펀드 매니저와 그가 속한 펀드회사는 그 약정된 수익을 창출하기 위해 노력한다. 가장 빠른 방법은 기업의 현금성 자산을 배당 등으로 유출하는 것이다. 이러한 행위는 정상적인 기업 경영이 아니다. 이러한 행위는 기업에 대한 약탈이다. 배임죄는 타인의 사무를 처리하는 사람이 그 사무에서 불법행위를 통해 재산상의 이익을 취득하거나, 제3자로 하여금 이득을 취득하게 하여 손해를 가하는 범죄이다.

한편 펀드에 참여한 사람 중에 한명이 해당 펀드가 수익을 내는 과정에서 결정적인 키를 쥐고 있는 관료이거나 정치인일 경우는 더 큰 문제이다. 그 관료나 정치인은 공공적인 성격을 가지고 있는 기업, 은행 등을 매각하는 과정에서 정책 결정 담당자이거나 결정적인 영향력을 행사할 수 있는 위치에 있기 때문이다. 바로 펀드의 익명성이 지닌 문제이다. 이것이 공직자의 부패와 불법을 야기할 수 있다.

민자도로 이용료 인하에 감춰진 비밀

칼라일펀드는 세계적으로 유명한 투자(투기?)전문회사이다. 2000년 당시 칼라일은 세계 12개국에서 300여명의 투자자들이 참여하고 있으며, 운용 자금의 규모가 162억 달러에 달하는 세계 최대의 사모펀드다. 알려진 투자자들의 명단을 보면 미국과 세계 각국의 권력자, 특히 대통령, 수상, 국방부 장관 등 세계 각국 정부의 국방정책에 영향력을 행사할 수 있는 지위에 있는 사람들이다.

> "칼라일그룹 자문역 명단에는 조지 부시 전 미국 대통령, 존 메이저 전 영국 총리, 제임스 베이커 전 미국 재무장관, 아서 레빗 전 미국 연방증권거래위원회 위원장, 피델 라모스 전 필리핀 대통령… 그리고 한국의 박태준 전 국무총리…"(박태견, 오늘의 이슈, 칼라일 그룹과 부시 정권, 프레시안, 2001.10.30)

위의 기사에 소개된 사람들은 칼라일그룹의 투자자는 아니다. 그러나 그들은 칼라일그룹의 자문역이다. 자문역에 해당하는 사람들은 대통령, 총리, 재무장관 등을 지냈다. 이런 사실을 고려할 때 투자자들의 면모도 미루어 짐작할 수 있다.

칼라일펀드의 주요 수익은 군수산업에서 발생한다. 그렇다면 미국의 국방비 증가는 물론 세계 각국의 미국무기 구매, 더 나아가 세계 각지에서 벌어지는 크고 작은 전쟁까지도 칼라일펀드의 수익과 직결된다. 칼라일펀드는 세금을 성실하게 납부하는 미국과 전세계의 시민들 입장에서 바라보면 참으로 끔찍한 자본이다. 세금이 복지, 교육 등 공공을 위해 쓰이는 것이 아니라 칼라일펀드의 수익 창출에 사용되는 것이다. 칼라일펀드의 수익을 높이는 데 있어서 가장 좋은 방법은 전쟁이다. 따라서 전쟁이 자주 발생하면 그에 비례하여 칼라일펀드의 이익도 크게 증가한다. 칼라일펀드는 한마디로 투자를 가장한 '군산복합체'로 규정할 수도 있다.

이런 사례는 한국에서도 많이 발견된다. 대표적인 것이 '론스타게이트'이다. 론스타게이트에서 문제가 되는 것 중에 하나는 '검은 머리 외국인'이 누구인가? 라는 점이다. 시민단체와 언론에서는 론스타게이트에 참여한 '검은 머리 외국인'은 권력을 가진 한국인으로 추정한다. 그들은 자신들의 고수익 창출을 위해 국책은행인 외환은행을 불법적으로 매각, 인수하는데 협조를 했거나 직접 관여한 것으로 보인다.

그 외에도 맥쿼리 펀드가 있다. 사모펀드 맥쿼리와 MBK파트너스의 케이블 방송사(C&M, 현 디라이브)인수 과정도 실정법에 비춰 봤을 때 매우 수상하다. 특히 맥쿼리 펀드는 이명박 전 대통령의 재임 시절부터 항상 이명박과의 관계가 어떤 것인지에 대해 대중적 의혹이 컸다. 맥쿼리 펀드는 이명박이 서울시장으로 재직하던 시절부터 서울지하철 9호선과 우면산 터널, 전국의 공적인 교통망 등 사회간접자본에 투자해서 막대한 고수익을 챙겼다.

"촛불 혁명"이 일어난 후 사회 곳곳에서 적폐청산 과정을 통해 과거의 구습과 악습이 사라지거나 심판을 받고 있다. 구습과 악습의 상징적인 인물인 이명박 전 대통령은 감옥에 있다. 그러나 투기자본의 악습은 적폐청산의 대상이 아니다. 이명박 전 대통령은 맥쿼리와의 관계에서 수상한 의혹을 받고 있다. 그럼에도 이명박과 맥쿼리의 관계에 대한 조사는 진행된 것이 없다. 또한 론스타게이트를 비롯한 각종 금융 자본이 일으켰던 문제에 대한 조사도 전혀 없다. 이것이 우리의 현실인 듯하다.

이 책을 쓰는 동안 필자는 인연이 있는 지방 중소도시 시의원으로부터 한통의 전화를 받았다. 그 시의원은 해당 지역의 '민자도로'에 대한 고충을 이야기 했다. 해당 지역 민자도로를 관리하는 회사의 대주주는 맥쿼리와 은행 등이다. 민자도로는 도로를 이용하는 시민들이 직접 도로관리회사에 이용료를 지불한다. 이 과정에서 징수한 이용료 총금액이 도로관리회사의 이익 보전에 미치지 못할 경우 해당 금액(손해 부분)만큼을 정부의 돈(시민의 세금)으로 보전해주는 것이다. 해당 지역의 시민들은 직접 통행료를 지불하는 것에 대해서 부당하다는 불만을 갖고 있었다. 그런데 최근 문재인 정부 들어서 해당 민자도로의 통행료를 1,000원 정도 인하하기로 했다는 것이다. 통행료를 인하하는 것은 대단히 좋은 일이다. 그러나 문제는 인하 금액 1,000원 정도 만큼을 중앙정부가 직접 보조해 주기로 했다는 것이다.

웃음 밖에 나오지 않는다. 이 방식은 "윗돌 빼서 아랫돌 괴기" 방식이다. 민자도로 이용료를 통해서 돈을 빼가는 방식만 바뀌었을 뿐, 맥쿼리 등 대주주의 이익은 전혀 감소하지 않았다. 1,000원만큼 이용료는 줄었지만 줄어든 금액만큼을 세금으로 보전해 주는 셈이다.

이런 상항에서 시의회 안건은 해당 민자도로 관리회사의 지배 구조에서 작은 지분을 가진 시(해당 지방 중소 도시)가 빠지는 것이었다. 위와 같은 웃기는 상황에서 그 시의원은 안건에 대해 찬성을 해야 할 지, 반대를 해야 할 지가 고민이라고 말했다. 나는 대략 이렇게 말했다.

"이것이 촛불혁명의 힘으로 들어선 문재인 정부의 한계인 듯합니다. 의원님 같이 진지한 고민을 하고 있는 분이 지방선거를 앞두고 괜히 나서서 불이익을 당하지 않았으면 좋겠습니다."

통화 내내 기분이 매우 씁쓸했다. 아무튼 이후에 서술할 '그들'의 약탈과 관련해서 국가 권력기관과 유력 권력자들의 관련성, 공모에 대한 것을 밝히고자 한다.

사모펀드, 헤지펀드, 투자은행의 차이점

언론은 '사모펀드', '헤지펀드', '투자은행'이라는 말이 자주 사용한다. 그 동안의 사례를 통해 각각의 용어를 정의해 본다.

사모펀드(私募―, private equity fund)

공모(公募)펀드와는 달리 비공개로 투자자들을 모집한다. 사모펀드는 자산가치가 저평가된 기업에 자본참여를 통해 기업의 가치를 높인 후, 해당 기업의 주식을 되파는 전략을 취한다. 사모펀드는 기업의 인수·합병(M&A)를 활성화하기 위한 수단으로 사용된다. 이 과정에서 기업에 대한 약탈이 발생한다. 그리고 사모펀드는 재벌의 계열사 지원, 내부자금 이동수단 혹은 불법적인 자금이동 등에 악용될 우려가 있다.

한국에서는 MBK파트너스, 뉴브릿지캐피탈, 칼라일, 론스타, 그리고 토종펀드라는 보고펀드 등이 유명하다. 그중에 MBK파트너스는 2005년 김병주가 설립했다. 김병주는 1999년 칼라일의 한국대표, 아시아 회장, 그룹 부회장을 역임했다. 김병주의 장인은 박태준 전 총리이다. 박태준 전 총리는 칼라일펀드의 주요 투자자문역이였다. MBK파트너스는 2015년 12월 기준으로 약 10조 원 규모의 자산을 운용하고 있다.

헤지펀드(Hedge Fund)

헤지(Hedge)는 각종 규제와 세금으로부터의 도망을 의미한다. 헤지펀드는 100명 미만의 투자가들로부터 개별적으로 자금을 모아 파트너십(partnership)을 결성한 후에 조세회피 지역에 위장거점을 설치하고 자금을 운영하는 투자신탁 방법을 사용한다. 헤지펀드는 파생금융상품을 교묘하게 조합해서 도박성이 큰 신종 금융상품을 개발하는데, 이것은 국제금융시장을 교란시키는 하나의 요인으로 작용하고 있다.

주로 통화거래 전략을 사용하여 외환시장을 교란하는 조지 소로스의 퀀텀 펀드(Quantum Fund)와 선물 옵션 등의 파생상품을 사용하는 줄리안 로버트슨의 타이거 펀드(Tiger Fund) 등이 유명하다. 조지 소로스는 1992년 9월16일 하루 동안 영국 파운드화를 공격해 10억 달러를 챙긴 것으로 유명하다. 그 후에도 1997년 태국 바트화를 공격해 아시아금융위기를 만들었다고 하며, 2012년 엔화를 공매도하여 10억 달러를 챙겼고, 2013년 황금을 공매도하여 또 챙겼다.

여기서 '공(空)매도'란 주가하락을 예상하고 주식을 빌려서 판 뒤, 주가가 하락하면 같은 종목을 싼값에 다시 매수하여 차익을 챙기는 매매 방식이다. 일반적으로 주식시장 참여자는 주가 상승으로 이익을 추구한다. 하지만 공매도는 소수의 헤지펀드 등이 투자심리를 위축시켜 매도한 가격보다 낮은 가격에 매수해 수익을 올린다. 문제는 이 과정에서 소액투자자의 피해가 발생한다.

주식시장 전체로 볼 때 혼란에 불과하며 장기적으로 주가 하락으로 이어진다. 한국에서도 허용된 제도이고 그 때문에 많은 피해자들이 발생하고 있다.

한국에서는 미국의 헤지펀드인 엘리엇(Elliott Associates)이 유명하다. 엘리엇은 아르헨티나 등 남미 국가의 채권을 헐값에 매입하고 상환을 받기위해, 군함 등 정부재산을 압류하고 디폴트(Default : 채무불이행) 상황까지 내몬 것으로 유명하다. 그런 엘리엇이 2015년 삼성그룹 대주주일가와 한판 크게 붙었다. 최순실 국정농단 사건으로 지금은 대부분 밝혀졌지만 삼성물산과 제일모직 합병은 삼성그룹 경영권 3대 세습이 걸린 중요한 사안이었다. 당시 내가 활동하는 단체는 2가지를 주장하는 논평을 발표하였다.

하나는 헤지펀드 엘리엇의 목적은 삼성그룹의 해체와 그것에 따라서 과도한 주주보상이 있을 것이고 결국 엘리엇이 고수익을 챙기려는 것이다. 따라서 정부와 사법당국이 엘리엇을 막아야 한다고 주장을 했다. 다른 하나는 대주주일가의 불법이 기업을 위태롭게 만드는 근본 요인이므로 이 또한 막아야 한다고 했다. 특히 합병 또는 기업구조조정 과정에서 해당 기업의 '자산 가치'를 종합적으로 평가하는 것이 아니라, '특정 시점에 하락한 주가'를 기준으로 평가하는 방식에 대한 시급한 개혁이 필요하다고 주장하였다. 이런 기업평가는 삼성만이 아니라 많은 금융피해를 양산하고 있기 때문이다. 아무튼 양비론이다.

하지만 당시 시민사회는 엘리엇의 승리와 삼성의 패배를 주장하는 것이 주류였다. 그래서인지 그 논평을 발표한 날 오후, 삼성 그룹의 이 아무개 과장으로부터 전화를 받았다. 논평을 잘 봤고 저녁 식사라도 함께 하고 싶다는 것이다. 나는 짜증을 내며 "삼성은 부끄러운 줄 알아야 한다. 삼성그룹 경영권 세습의 중요한 시기에 한국의 시민사회 그 누구도 당신들을 지지하지 않는다. 우리도 지지한 것이 아니다. 삼성 대주주일가가 얼마나 인심을 잃었는지 알아야 한다. 왜 백혈병에 걸린 삼성전자에게 노동자 배상을 안 하냐? 돈 없냐?"며 통화를 했다. 전화를 끊고 나니 참 씁쓸했다. '재벌이냐! 투기자본이냐!' 이 둘 밖에 보이지 않는 한국사회는 참 단순하다.

투자은행(investment bank)

일반적인 상업은행과 달리 주식·채권 등 직접증권의 인수 및 판매 혹은 담보대부를 통하여 산업체에 장기자금을 공급하는 은행이다. 투자은행은 주로 정부, 기업, 민간단체 등이 발행하는 증권에 적정한 발행조건을 설정하여 그 일부 혹은 전부를 인수한 후, 이를 투자기관과 개인 투자자에게 전매(轉賣)한다. 투자은행은 증권 발행시장에서 기업과 최종투자자를 연결시키는 역할로 기업의 사업조직이나 자본구성, 합병매수 전략 과정에서 고문 역할을 수행한다.

우리가 익히 들어 알고 있는 JP모건 체이스, 씨티그룹, 골드만삭스, 도이체방크, 모건스탠리 등이 모두 투자은행이다. 이들 대형 투자은행이 2008년 글로벌 금융위기의 원인을 제공했다는 점은 분명하다. 투자은행은 자기자본의 수십 배에 달하는 빚을 내서 하는 레버리지(leverage) 투자, 고위험 파생상품에 대한 투자 등을 한다. 각국 정부는 이러한 투자은행을 규제하지 못했다. 이것이 원인이 되어 기업이 파산하고, 나아가 금융의 건전성과 공공성이 무너졌다. 그 후 미국과 세계는 금융위기의 책임을 물어서 대형 투자은행에 대한 규제를 하였다. 지난 미국 대통령 선거에서도 월스트리트의 금융자본에 대한 보다 강력한 규제는 쟁점이었다.

한편, 한국의 역대 정부는 앞서 거론한 사모펀드와 함께 대형 투자은행 육성정책을 계속해 왔다. 더 정확히는 사모펀드와 대형 투자은행의 육성정책은 금융·경제 관료집단의 오랜 숙원 사업이었다. 드디어 관련법이 국회를 통과했다. 2017년에는 금융위원회가 오로지 미래에셋대우증권, 삼성증권, 한국투자증권, NH투자증권, KB증권 등 5개의 금융자본을 위해 투자은행 설립을 허용하였다. 이러한 정부 정책에 대해 필자가 활동하는 시민단체와 은행연합회, 은행노동자들의 조직인 금융노조, 그리고 관련 증권업 노동자들의 조직인 사무금융노조에서 반대하였다. 특히 대형 투자은행 허용은 5개 금융자본을 제외한 다른(모든) 군소 규모의 증권사들이 '고사'할 위기가 크기 때문에 노동자들이 격렬히 반대를 한 것이다. 그런데 어이가 없는 것은 은행노동자와 증권 노동자들의 강력한 지지를 받았던 문재인 정부가 관련법을 허용한 것이다. 또 관련법의 국회통과에서 수정안을 제출하며 결정적인 영향력을 행사한 국회의원은 잠시 금융감독원장이 되었던 김기식으로 나는 기억한다. 위에서 거론한 자본들의 전지구적인 영업행태와 거래규모를 볼 때 투기자본은 다음과 같이 정의할 수 있다. 바로 "국제적 금융자본들의 검은 거래"이다.

그리고 투기자본의 육성을 목표로 하는 역대 한국 정부의 정책에 힘입어 토종 투기자본들도 이제는 제법 큰 규모로 무럭무럭 성장하고 있다.

먹튀, 투기자본의 또 다른 이름

한편 투기자본을 부르는 또 다른 이름은 '먹튀'이다. 이는 단시간에 고수익을 먹(엄)고 튄(떠난)다는 의미이다. 투기자본은 헐값으로 기업을 인수한 후에 기존의 생산설비를 팔아치우기, 유상감자와 고율배당(high-rate dividend)하기, 노동자 정리해고 하기 등를 통해 단기간의 고수익을 만들어 낸다. 이 과정에서 투기자본은 반드시 국가 관료, 변호사, 회계사와 같은 전문가집단과 결탁하여 불법을 자행한다. 그리고 새로운 자본에게 기업을 고가로 팔아먹고 떠난다. 그래서 투기자본을 '먹튀'자본이라고도 한다.

투기자본과 비슷한 말로 '벌처 캐피탈(vulture capital)'이란 말이 있다. 여기서 벌처(vulture)란 '죽은 고기를 먹는 독수리'를 의미한다. 바꿔 말해 투기자본은 부실한 기업을 인수해 차익을 내는 자본이라는 뜻이다. 그런데 중요한 것은 투기자본이 부실한 기업을 인수해 생산과 고용을 정상화하는 것이 아니다. 말 그대로 투기자본은 가혹한 구조조정(정리해고, 청산, 분할매각 등)을 통해 기업의 가치를 상승시키고 이익을 뽑아내는 것이다.

이와 다른 예외적인 방식도 있다. 중국 상하이자동차에 의한 쌍용 자동차 기술유출 사건이 그러하다. 그러나 이런 사례도 본질적으로 부정과 불법을 통해 노동자들이 피땀으로 이룩한 기술적 가치를 훔쳐간다는 측면에서 투기자본과 다를 것이 없다. 상하이 자동차가 노린 것은 선발업체인 쌍용자동차의 완성차 기술획득과 경쟁사기도 한 쌍용자동차의 기업가치를 하락시키는 것이었다. 사실 자본주의 시대에 투기는 언제, 어디에서나 있었다. 투기의 대상은 주식, 외환, 채권, 금융, 부동산, IT 스타트업 등 매우 다양하다. 심지어 투기의 대상은 튜울립 같은 꽃과 유명 화가의 작품일 수도 있다. 투기자본에게 투기의 대상은 중요하지 않다. 다만 공공의 이익, 도덕적 판단 등과 상관없이 고율의 이익을 창출하는 것이다.

투기자본에 대해 학술적으로 엄밀하게 정의를 내리는 것은 쉽지 않다. 필자의 생각에 투기자본이란 자본의 일반적 투기적 행태에 대한 사회 비판용어 정도로 이해하는 것이 옳을 듯하다. 참고로 투기자본감시센터가 설립된 이래로 한국에서는 투기자본 관련 신조어들이 많이 생겨났다.

금융위기 조장의 주범, 투기자본

투기자본은 본사가 있는 본국에서 경제 위기가 발생하면, 자신들이 자본을 투자했던 국가의 자본 시장에서 일시에 대규모로 투자금을 회수하여 본국으로 빠져나간다. 이러한 경우가 발생하면 해당 국가의 자본 시장은 큰 혼란에 빠지게 된다. 이런 결과는 당연히 해당 국가의 경제에 부정적인 영향을 준다.

2011년 유럽에서 경제위기가 발생했을 때 국내 자본시장은 큰 불안감에 휩싸였었다. 2012년 통계 자료에 따르면, 한국에 자본 투자를 가장 많이 하는 나라는 프랑스(3조 3000억 원)와 영국(3조1000억 원) 등 유럽계 자본이었다. 유럽 자본의 투자금은 9조 9000억 원이다. 유럽 경제위기 당시, 유럽계 자본이 투자된 한국 기업과 금융사에서는 고용불안이 가중되면서 노동자들의 저항이 있었다. 본사의 문제로 네덜란드 자본이 갑작스럽게 철수하려 하자 네덜란드 대사를 만나 노조와 함께 방문하여 항의한 적이 있었다.

이들은 자본시장의 불확실성과 주식시장의 큰 변동에도 불구하고 어렵지 않게 안정적으로 고수익을 낸 후, 한국을 떠날 수 있다. 그 이유는 무엇일까? 한국 자본 시장은 국민연금 등 기관투자가의 비중이 15% 이상이다. 정부가 기관투자가를 동원해 항상 '주가부양'이라는 이름으로 투기자본이 내 놓은 주식을 제 값에 사주었기 때문이었다.

소위 투기자본의 대리인인 민간 전문가들은 주가가 곤두박질이라도 치면, 그 비중을 늘리라고 아우성을 치기도 한다. 투기자본이 주식을 팔아 현금화한 후, 달러로 교환해 본국으로 빠져나갈 때도 정부는 언제나 친절하게 외환보유고를 풀어서 원하는 대로 달러를 내주곤 한다. 전문가들과 관료들은 이를 '환율방어'라고 왜곡한다. 왜 이렇게 할 수밖에 없을까? 경제 관료들의 의지의 문제도 있지만 더 큰 이유는 한국 자본 시장이 과도하게 개방되어 있기 때문이다. 그럼에도 한국 사회 주류는 자본 시장을 더 '개방'을 해야 한다고 주장하고 있다. '금융거래세'는 자본의 무책임한 거래 방식을 막을 수 있는 최소한의 방어조치이다. 그러나 자유한국당은 물론 민주당, 정부, 언론 모두 '금융거래세'를 반대하고 있다.

제조업이 아닌 금융으로 돈을 버는 기업

'기업의 금융화(financialization)' 현상은 전통적인 산업자본의 방식이 아니라 금융자본의 방식으로 기업의 이윤을 축적하는 것이다. 전통적인 방식에 따르면. 기업은 상품을 생산하여 이윤을 축적한다는 가치를 가지고 있다. 그러나 기업 금융화 현상에 따르면, 기업은 금융자산처럼 가치를 평가받고 실제 금융상품처럼 거래되기도 한다. 때로는 기업 내에 금융 자회사를 만들어 대부분의 수익을 그곳에서 낸다. 그 규모(금융자본)는 전통적인 산업자본의 규모보다 크다. 그 결과 기업은 주기적으로 반복되는 금융위기, 경제위기에 휘말릴 수밖에 없고 많은 경우 기업의 부도로 이어진다. 금속노조 정책연구원 한지원씨의 연구 결과인 〈자동차 위기, 산업정책적 접근의 한계와 노동권 중심의 대안적 접근 방법〉에 따르면 최근 논란이 된 한국GM의 경영 위기 원인 가운데 하나로 제조기업의 금융자본화 현상을 주목할 필요가 있다.

한국의 GM대우는 2008년도에 영업상으로 이익을 냈지만, 파생금융상품 거래를 통해 1조원 이상의 손실을 입어 8,756억 원의 당기순손실이 발생한 적이 있다. 그런데 그 원인을 추적해 보면 GM의 금융자회사인 GMAC의 큰 손실이 원인이다.

GMAC는 주택 모기지론(Mortgage Loan : 담보대출채권) 사업에 투자하여 파생금융상품을 개발해 큰 이익을 보았다. 그러나 GMAC는 2008년 발생한 금융위기 속에서 대규모 손실을 기록했다. 그

한국의 약탈자본과 공범자들

결과 미국 정부는 GMAC에 2008년 125억 달러, 2009년 50억 달러 등 엄청난 공적자금을 투입해 살렸다. 그 이유는 GMAC의 부도는 GM의 부도이고 그것은 곧 미국의 파산을 의미했기 때문이었다. 이와 같은 GMAC와 GM의 부실은 한국의 GM대우에도 일부 전가된 것이라는 의혹이 큰 사건이 2008년에 있었다. 여기서 중요한 것은 GM이라는 세계적인 자동차 제조업체가 자동차 금융회사처럼 금융상품으로 흑자를 유지하고 있었다는 사실이다. 그럼에도 한국의 언론과 우익 정치인들은 당시에도 그렇고, 지금도 미국과 한국의 GM 부실의 원인이 세계 자동차 시장의 불황과 낮은 노동생산성(노동자들이 놀고먹는다!)에 기인한다는 설명을 한다. 모두 거짓말이다.

기업 금융화 현상을 살펴보면 기업경영의 목표가 더 이상 노동자를 직접 고용하여 경쟁력 있는 상품을 생산하고, 그것을 시장에 내다팔아 수익을 내고 이 때 생긴 이익으로 재투자하는 것에 있지 않다. 최근 기업 경영의 목표는 자본시장에서 주식가치를 올리고 M&A 시장에서 고가로 매각을 하는데 있기도 하다. 자본 중에 특히 금융자본의 이윤축적 방식이 부당한 것은 잠시 생각을 해보면 누구나 알 수 있다.

그러나 그들은 고수익을 낸다. 아무리 세련된 단어로 혹세무민을 해도 그들이 펼치고 있는 활동은 '돈놀이' 그 이상도 이하도 아니다! 그들은 그것을 '주주가치 경영'이라고도 한다. 자본시장의 투자자를 위한 것이 기업 경영의 목표라는 것이다.

여기서 우리가 특별히 관심을 가져야 할 것은 기업의 '구조조정'이다. 구조조정은 다음과 같은 방식으로 이루어진다. 그 방법은 우리가 익히 알고 있는 것들이다. 산업설비를 줄이거나 팔아치우고, 숙련된 노동자를 정리해고 하고, 보유 부동산을 매각해 현금을 쌓아두거나 '유상감자'로 자본금을 축소시키는 것이다.

이런 회사는 상식적으로 망해야 한다! 그런데 현실에서는 그런 짓을 하는 기업에 대해 구조조정을 잘했다고 긍정적으로 평가한다. 그리고 이런 기업의 주가는 상승한다. 참으로 어처구니가 없는 일이다. 또 화가 나는 것은 기업들이 주기적으로 대규모의 정리해고를 집행하는 것이다. 이유는 무엇일까? 정리해고를 실행할 때마다 주식시장에서 기업의 가치는 올라가고 그 결과 주가는 상승한다. 결코 경제위기이거나 인건비 절감을 위해 정리해고를 하는 것은 아니다. 정리해고는 수익 때문에 하는 것이다. 이를 두고 국가와 자본, 그리고 그들의 동맹세력들은 '합리적 대안'과 '고통분담' 운운하는데, 이런 말은 모두 거짓말이다.

이처럼 기업이 다른 가치 창조를 포기하고 주식가치의 상승을 목표로 하는 경영을 '주주가치 경영'이라 하며, 이런 경영 방식이 만연된 자본주의를 '주주자본주의'라고 한다. 기업은 주주만의 것이 아니다. 기업은 주주는 물론 경영자, 노동자, 소비자, 지역주민, 국가 등 '이해관계자' 모두의 것이다. 수익만 내고 바로 기업을 팔아버리는 세력과 심한 경우 1분, 1초 사이에 주식을 사고 판매하는 사람들은 기업의 주인이 아니다. 만약 이런 사람(주주)만이 기업의 주인이라면 그 기업은 계속 운영될 수 없다.

이런 사실이 주주자본주의 천국인 미국과 미국을 추종하는 자본주의 국가들이 최근 불황에 빠져 고통을 받는 이유이다. 산업은 축소되고 실업자와 파산자는 넘쳐나고 국가세수는 계속 감소하여, 결국 국가는 채무에 휘청거리게 된다. 이런 상황에서는 소수 1%에 해당하는 금융자본만을 제외하고 개인이든 기업이든 누구라도 호황을 누릴 수 없다. 그럼에도 한국에서는 이런 주주자본주의가 정당한 것이라고 주장하는 목소리가 크다. 심지어 자칭 진보라고 주장하는 집단에서도 이런 목소리가 나온다.

한편 재벌그룹들이 M&A를 통해 계열사를 폭발적으로 늘리고 있다. 30대 재벌그룹(공기업 제외)은 2009년 말부터 2011년 말까지 442개 회사를 새로 계열사로 편입했다. 같은 기간 30대 재벌그룹의 전체 계열사 숫자는 975개에서 1천 150개로 불어났다. 중요한 것은 30대 재벌그룹이 회사를 새로 설립하기보다 다른 회사를 통째로 사들이거나 지분을 대규모로 취득해 경영권을 장악하는 M&A 방식을 선호했다는 점이다. 또한 30대 재벌그룹이 편입시킨 기업은 주력 사업과 동떨어진 경우도 상당수 있었다는 점이다. 게다가 재벌그룹의 M&A 방식은 부동산 임대, 유통업 등 투자를 크게 하지 않아도 쉽게 돈을 벌수 있는 업종에 치우치는 경향도 보였다.

가령 2009년 금호 아시아나 그룹이 유동성 위기에 빠지자 대우건설 등의 자회사를 사모펀드에게 매각하려하였던 사례를 보면, 투기자본의 문제는 결코 특정 사모펀드나 금융자본만의 문제가 아니라는 사실이다. 국내 재벌사들의 경우 대부분 금융팀을 운용하고 있으며, 위험 정도가 높은 파생금융상품시장에도 뛰어들고 있다. 또한 이들은 대규모의 구조조정을 동반한 기업 인수합병(M&A시장)에 직접, 간접적(사모펀드 참여 등)으로 참여하여 단기간의 고수익 창출과 기업 자산규모의 대형화를 추구하고 있다. 국내 재벌사들이 보여주는 현실은 기존의 투기자본이 보여주는 행태와 별반 다르지 않다. 문제는 노동유연화가 수많은 사회문제를 만들어 낸다는 점이다. 노동유연화는 고용불안과 생산 설비투자의 축소로 이어질 것이다. 나아가 노동유연화는 소비자에게 불량한 상품과 서비스가 제공될 확률을 높일 것이다. 또한 노동유연화 해고와 불완전 고용(비정규직)은 국가의 조세수입도 줄어들게 한다. 이러한 현상이 지속되면 소수의 대주주를 제외하고 우리사회의 누구에게도 이득은 생기지 않고 손실만 커질 것이다. 이미 미국과 유럽은 이러한 경험(경제 위기와 불황)을 하였으며 그 상태는 지금도 진행 중이다.

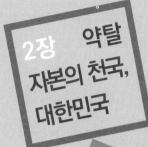

2장   약탈
자본의 천국,
대한민국

"우리의 삶에 대한 위협은 저 멀리 있지 않다. 위협은 우리의 경계 안에 있다. 우리는 그것을 보았고, 알고 있다."_달톤 트럼보(Dalton Trumbo)

워싱턴 합의, 미국 주도 금융의 세계화

투기자본은 우리나라는 물론 지구촌 곳곳을 돌아다니면서 수많은 악행을 저지르고 있다. 그런데 왜 이들은 규제를 받지 않을까? 이유는 간단하다. 국가가 나서서 이들에게 먹잇감을 주고 보호했기 때문이다. 동서 냉전과 자본주의 호황기가 끝난 미국은 새로운 자본주의를 만들었다. 이른바 신자유주의 금융 세계화이다. 이로써 1% 대 99%가 존재하는 새로운 세상이 열린 것이다. 지난 1980년대 이후(탈냉전 시대) 초국적 금융·투기자본과 미국 워싱턴의 권력자들은 흔히 '워싱턴 합의(Washington Consensus)'라고 알려진 경제정책에 합의한다. 그 후 이 정책은 전세계에 강제 된다. 알려진 내용은 다음의 열 가지이다.

워싱턴 합의(Washington Consensus) 10가지

1.**재정 건전화**_외국자본을 끌어들이려면 재정적자를 최소화하라.

2.**정부보조금 축소**_보조금의 우선 순위는 교육, 보건, 사회간접 자본 순으로 하라.

3.**조세제도 개혁**_조세 기반을 넓히고 부가세율은 낮춰라.

4. **금리**_금리는 시장에 맡겨라.

5.**환율**_수출을 증대시킬 수 있는 '경쟁력 있는' 환율을 택하라.

6.**무역 자유화**_관세는 최소화돼야 하며 수출품 생산을 위한 중간 재에는 부과하지 말라.

7.**외국인 직접 투자**_경제개발에 필요한 자본과 기술을 공급하는 외국인 투자를 적극 유치하라.

8.**민영화**_국영기업을 민영화하라.

9.**탈규제**_지나친 규제는 부패를 조장한다. 경제에 대한 규제를 철폐하라.

10.**재산권**_투자 의욕을 높이기 위해서는 재산권을 철저히 보장 하라.

워싱턴 합의에 기초한 경제정책은 미국에서 시작되어 중남미 와 동유럽으로, 다시 일본과 한국 등 아시아로 확산되면서 마침 내 전세계 대부분의 나라에서 시행되었다. IMF와 세계은행(또는 유럽은행)은 경제위기로 어려움을 겪는 나라에게 차관을 제공하는 댓가로 위의 10가지 내용에 기초한 강력한 민영화와 정리해고 등이 포함된 구조조정을 강요하였다. 또 IMF와 세계은행(또는 유럽은행)은 차관까지도 대외채무(금융·투기자본에게 진 빚) 상환에 우선 사용되도록 강제하였다. 이를 두고 신자유주의 금융세계화라고도 부른다.

민영화(privatization)란 국가가 경영하는 국영기업체 또는 공익법인을 민간의 자본가에게 매각(사유화)하는 경제정책을 말한다. 이유는 크게 두 가지이다. 첫째, 국가가 공적인 서비스를 계속해서 국민 모두에게 제공하기에는 재정 부담이 크다는 점. 둘째, 해당 기업의 생산성 또는 경영상 효율성이 국가보다는 민간의 창의성이 발현되어야 향상된다는 논리에 기반한다. 분명한 것은 이런 주장이 옳다는 점은 확실하게 입증된바 없다.

실제로 민간 자본의 창의성이 발현되어 기업의 생산성 또는 경영상 효율성이 개선된 사례는 찾아보기 힘들다. 현실에서 민영화는 매각된 공기업을 대부분 투기자본이 인수하는 것으로 나타난다. 부실한 공기업을 민영화할 때 국가는 공적자금을 투입하고, 대규모의 정리해고를 동반한 구조조정으로 기업을 정상화 시킨 후, 헐값에 투기자본에게 넘긴다. 나중에 가면 민영화는 무분별하게 이루어진다. 예를 들어 지나친 세금 감면으로 국가재정이 어려워졌을 때, 세수를 보충하기 위해 특별한 설명도 없이 건실한 공기업을 매각하기도 한다.

막대한 공적자금이 투입되어 정상화된 기업은 더 이상의 투자가 필요가 없다. 또 과거부터 거대한 공적 서비스를 담당했던 기업이기에 시장에서의 수익 또한 광대하다. 이를 통해 투기자본은 아주 손쉽게 고수익을 획득한다. 그러나 공적 서비스를 제공받아야 할 다수 시민들은 비싸진 비용과 질 낮은 서비스로 고통을 받게 된다. 민영화된 금융기관은 결국 불공정한 금융 시스템으로 전락한다. 또한 민영화된 금융기관은 사기성 금융상품으로 영업하여 금융피해자들이 양산되는 사태를 빚기도 한다.

그럼에도 투기자본은 만족하지 않고 더 많은 수익을 만들어내기 위해 다양한 방식으로 '기업의 계속가치'를 훼손시킨 후, 재매각을 통해 고수익을 챙긴다. 이른바 먹튀이다. 그러다가 애초 목적인 경영 효율성은 오히려 낮아지면서 해당 기업은 다시 부실해지기도 한다. 결국 그 비용은 손해를 입힌 투기자본이 아니라 국가의 공공재정으로 다시 메꾸게 된다. 이런 폐해는 계속 반복되어 왔다.

영국의 철도 민영화와 볼리비아 물 사유화 정책 실패는 세계적으로도 매우 유명한 사례이다. 결국 대중의 반발이 일어났다. 라틴 아메리카에서는 민영화에 강력히 반발하는 노동자와 민중에 기반을 한 반세계화 운동이 성장하였고, 이러한 사회 운동에 힘입어 새로운 사회주의 정권들이 속속 들어서기도 했다. 이들 정권은 민영화된 공기업의 재국유화와 외국 투기자본의 손아귀에서 에너지와 자원을 다시 자국 정부통제로 되돌려 놓았다. 나아가 이런 조치는 다시 만성적인 빈곤구조 타파를 위한 복지재원

48

으로 충당되고 있다.

　한편 최근 유럽에서는 재정적자 감축, 균형재정이란 구호 아래 공공부문에 대한 광범위한 구조조정이 일어나고 있다. 그리스 부도사태는 이런 현상의 극단을 보여주고 있다. 2010년 그리스 정부와 의회는 사실상의 국가부도 사태를 선언하고, 유럽연합과 국제통화기금(IMF)으로부터 구제금융을 받아들이기로 했다. 구제금융은 3차례에 걸쳐 천문학적인 금액으로 이루어졌다.

　그러나 그리스 정부는 채무를 갚을 능력이 없었다. 결국 그리스 정부는 채무 상환(구제금융)을 하는 과정에서 공공부문을 민간 자본에게 대규모로 매각하는 방법으로 대응하였다. 2010년 발생한 그리스 국가부도사태의 수습 과정은 이러한 실상을 적나라하게 보여준다. 그리스 정부는 공공부문을 민간으로 넘겨버리고 재원을 마련했다. 그러나 그리스 정부는 이렇게 마련된 재원을 투기자본의 채무를 상환하는 데 사용하였다.

　이런 사실들을 접하다보면 투기자본의 행태에 대해 정말 분노하지 않을 수 없다. 이에 공공부문 구조조정에 대한 대중의 광범위한 저항이 일어나고 있다. 이러한 현상은 미국도 마찬가지이다. 그리스의 저항운동과 미국의 월스트리트 점거운동이 그렇다.

IMF 프로그램 이식과 한국 자본 시장의 왜곡

한국에서 투기자본이 본격적으로 나타난 것은 1997년 IMF 외환위기 후 정부가 본격적으로 신자유주의 금융세계화와 민영화 정책들을 쏟아내기 시작한 이후부터이다. 김대중, 노무현, 이명박, 박근혜 정권은 경기 상황과 피해대중의 반발에 따른 약간의 정도차이만 있을 뿐 본질적으로 동일한 정책 지향점을 가지고 있었다. 그리고 그런 정책을 시행한 결과로 투기자본은 최종 수익자로서 큰 이익을 가져갔다.

이러한 정책은 1997년 IMF 협정을 통해 한국에 도입되었다. IMF와 미국의 관료들은 월스트리트의 초국적 금융·투기자본을 대변한다. 1997년 말 국가 부도사태 직후, IMF와 미국 관료들은 한국 정부에 월스트리트식의 금융자본주의를 받아들일 것을 요구하였다. 정상적이라면 김대중 정부는 이에 맞서 대응을 해야 했다. 그러나 김대중 정부는 이와 반대로 적극적인 태도로 투기자본을 위한 정책을 받아들이기 시작했다.

특히 월스트리트식의 금융자본주의는 경제관료들의 확고한 신념 때문에 더욱 신속하게 도입되었다. 금융관료들은 철저하게 신자유주의 금융세계화로 무장된 사람들이었다. 대표적 인물로 거론되는 자는 이헌재이다. 그는 경제 및 재무 관료들에게 큰 영향을 미치는 사람이었다. 재무부 관료들 중에는 이헌재를 추종하는 사람들이 많았다. 관계자와 언론은 이들을 '이헌재 사단'이라고 불렀다. 우리가 흔히 알고 있는 단어 중에 '모피아(Mopia)'가 있다. 이 단어는 재무부의 영문 약자인 MOF(Ministry Of Finance)와 마피아(mafia)의 합성어이다. 이 단어는 당연히 부정적인 뜻을 가지고 있다. 재무부의 관료들이 국가와 다수 대중을 위해서 일을 하기 보다는 마피아처럼 움직이면서 자신들의 이익을 위해 일을 한다는 의미가 강하다. IMF사태가 벌어졌던 1997년에도 그랬고, 지금도 이들 집단이 한국에서 신자유주의 금융세계화 정책을 앞장서서 추진하고 있다. 그 주요 내용은 다음 표1의 '한국의 IMF 프로그램 해부'와 같다.

박정희, 전두환 등 독재정권은 차관형식으로 외국자본을 도입하고, 이것을 산업별, 기업별로 배분했다. 그러나 자칭 '민주정부'라는 김대중과 노무현 정부는 형식만 다를 뿐 결국 외국자본을 무분별하게 도입한 셈이 되었다. 더 웃긴 것은 IMF와 미국의 요구가 '개혁이라는 미명으로 숭상 되었다'는 점이다.

그 덕에 1997년 '월스트리트는 역사상 최고의 해'를 맞이했다. 당시 보스워스 주한 미국대사는 김종필 국무총리 서리에게 이렇게 말했다. "김대중 정부가 단지 IMF 프로그램을 준수하는 데 그치지 않고, 그 이상으로 해주고 있는 것에 크게 고무되었다." 당시 상황에 대한 평가에서 이 보다 적절한 말은 없을 것이다.

표1) 한국의 IMF 프로그램 해부

입장	정책내용
IMF 표준정책	•**긴축적 재정·통화 정책** -재정흑자 -콜금리 인상 -이자제한법 폐지 •**금융정책** -BIS 적정 자기자본비율 기준 도입 •**기업정책** -정부의 은행경영과 대출 결정에 대한 관여 금지 (금융할당 해소) -개별기업 구제 목적 정부보조금 및 세제혜택 금지
미 재무부 달러- 월스트리트 체제	•**금융 및 자본시장 조기 자유화** -외국 금융기관 국내진입(현지법인 설립 및 인수합병) 허용 - 외국인 주식 및 채권투자 자유화 •**무역자유화** -무역보조금 폐지 -수입선 다변화 제도 폐지
신자유주의 경제관료	•**금융·기업·노동 구조개혁** -금융: 금융개혁법안 국회통과(중앙은행 독립, 통합 금융감독기관 설치) -기업: 결합재무제표 등 일반적으로 용인되는 회계기준 시행, 부채비율 감축, 상호지급보증 해소, 사업 전문화 등 -노동: 정리해고제 및 파견근로자제도

*지주형, 한국신자유주의의 기원과 형성, 책세상, 249쪽

한국의 약탈자본과 공범자들

금융자유화 확산과 한국 자본 시장의 변화

민영화와 금융 자유화의 확산으로 한국 자본 시장이 어떻게 변화했는지 몇 개의 주요한 연도별로 살펴본다. 참고로 국내 자본시장에서 외국 자본은 대부분 투기자본으로 추정된다. 외국 자본은 장기적인 관점에서 기업의 성장을 도모하지 않는다. 외국 자본은 당장의 고배당만을 원하며 이것이 만족되지 않을 경우, 몇 분, 몇 초 사이에도 자본(주식)을 팔고 본국이나 다른 나라로 떠난다. 따라서 아래 글에서 외국 자본이란 의미는 사실상 투기자본을 의미한다고 보아도 무방하다.

표2) 연도별 외국인 투자자 시가총액

연 도	외국인 비율
2002년	32.8%
2003년	37.7%
2004년	40.1%
2005년	37.2%
2006년	35.2%
2007년	30.9%
2008년	27.3%
2009년	30.4%
2010년	31.2%
2011년	30.6%

*출처 : 김기준 국회의원 보도자료, 2012

표3) 주요 은행 배당 성향, 외국인 지분율, 비정규직 비율

은행명	지주회사 배당성향 (2011년 결산)	지주회사 외국인지분율 (2012년 10월)	비정규직원 비율 (2012년 8월)
SC	33%	100%	33%
씨티	20%	100%	41%
외환	12%	65%	32%
하나	12%	65%	26%
국민	12%	65%	31%
신한	11%	63%	23%
우리	9%	24%	15%
평균	15.6%		26%

*김기준 의원 보도자료, 2012년 10월 18일.

*론스타는 2011년 외환은행의 대주주로 있을 당시 66.9%의 고배당을 하였다.

*고배당을 하고, 외국인 지분율이 높은 은행은 직원 가운데, 비정규직이 차지하는 비율이 높다.

표3을 살펴보면 외국인 지분율이 높은 은행 일수록 상대적으로 배당률이 높고, 직원들의 비정규직 비율이 높다. SC와 씨티은행은 모두 외국인 지분율이 100%이다. SC와 씨티은행은 다른 은행에 비해 2~3배 이상의 고배당을 하고 있으며, 씨티은행의 비정규직 비율은 41%, SC의 비정규직 비율은 33%로 표 3에 언급된 은행 가운데 비정규직 비율 1, 2위를 기록하고 있다.

또한 우리은행을 제외하고 모든 은행은 배당률이 10%이상을 기록하고 있으며, SC와 씨티은행은 신한, 국민, 하나, 외환은행에 비해 2~3배로 배당률이 높다. 바꿔 말해 SC와 씨티은행은 상대

한국의 약탈자본과 공범자들

적으로 이익금 가운데 더 많은 금액을 주주들의 배당을 위해 사용하고 있다. SC와 씨티은행은 신한, 국민, 하나, 외환은행에 비해 이익금의 재투자 비율이 낮은 것이다. 이와 반대로 우리은행의 외국인 지분율은 24%로 SC와 씨티은행의 100%, 외환은행, 하나은행, 국민은행의 65%, 신한은행의 63% 비해 매우 낮다. 이 점을 반영하듯 우리은행의 배당률은 9%, 비정규직 비율은 15%로 상대적으로 타은행에 비해 매우 낮다.

다수의 금융소비자(일반 시민)를 위해서는 은행의 배당금이 높은 것 보다는 은행의 자본금 비율이 높은 것이 좋다. 다수의 이익을 존중하는 것을 무조건적인 선으로 볼 수는 없다. 그러나 시민의 이익을 높여주는 것이 사회 공동체의 미래 비전과 현재의 건강성을 위지하고 발전시키는 데 도움이 된다는 점을 고려하면, 표3의 통계는 우리에게 시사를 하는 바가 매우 크다.

▶2004년

2004년 상반기에 한국 기업에 대한 외국인의 소유 비중은 시가총액의 48%(150조여 원)에 육박했다. 국내 주식 시장에서 외국인의 주식거래 비중도 70%에 달했다. 이러한 비율은 헝가리, 멕시코 같은 나라들과 더불어 최고 순위를 다투는 수준이 되었다.

투기자본은 은행, 증권 등 금융업종에 50개로 가장 많이 진출해 있으며, 그 다음으로 자동차 23개, 전기전자 16개, 통신 14개 순이었다. 은행의 경우 시중은행 지분 중 50.8%, 지방은행의 경우는 36.9%를 그들이 지배하게 되었다.

▶2011년

2011년 9월 당시 상장 기업에 대한 외국인의 소유 지분은 평균 30%이고, 국내 대표 기업인 삼성전자의 경우는 더 심했다. 삼성전자의 외국인 지분 비율은 절반을 넘긴 51% 수준이 되었다. 훗날 엘리엇의 '주주보상' 소동에서 보듯이 외국인 소유 지분의 대부분은 정체불명의 사모펀드나 투자은행인 경우가 많다.

▶2012년

2012년 말 기준, 외국인의 국내 주식 보유금액은 총 411조 6,000억 원으로 시가총액의 32.2%를 차지한 것으로 집계됐다. 국내 채권시장에서도 외국인은 38조원을 순매수했다. 만기도래 수령분(30조 6000억 원)을 제외한 순투자는 7조 4000억 원으로 집계됐다. 이 비율은 2011년에 30.4%였으며 해마다 증가하고 있다.

특히 금융기관의 외국인 자본 비율은 매우 심각한 수준이 되었다. 2012년 10월, 4대 금융지주사 가운데 정부가 1대 주주인 우리금융(24%)을 빼고, KB금융(65%), 신한금융(63%), 하나금융(65%)의 외국인 지분이 모두 60%를 넘는다. 이 비율은 7대 은행으로 가면 더욱 심각해서 시중은행은 대부분 외국계 '수상한 그들' 자본의 지배를 받는 은행이다.

▶2016년

아래의 표4를 살펴보면, 2016년 9월, 외국자본이 30대 대기업에 투자한 자본이 315조원을 넘어 섰으며, 이 금액은 전체 증권 보유액 470조원 가운데 67%에 해당한다.

표4) 외국인 투자자의 30대 기업 증권보유 현황(단위: 억 원)

시총순위	종목	잔액	시총순위	종목	잔액
1	삼성전자	1,148,148	16	KB금융지주	97,946
2	한국전력	115,750	17	SK	37,287
3	SK하이닉스	151,732	18	SK이노베이션	62,634
4	현대차	127,901	19	LG생활건강	66,321
5	삼성물산	23,884	20	삼성화재	62,640
6	NEVER	177,870	21	아모레G	21,244
7	현대모비스	131,591	22	삼성SDS	10,028
8	아모레퍼시픽	80,906	23	셀트리온	32,013
9	삼성생명	32,075	24	현대중공업	15,234
10	POSCO	97,957	25	LG	29,957
11	신한지주	125,860	26	롯데케미칼	32,675
12	SK텔레콤	75,084	27	LG디스플레이	33,238
13	기아차	65,072	28	S-OIL	71,010
14	KT&G	95,077	29	하나금융	54,758
15	LG화학	59,805	30	LG전자	17,274
	3,152,971(전체 증권 보유액 4,707조원 대비 66.9%)				

*고영훈, 한국금융신문, 2016. 10. 17.

*2016년 9월말 기준으로 외국인 투자자의 국내 30대 상장기업 증권보유 금액은 총 315.3조원이다.

앞의 표2와 표3의 연도별 통계를 살펴보면, 누구라도 쉽게 알수 있을 것이다. 투기자본은 한국 자본시장에서 일반적인 수준의투자를 하고 있는 것이 아니다. 투기자본은 한국경제에 대부분을장악하고 있으며 나아가 그들은 한국 시장에서 거대한 투기를 벌이고 있는 것이다.

이 결과 주요 기업과 은행의 책임 있는 경영이나 사회 공공성이 무너지고 있다. 투기자본은 단기적이고 투기적인 수익 창출에 몰두하고 있다. 이에 따라 기업의 반사회적이고 반노동자적인경영 방식은 계속 증가하고 있다. 이런 현상을 다른 말로 '재무적투자'라고도 한다. 투기자본은 기업의 가치나 성장을 목적으로는하는 '전략적 투자'를 하지 않는다. 투기자본은 '전략적 투자'와는상반된 개념으로 오로지 빠른 시간 내에 투자차익만을 획득하기위해 노력한다. 이유는 간단하다. 투기자본은 한국에서 계속 기업을 운영해야 할 특별한 이유가 없다. 투기자본에게 필요한 것은 오직 하나 단기 고수익뿐이다.

이런 상황에서 정리해고제와 노동유연화 정책은 개별 기업과은행에서 가혹하게 실행될 수밖에 없다. 정리해고와 노동유연화정책은 이 책의 뒤쪽 금융피해 사례 부분 등에서 좀 더 자세하게살펴 보려한다. 정리해고와 노동유연화 정책의 결과 수많은 실업자와 파산자가 양산되었고, 비정규직 노동자가 전체 노동자 가운데 절반을 넘는 상황에 이르렀다. 또 빈익빈 부익부라는 사회 양극화가 한국사회에 깊숙이 뿌리를 내리고 말았다. 1980~1990

년대 국내 자본시장에서 외국인의 직접투자율은 2%에 불과했다. 일각에서는 외국인 직접투자율이 매우 높은 것에 대해 '금융자유화와 시장개방'이라는 세계적 추세이기 때문에 바람직하다는 반론을 제기한다.

그러나 세계시장의 중심이며 금융자유화의 천국인 미국은 자국 주식시장에서 외국인 주주의 비율이 10% 정도에 불과하다. 또한 미국은 한국에 비해 자본을 규제하는 법률적 장치 등이 더 다양하다. 이러한 사실에 비춰볼 때, 2016년 9월 기준으로 국내 30대 기업의 외국인 소유지분이 66.9%에 달한다는 점은 매우 비정상적이다. 이런 사실을 어떻게 설명할 것인가? 결론은 간단하다. '미국이 세계의 중심'이라는 것과 '금융자유화 시장개방이 세계적 추세'라는 것 중의 하나는 새빨간 거짓말일 것이다.

표5) 주요 상장사 외국인 지분율

순위	회사명	유가증권시장내 시가총액비중(%)	외국인 지분율 (2005년, %)	외국인 지분율 (2009년6월8일,%)
1	삼성전자	17.76	54.60	45.22
2	한국전력	4.41	30.23	26.76
3	현대차	3.55	47.81	31.68
4	국민은행	3.54	84.57	57.52
5	POSCO	3.45	66.95	46.20
6	LG필립스LCD	3.28	54.91	29.07
7	SK텔레콤	3.11	48.33	45.83
8	Kt	2.40	48.80	39.49
9	하이닉스	2.07	8.28	14.86
10	우리금융	1.97	12.43	8.30

11	LG전자	1.92	35.79	24.80
12	신한지주	1.92	64.39	52.45
13	S-Oil	1.75	50.00	45.97
14	신세계	1.32	45.28	44.54
15	Kt&G	1.29	63.11	49.15
16	SK	1.27	53.57	30.52
17	외환은행	1.24	73.79	69.37
18	현대모비스	1.24	47.76	38.00
19	하나은행	1.18	76.07	61.69
20	기아차	1.05	36.08	9.87

*지주형, 한국 신자유주의의 기원과 형성, 책세상.

　하지만 근래 외국계 투기자본 중 일부는 한국에서 철수를 하지 않고 머물러 있기도 한다. 그것은 한국 자본시장이 상대적으로 안정적 수익이 보장되고 있기 때문이다. 여러 번의 정권교체에도 역대 정부와 한국은 강력하게 투기자본을 보호하고 육성하는 정책을 유지하고 발전시키고 있기 때문이다. 그러나 언제든지 새로운 투자처가 나오고 본국의 자본가가 결정한다면, 쉽게 한국에서 철수할 있다. 한국 정부는 노동자, 소비자 등에게 수많은 사회적 문제가 발생해도 온전한 철수에 언제나 조력을 해왔기 때문이다.

한국의 약탈자본과 공범자들

3장 기업과 시민의 돈을 훔치는 방법

"진정으로 좋은 거래는 쌍방 모두의 이익이 아니라 당신이 승리하는 거래이다. 당신이 더 많은 이익을 취하고, 상대방이 패하는 거래를 만들어라."

_도널드 트럼프(Donald Trump)

어떤 기업이 법정관리로 넘어가거나 파산을 했을 때의 원인은 불법 경영, 시대 변화 부적응 등으로 매우 다양하다. 이 가운데 투기자본이 저지르는 비상적인 경영 방식도 큰 문제로 작용한다. 대다수 언론은 기업으로부터 광고비를 받아 생존한다. 이런 이유로 언론은 투기자본이 펼치는 부당 행위는 물론 금융과 관련해 기업이 저지르는 부적절한 행위에 대해 제대로 발언을 하지 못한다. 또한 이런 이유 때문일까? 사회적으로 투기자본이 일으키는 금융 관련 문제의 심각성이 공론화되어 있지 않다.

예를 들어 쌍용자동차 사태가 그렇다. 쌍용자동차 사태의 원인을 살펴보면 분명히 투기자본의 편법, 불법 행태가 포함되어 있다. 그럼에도 쌍용자동차 사태의 원인과 문제점을 조명하는 언론의 보도를 살펴보면, 투기자본의 문제점이 전혀 나타나지 않고 있다. 또한 아시아 최대의 상장 인프라 펀드인 맥쿼리가 지금 이 순간 다수의 민자도로를 통해 시민의 돈을 계속 뽑아가고 있는데도, 그 심각성이 사회적으로 크게 공론화 되지 않았다. kt는 국가의 기간 산업체이며 정부가 최대 주주나 마찬가지이다. kt는 주주에 대하 고배당을 위해 노동자를 착취하고 있다. kt가 노동자를 착취하는 것은 당장 일반 시민에게 피해로 돌아오지 않는다. 그러나 거시적인 측면에서 살펴보면 이러한 행위는 어떤 식으로든 일반 시민이 사회적 비용을 지불할 수밖에 없도록 강제하고 있다. 결국 kt의 노동자 착취는 주주에게는 고배당을 통해 이익을 제공하지만 일반 시민에게는 부담을 가중 시킬 뿐이다.

이 책의 사례는 많은 부분 내가 활동했던 시민단체와 연대했던 해당 노동조합과 금융피해자 단체들이 제공한 자료에서 인용하였다. 또 이 책에 인용한 관련 언론보도 기사 중에는 인터넷 상에서 이미 사라진 것들도 있다. 그 의도가 매우 의심스럽다. 노동조합과 금융피해자 단체와 연대한 시민단체 이름은 투기자본감시센터와 약탈경제반대행동, 이렇게 2가지이다. 투기자본감시센터는 2007년부터 2015년까지, 약탈경제반대행동은 2015년 이후 현재까지 내가 사무국장으로서 상근 활동을 하고 있는 단체이다.

론스타_시민의 돈 1인당 8만원 약탈하기

투기자본 론스타는 2012년 이미 4조 원의 약탈에 성공했다. 4조원은 5,000만 국민으로 나누면 1인당 8만원에 해당한다. 외환은행의 돈 4조원은 외환은행의 돈으로 보인다. 그러나 한국 내에서 생산된 부(돈)가 5,000만 국민의 정치, 문화, 경제적 상호 작용의 과정에서 만들어진 부(돈)라는 점을 고려하면, 외환은행의 돈은 단지 외환은행의 돈이 아니라 대한민국 국민의 국부라고 할 수 있다. 2012년 론스타는 한술 더 떠 한국정부를 상대로 약 5조 원대 손해배상금을 청구하는 소송을 걸었다. 내용은 한국정부가 외환은행 매각승인을 지연시켰고, 그로 인해 손해를 입었다는 것이다.

벨기에에 소재하는 론스타펀드는 한국 대사관에 협의를 요청했고 국제투자분쟁해결기구(International Centre for Settlement of Investment Disputes, ICSID)에 중재판정을 의뢰하였다. 이른바 '투자자·국가 간 소송제도(ISDS, InvestorState Dispute Settlement)'를 활용한 것이다. 이로써 론스타게이트는 다시 주목을 받게 되었다. 투기자본감시센터는 2011년 한미 FTA 날치기 통과 이후 최악의 투자자·국가 소송제소 사례를 남긴 첫 외국자본이 론스타가 될 것이라고 예측했는데, 불행하게도 이 예언은 적중하고 말았다. 당시 그런 주장을 했던 근거는 한 언론의 보도 때문이었다. 해당 언론의 보도에 따르면, 노무현 정부가 한미FTA 협상개시를 선언하자 "한미 양국에서 론스타가 한미FTA 체결을 위해 적극적으로 로비 활동"을 하였다.

사실 론스타가 계획했던 외환은행 재매각이 지연된 것은 2가지 이유였다. 첫째, 계속되는 경제위기에도 개의치 않고 론스타가 고가로 매각하려 했기 때문에 인수희망 금융·투기자본과의 매각협상이 결렬된 것이다. 둘째, 론스타의 행태에 대해 투기자본감시센터 등이 소송을 제기하고 시민사회단체들이 반대 여론을 조성했기 때문이다. 셋째, 론스타 펀드가 외환은행을 인수하는 과정에서 불법성을 저질렀기 때문이다. 외환은행이 매각되려면 매각승인보다 론스타의 불법 행위에 대한 사법부의 판결이 먼저 있어야 했다. 즉 론스타의 매각이 늦어진 책임은 정부에게 있는 것이 아니라 투기자본 론스타에게 있었던 것이다. 그리고 세무당국의 과세에 대해 불복하는 것도 마찬가지이다. 그런데 론스타는 적반하장 격으로 그 탓을 한국정부에게 돌렸다.

그렇다면 투기자본이 투자자·국가 간 소송제도에 사활적인 이해를 같이하는 이유는 무엇일까? 투자자·국가 소송제도는 외국에 투자한 기업이 현지 정부의 정책이나 법 때문에 당할 수 있는 재산적 피해를 실효적으로 보호하기 위한 것이다. 투자 기업과 해당 국가는 국제기구의 중재를 통해 분쟁을 해결한다. 한마디로 투자자·국가 소송제도는 투자자의 자산을 보호하는 제도이다. 이 제도는 불법에 따른 벌금 등의 징벌, 국유화 같은 투자자산의 소유권 이전 등 투자자의 자산 가치를 떨어뜨릴 만한 정부의 조치

한국의 약탈자본과 공범자들

까지도 포함하고 있다. 이런 이유에서 이 소송제도는 과거 제국주의의 식민지 경영 방식의 유산이라는 지적도 있다.

잠깐 투기자본이 어떠한 성격을 가지고 있는지 되돌아보자. 투기자본은 일반적으로 단기간에 고수익을 내기 위해 수단과 방법을 가리지 않는다. 투기자본은 당연히 불법과 탈법, 편법을 동원한다. 또한 투기자본은 은행과 공기업처럼 공공의 이익에 직결된 산업부문에 집중적인 투자를 한다. 공공부문은 다른 산업에 비해 규제가 심하다. 그러나 공공부문은 고수익을 창출하는데 유리하다. 투기자본은 당연히 인허가 과정에서 부패하고 무능한 관료집단과 결탁한다. 투기자본이 고수익을 창출하는 데 관료집단의 지원은 결정적이다.

투기자본은 현지 국가의 법제도와 관행 때문에 고수익을 창출하는데 어려움을 겪는다. 결국 투기자본은 적기에 제도적인 승인을 받기 위해 불법적인 수단을 동원하는 것에도 주저하지 않는다. 이런 측면에서 투자자·국가 간 소송제도(ISDS)는 론스타 뿐만이 아니라 모든 투기자본에게 고수익을 안겨주는 가장 안전한 방패가 되는 것이다.

그리고 론스타가 중재재판을 의뢰한 〈국제투자분쟁해결센터〉는 미국의 절대적인 영향력 하에 있다. 〈국제투자분쟁해결센터〉는 세계은행(World Bank) 산하 기구이며 소재지는 미국 워싱턴이다. 참고로 세계은행은 미국의 영향력 아래에 있다. 분쟁이 발생했을 경우 한국정부와 론스타가 각각 1인을 추천하고, 나머지 1

인은 양측이 합의로 추천한다. 이때 양측의 합의가 이루어지지 않으면 〈국제투자분쟁해결센터〉가 추천해서 3인의 중재재판부를 구성한다. 이 때 한국의 사법주권은 침해된다. 그리고 다루는 내용도 위에서 거론한 것처럼 론스타가 한국에서 저지른 불법행위보다는 한국정부의 매각승인 과정이 론스타가 원하는 시기에 맞춰져 있었는지, 그것 때문에 론스타가 손해를 봤는지에 집중된다.

외환은행 매각 위해 청와대까지 참여한 비밀 회동

한국사회는 이미 신자유주의 금융 세계화에 깊숙이 편입되어 있다. 투기자본은 신자유주의의 첨병이다. 이들이 한국사회에 끼친 폐해는 너무 크다. 이 가운데 다수 대중에게 가장 널리 알려진 것이 '론스타게이트'이다. 2003년 시작된 론스타의 외환은행 매각, 인수 과정은 그 자체가 10년이 지난 2013년 까지도 해소되지 않은 의혹투성이 상태였기 때문에 '게이트'라고 부를 수밖에 없다. 무엇보다 당시 은행법에 따르면 론스타는 사모펀드였다. 따라서 론스타는 외환은행 인수에 뛰어들 자격이 없었다. 또 외환은행은 국내 유일의 수출입 전문은행으로 정관에는 외국인들이 40%를 초과하여 지분을 취득할 수 없도록 명시되어 있다. 결국 론스타가 외환은행 주식 10% 이상을 취득하려면 편법이 동원될 수밖에 없었다.

관계기관들은 외환은행을 매각, 인수하는 과정에서 2가지 불법과 편법을 자행했다.

한국의 약탈자본과 공범자들

첫째, 재정경제부와 금융감독위원회는 예외조항인 '부실금융기관의 정리 등 특별한 사유'를 적용하여 론스타에게 대주주 자격을 부여했다. 어처구니가 없는 것은 외환은행에 대한 당시 재정경제부와 금융감독위원회의 해석이다. 이들은 직접적으로 외환은행은 '부실금융기관'이 아니지만, 마지막의 '등'에 해당한다는 것이다. 즉 관료들은 외환은행의 지위를 편법으로 억지 해석해 매각대상으로 지정된 것이다.

　둘째, 예외조항을 적용하려다 보니 멀쩡한 외환은행을 부실은행으로 만드는 조작이 진행됐다. 그 방법은 거의 가능성은 없는 미래에 발생할 수도 있는 잠재부실을 확대, 왜곡하여 국제결제은행의 자기자본비율을 6.16%로 조작한 것이었다. 금융당국은 외환은행의 자기자본비율을 조작한 문서를 근거로 판단했다고 한다. 그런데 그 의혹은 지금도 계속되고 있다. 당시 팩스로 보내온 5장의 문서는 누가 보낸 것인지 금융당국은 모른다고 주장했다.

　이런 불법은 법정심문 과정에서 드러났다. 당시 삼일회계법인과 외환은행 경영진은 사전에 모의하여 회계를 조작하고, 실사(실제 조사) 내용을 왜곡했다. 게다가 삼일회계법인과 외환은행 경영진(당시 이강원 은행장)은 황당하게도 잠재부실을 키우기 위한 모의를 했다. 그들은 외환은행에 부실한 자회사였던 외환카드를 합병해 외환은행의 경영상태를 부실한 것으로 만들었다. 이런 이유에서 2003년 외환은행 매각은 불법이다.

　이러한 조작과정에는 당사자인 외환은행 경영진과 론스타 외에 김앤장 법률사무소와 삼일회계법인이 참여하였다. 이들은 당연히 함께 힘을 모아 정관계 불법로비, 회계조작, 사전 공모를 하였다. 국정 감사, 감사원 감사, 언론보도 등에 따르면, 2003년 7월 15일 조선호텔에서 관계기관 10인 비밀회동이 있었다. 참석자는 노무현 정부의 청와대(주형환 행정관), 재경부(변양호 금융정책국장, 추경호 과장), 금감위(김석동 감독정책 1국장, 유제훈 과장), 외환은행(이강원 행장, 이달용 부행장, 전용준 부장), 외환은행 측 자문사인 모건스탠리(신재하 상무) 그리고 변호사 등 10여 명이다. 그 면모가 매우 광범위하고 조직적이었다. 경악할 일은 국정 운영의 최고 결정기관인 청와대까지 참석했다는 사실이다.

또한 당시 하종선(현대상선 회장)과 제프리 존스(주한 상공회의소 소장) 등이 외환은행 인수를 위해 김진표(재경부 장관)와 변양호(금융정책 국장)에게 불법 로비를 했다. 이런 사실은 법정에서 드러났다. 법정에서 드러난 105만 달러의 로비자금과 뇌물은 당연히 론스타로부터 나온 것이다. 론스타 게이트란 투기자본 론스타와 재경부 경제관료, 김앤장 법률사무소로 대표되는 전문가 집단이 투기동맹을 맺고 저지른 사건이다. 또한 이들 대부분은 현역으로 지금도 투기자본의 주요 동맹세력으로 활동 중이다. 그런 의미에서 론스타 게이트는 현재 진행형이다.

한국의 약탈자본과 공범자들

론스타 탈출을 도와준 금융위원장

론스타는 외환카드를 헐값에 합병하고자 주가조작을 저질렀다. 이에 저항하는 노동자에게 핸드폰 문자 메시지로 정리해고를 통보하였다. 그들은 외환카드를 경영하는 동안 KIKO 같은 파생금융상품의 판매를 확대하고 환투기로 고수익을 창출했다. 그 결과 외환 전문은행이라는 외환은행의 금융 공공성은 실종되었고, 금융 피해자만 양산되었다. 이 과정에서 발생한 고수익은 해마다 고스란히 론스타와 주주들에게 고배당으로 돌아갔다. 론스타는 2012년 초까지 외환은행의 대주주로 있던 동안 고배당과 지분 매각을 통해 4조 7천억 원을 챙겨 해외로 나갔다. 그런 론스타가 또다시 5조 원의 약탈에 성공했다. 정상대로라면 금융위원회는 주가조작이라는 중대범죄를 저지른 론스타에 대해 '징벌적 매각명령'을 내려야 한다. 그럼에도 금융위원회는 범죄자 론스타의 손을 들어 주었다. 외환은행 인수자인 하나금융은 인수대금으로 론스타에게 5조 원을 주었다. 인수대금 5조 원은 시장가격보다 터무니없이 높은 가격이다.

그렇다면 이것으로 끝인가? 아니다! 론스타는 주가조작을 저지른 범죄집단이다. 론스타코리아의 대표인 유회원만이 아니라 존 그레이켄 회장이 주범이다. 지금이라도 검찰은 범죄인인도협정이 체결되어 있는 미국으로 형사들을 파견해 그를 체포해 와야 한다. 아울러 2003년 외환은행 매각은 물론 2011년 매각승인을 내주어 론스타가 한국에서 탈출하게 도와준 김석동 금융위원장과 관련자들을 형사소환을 해야 하며, 주가조작의 공범으로 고발장이 접수된 김앤장 법률사무소에 대한 압수수색과 대표 김영무 변호사에 대한 기소를 해야 한다. 론스타의 먹튀 때, 5조 원으로 외환은행 지분을 론스타에게 인수하여 업무상배임죄로 고발된 하나금융의 김승유 전 회장도 즉각 기소해야 옳았다.

론스타에 부과될 양도소득세의 규모는 대략 3,917억 원 정도이다. 외환은행 현 경영진은 대주주 자격이 없는 론스타가 고배당으로 빼간 외환은행의 자산에 대한 환수에 나서야 한다. 무엇보다도 주가조작 피해자와 정리해고자들에 대한 피해보상과 원직복직이 있어야 한다. 론스타게이트가 세상에 알려지기 시작한 것은 투기자본감시센터가 제기한 2004년 론스타의 주식취득 승인무효 소송과 2005년 외환은행 매각에 관여한 경제관료 등 20명을 검찰에 고발하면서 부터이다. 론스타펀드에 투자된 자금은 어떤 성격을 가지고 있는가? 여기에는 2가지 논쟁이 존재한다.

첫째, 이른바 '검은 머리 외국인'은 누구인가이다. 이 말은 론스타의 투기로 이익을 본 사람이 단지 외국인만이 아니라 한국인도 있었다는 것이다. 외환은행 인수 승인 직후인 2003년 9월 30일부터 인수자금 납입 만기일인 다음달 30일까지 모두 23번에 걸쳐 해외에서 국내로 송금이 있었는데, 그 중 15번이 마치 원화로 계산해 송금한 듯 10억 원 단위로 맞춰져 있었다. 바꿔 말해 이 거래는 한국인의 '원화'거래였던 것이다. 이 부분에 대한 의혹 규명이 필요하다. 즉 이 돈은 권력자의 검은 돈일 가능성이 높다.

론스타펀드에 투자한 한국인(권력자)들은 스스로 막대한 이익을 얻기 위해 다수의 피해자가 발생하든 말든 정부와 금융당국에 집요하게 영향력을 행사한 것으로 보인다. 2008년 출간된 〈법률사무소 김앤장〉에 따르면 론스타의 외환은행 투자에 참여한 펀드 중 LSF IV B Korea I.L.P(Bermude)의 지분 11.64%와 LSF IV B Korea II.L.P(Bermude)의 지분 20.34%, 그리고 HudCo Partner IV Korea Ltd의 지분 1.55%가 한국인 소유로 추정되고 있다.

둘째, '산업자본'이라는 주장이다. 론스타펀드의 출자자 중에는 부동산업자가 있다. 론스타펀드가 소유한 자산의 상당부분이 일본 소재 부동산이라는 것이다. 사모펀드의 특성상 정체불명의 자금이 존재할 수밖에 없고, 투자분야에도 부동산 업종이 있다는 것은 충분히 상상할 수 있는 일이다. 실제로 이미 공개된 론스타의 투자자 중에는 Cadim이라는 부동산 업체가 있었다.

론스타펀드는 외환은행 인수당시나 그 이후에 인수자격 여부가 있는지에 대해서 금융당국에 제대로 신고하지 않았을 개연성이 있다. 이런데도 금융당국은 론스타펀드가 대주주로서 자격이 있는 것인지에 대해 적격성 여부를 심사하지 않은 것은 실정법 위반이 분명하다. 실제로 론스타가 외환은행 승인 당시 제출한 투자자 자료와 나중에 인수대금 납입 당시 제출한 자료가 다르다. 인수 대금 1조 4천억 원이 실제로 해외에서 들어오지 않았다는 지적은 투기자본감시센터를 중심으로 당시부터 여러 차례 있었다.

다만 '산업자본' 문제가 론스타게이트의 핵심인 것처럼 주장되는 것은 심대한 오류이다. 그것은 '금산분리' 즉, 산업자본의 은행 지배 금지를 주장하는 미국식 경제개혁 사상에 바탕을 둔 이데올로기라는 점이다. 마치 전제가 금융자본은 선善이고 산업자본은 악惡이라는 식이다. 물론 시민사회의 다양한 주의주장은 존중 받아야한다. 또한 주의주장이 다르다고 해서 특정사안에서 연대를 못할 이유는 없다. 하지만 론스타는 투기자본 즉, 사모펀드이기 때문에 게이트사건의 주범이며 사회적 폐해를 낳은 것이다. 이 점은 분명히 해야 한다.

Kt_노동자 죽음과 시민 재산으로 고배당과 고액연봉 파티

Kt는 나라를 대표하는 거대 통신회사이다. 그러나 kt는 여러 가지 반사회적인 경영으로 시민사회의 지탄을 받아온 지 오래이다. 최순실 국정농단 사건에서도 kt가 연루된 범죄가 있었다. 이 범죄는 검찰과 특별검사의 수사로 명백히 확인된 것이다. 또한 이 범죄는 2017년 헌법재판소의 대통령 박근혜 탄핵결정문에도 적시가 되었다.

첫째, kt는 최순실의 미르 재단에 11억 원, K스포츠 재단에 7억 원을 '이사회 의결 없이 출연'을 하였다. 이 재단 출연 건은 내가 활동하는 시민단체인 약탈경제반대행동에서 kt새노조와 함께 이미 2016년 10월 전국경제인연합회와 kt 황창규 회장과 이사를 배임, 횡령죄로 검찰에 고발을 한 바 있다. 둘째, 최순실의 측근 차은택이 이동수와 신혜성을 각각 전무와 상무보로 취직시키고, 차은택 소유의 광고업체인 아프리카픽쳐스와 플레이그라운드에 '광고를 몰아줬다'는 것이다. 셋째, kt 스포츠단 사장에 김준교를 밀어 앉히고 조카 장시호의 '한국동계스포츠영재센터 스키 사업 등을 지원'하려 했다는 것이다. kt의 임원도, 대주주도 아닌 최순실. 그 최순실의 사적 이익을 위해 거대 통신기업 kt는 천문학적인 기업재산을 횡령하고, 인사를 전횡했던 것이다.

가장 최근에는 kt가 회사 공금을 '상품권깡' 방식으로 '비자금'을 조성하여, 임원들 개인 명의로 국회 정무위원회, 미래창조과학방송통신위원회(현 과학기술정보방송통신위원회) 소속 의원들에게 정치 후원금을 제공한 것이 드러난 것이다. 이 또한 약탈경제반대행동에서는 kt새노조와 2017년 2월 뇌물공여, 업무상 횡령죄로 제공 받은 국회의원과 kt 회장 황창규와 임원을 경찰에 고발하였다. 중요한 것은 불법적인 경영을 kt의 현재 회장 황창규와 역대 회장들이 반복하고 있는 이유이다. 그리고 이러한 경영의 결과 노동자와 소비자가 고통을 받고 있다는 것이다.

노동자들의 잇단 죽음

2012년 6월, 노동부가 이석채 Kt 회장을 근로기준법과 산업안전보건법 위반 혐의로 검찰에 송치하였다. 또 산업안전보건법, 남녀고용평등법, 파견법 위반사항 등에 대해 과태료 4억원을 Kt에 부과하였다. 하지만 노동부는 Kt의 172개 사업장에 대해 특별근로감독을 실시한 결과에 대해 아직도 공개하지 않고 있다.

그렇다면 Kt에서는 무슨 일이 일어났을까? Kt에서는 6년 동안 암으로 84명, 돌연사로 62명 등 220명이 사망했다. 이석채 회장 시절, 21명이 사망했다. 잇단 죽음의 이유는 노동자들을 대량해고 하는 잦은 구조조정에 있었다. 2006년부터 업무 부진자 명단(CP)을 만들어 노동자들을 내쫓고 있고, 2003년과 2009년 1만 명 이상이 명예퇴직을 당했다. 그 결과 시민사회에서는 Kt를 '죽음의 기업'으로 부르고 있다. 참고로 아래의 표들은 모두 노동조합으로부터 제공받은 것이다.

표6) Kt 연도별 인력구조조정 내역

년도	2001	2003	2008	2009	2014	2016
직원(명)	44,094	37,652	35,063	30,841	23,371	23,575
퇴직자(명)	1,389	5,505	550	5,992	8,304	-
인건비/매출(%)	19.17	15.73	16.62	12.50	8.90	9.92
배당성향	20.6%	50.8%	50.3%	94.2%	-	24.2%
배당총액	2,240	4,215	2,262	4,864	-	1,959

*비밀퇴출프로그램(CP)에 의해 퇴출된 직원(2006년도500명, 2007년도 550명 2008년 이후)과 자연감소분은 미포함

한국의 약탈자본과 공범자들

부당하게 해고당한 노동자들은 자회사로 재취업하는데, 여기서 일어나는 부당 노동행위도 상식을 넘어서고 있다. ktcs노동조합의 전해남 지부장의 죽음이 이를 증명한다. Kt는 민원처리 업무를 자회사 ktcs에 위탁하고 노동자들에게 전직을 강요했다. 당연히 해당 노동자들의 임금과 근로조건은 후퇴하였고, 부당 노동행위, 노동탄압, 착취는 여전하였다. 사측은 Kt인력 퇴출 프로그램에 따른 집요한 사직 강요, 원거리 발령, 생소한 업무로 전환배치, 임금 절반이하 삭감, 인간적 모멸감을 심어주는 고강도 교육프로그램 투입 등으로 어떻게든 노동자를 괴롭혀서 내쫓으려고 시도했다. 전해남 지부장과 노동자들은 민주노조를 결성하고 회사측의 부당한 대우에 맞서 힘겨운 투쟁을 전개했다. 그러다가 그는 2011년 10월 3일 공주시 탄천면 대학리 인근 도로가에서 전소된 차량과 함께 심하게 훼손된 시신으로 발견되었다.

대국민 사기 행각과 부당한 영업

2012년 전 국민이 참여한 제주 세계 7대 자연경관 전화투표에 이용된 Kt의 국제전화가 사기극이었다는 것이 폭로 되었다. 처음부터 세계 7대 자연경관 전화투표를 주관한 뉴세븐원더스(New7 Wonders) 재단의 실체는 물론 공신력 자체가 의문시되어 논란이 되었음에도 제주도와 이명박 정부는 이를 강행하였다.

Kt는 세계7대 경관 투표를 진행할 때, 00115887715라는 전화번호를 사용했다. 이 번호는 최소한 2011년 4월부터 국내전화망에서 전화번호 종료 처리가 되어 해외전화망으로 전혀 접속할 수 없는 국내 전화번호였다. 그럼에도 Kt는 이 번호를 국제전화인 것처럼 속여 부당 이익을 챙겼다. Kt가 이익을 챙기기 위해 전국민을 상대로 사기극을 벌인 것이다.

당시 확인된 바로 제주도에 청구된 전화요금이 211억 원이었다. 이 사실 외에는 밝혀진 것이 아무것도 없다. 피해액이 얼마인지 가늠조차 되지 않고 있다. 또 Kt는 약관에 명시되어 있는 국제 SMS 요금 100원(국가와 관계없음)보다 50% 비싼 바가지요금을 부과하였다. Kt는 이를 정보이용료라고 우기고 있다. 중요한 것은 약관에 없는 상품을 팔았다는 것이다. 이런 행위는 불법이고, 영업정지나 면허취소에 해당한다. 거짓말을 위해 또 다른 거짓말을 하다가 급기야는 Kt 존립자체를 스스로 허무는 궤변에 이른 것이다. 또 이 사실을 폭로한 'Kt 새노조' 이해관 위원장은 2012년 마지막 날 해고되었다. 그리고 '공익제보자'로서 Kt에게 당한 이해관 위원장의 생생한 고통은 2016년 〈뉴욕타임즈〉에서도 크게 조명되었다.

이러한 사기 영업만큼 분노할 일이 또 있다. 과도한 통신비 문제이다. 2011년 3분기 당시 월평균 가계통신비는 14만 7,000원에 이르렀다. 이 금액 중에 이동전화요금은 월 10만 7천원으로 월평균 가계통신비에서 차지하는 비중이 75.4%였다. 이러한 비중은 계속 증가하고 있다. OECD에 따르면, 지난 2009년 기준 한국의 가계 통신비 지수는 1.607로 멕시코 1.671에 이어 두 번

째로 높다. 당연히 통신비 인하는 국민적 요구 사항이다. 정치권
도 이를 공약했고, 이명박 대통령도 공약을 했던 것으로 기억한
다. 정부는 통신비 인하를 추진했다. 그러나 독과점 체제를 형성
하고 있는 Kt, sk, LG u+는 이를 정면으로 거부했다. 심지어 Kt
이석채 회장은 통신요금에 대한 규제정책에 대해 비웃기도 했다.

민영화 이후, 주주 고배당 증가

이렇듯이 Kt는 정부의 통신요금 규제정책을 거부할 수 있다.
그것은 민영화가 되었기 때문이다. 과거 한국통신과 체신부가 있
던 시절의 통신은 공공 영역이었다. 그때와 비교하면 현재 Kt와
통신사들이 보여주고 있는 행태는 상상도 못할 횡포이다. 노동자
는 죽음에 내몰리고 다수국민인 소비자는 사기를 당하는 처지이
다. 이렇게 노동자를 착취하고 소비자를 수탈하여 획득한 고수익
은 누구의 차지일까?

Kt는 2002년 민영화된 이후 주주이익 극대화를 최고의 가치
로 삼아 주주 고배당을 지속적으로 실시하고 있다. 배당성향을
살펴보면, 민영화 이전(2000~2002년)에는 평균 15%였으나 민영화
이후(2003~2010년)에는 평균 51%로 엄청나게 증가하였다. 2011
년에는 보유 부동산을 매각해 억지로 흑자를 만들어서 이 수익을
고배당으로 주주들에게 나누어 주었다. 여기서 기억해야 할 것
은 Kt의 부동산은 민영화된 Kt가 수익으로 매입한 것이 아니라,
한국통신과 그전의 전화국(체신부) 시절에 형성된 국가재산이라는

점이다. 표7에 따르면, 2016년 12월 기준으로 수익을 가져가는 주주들 가운데 약 49%가 미국 월스트리트의 금융자본 같은 외국계 투기자본이고, 나머지는 국민연금 등 국내 주주들이다. 외국계 투기자본과 국내 주주들이 고수익을 나눠먹고 있는 셈이다.

표7) KT 주식보유 현황

외국인	국내주주	국민연금	자사주	우리사주
48.48%	34.47%	10.34%	6.18%	0.53%

*2016.12월

표8) Kt주식 외국인 대주주 지분 내역

연도	템플턴 글로벌 어드바이저 리미티드 (바하마)	브랜디스 인베스트먼트 파트너즈 (미국)	캐피탈 리서치 매니지먼트 컴퍼니 (미국)	트레이드윈즈 글로벌 인베스터즈 엘엘씨 (미국)	엔티티 도코모(일본)	인터내셔널 인베스터즈 엘엘피(영국)	실체스터	합계
2011 . 5 월말 기준	4.71%	4.99%	3.99%	4.70%	5.46%	5.1%		28.95%

*정종남, 「KT 민영화 10년 : 노동자와 소비자를 쥐어짜 수익 챙기는 투기자본 경영수법의 전형」, 『KT 민영화 폐해와 대안 토론회통신비 못 내리는 진짜 이유』자료집 pp. 12.

한국의 약탈자본과 공범자들

그리고 국내 주주들과 외국계 투기자본을 대변해 주는 황창규 회장 등 임원들은 고액연봉과 자사주 상여금을 챙기고 있다. 소비자(사실상 국민들)들은 고액의 통신료를 내고 있으며, kt에 소속된 다수의 노동자가 해고되거나 여러 가지 이유로 죽음에 내몰렸다. 그러나 표10을 살펴보면, kt 회장과 임원진들이 고액의 연봉과 성과급을 받고 있다는 사실을 알 수 있다. 이석채가 회장으로 있던 2010년, kt는 이사진의 보수를 44.4%, 경영진의 보수를 123.7% 인상하기도 하였다.

표9) Kt 연도별 당기순이익 중 배당내역   (단위: 백만 원)

구 분	당기순이익	배당성향(%)	배당총액	외국인배당
2001	10,872	20.6	2,240	836
2002	19,638	10.8	2,128	1,107
2003	8,301	50.8	4,215	2,579
2004	12,555	50.4	6,322	4,178
2005	9,983	63.8	6,368	3,953
2006	12,334	33.4	4,161	2,660
2007	9,576	42.5	4,073	1,842
2008	4,498	50.3	2,262	933
2009	5,165	94.2	4,864	2,448
2010	12,488	46.9	5,862	3,083
2011	12,891	37.7	4,866	2,535

2012	7,088	68.8	4,874	2,486
2013	-3,923		1,951	932
2014	-11,418	0	0	0
2015	7,703	15.9	1,224	631
2016	8,093	24.2	1,960	1,013

표10) Kt 연도별 임원의 보수한도 변동 내역   (단위: 원)

연 도	이사의 보수한도	상무급 이상 경영진 보수	비 고
2016	59억		황창규 회장 24억 3천 6백만 원
2015	59억		황창규 회장 12억 2천 9백만 원
2014	59억		황창규 회장 5억 7백만 원
2013	65억		이석채 회장 2,979백만 원 (퇴직금 1,153백만 원 포함)
2012	65억		
2011	65억		
2010	65억	405억 3천 8백만	이사보수44.4%인상,
2010	65억	405억 3천 8백만	경영진 보수 123.7% 인상
2009	45억	181억 2천만	이석채사장취임(2009.1.14.)
2009	45억	181억 2천만	보수 10% 인하
2008	50억	216억 2천 3백만	남중수 사장 구속됨
2007	50억	204억 4천 4백만	42.8% 인상
2006	35억	211억 5백만	상무보 편제 최초 도입
2005	30억		남중수사장취임
2004	25억		
2003	23억4천만		2002년 민영화 이후 보수한도 급상승(61.3%)
2002	14억5천만		민영KT 초대사장 이용경 취임
2001	14억		

이러한 모습을 보여주고 있는 Kt는 모두에게 불행하다. 2014년에는 이석채 회장이 물러나고 삼성그룹 출신 황창규가 회장이 되었다. 황창규는 이석채와 별반 다르지 않다. kt는 계속 노동조합에을 탄압하면서 반노동자적인 경영을 하고 있다. 이 상황에서 이석채와 경영진에 대한 사법처리는 법원에 의해 불가능해졌다. 검찰은 재수사를 통해서 Kt에서 일어난 불법행위를 중단시켜야 한다. 그리고 본질적으로 Kt를 '재국유화'해야 한다. 이유는 간단하다. 더 이상 주주들과 경영진의 욕심 때문에 노동자와 소비자가 희생되어서는 안 된다.

만행 은폐 위해 포털 다음을 움직인 황창규 회장

위와 같은 폐해를 낳고 있는 Kt에 대응하여 시민사회도 당연히 행동에 나섰다. 투기자본감시센터와 60여개 시민사회단체는 '죽음의 기업 Kt·계열사 노동인권 보장과 통신공공성 확보를 위한 공동대책위원회'를 결성해 Kt 이석채 회장에게 책임을 묻고, Kt의 불법적인 인력퇴출 프로그램인 CP프로그램 중단, 제주 7대 경관 선정 투표 진상규명, 통신공공성 강화를 위한 활동을 전개하였다. 그러나 Kt는 자신들의 과오를 반성하지 않고 오히려 시민사회를 공격하고 나섰고, 시민사회를 상대로 손해배상 소송을 제기하였다. 손해배상 청구대상은 다음과 같았다.

① 조태욱(Kt노동인권센터 집행위원장)

② 양한웅(불안정노동철폐연대 대표)

③ 허영구(전 투기자본감시센터 공동대표)

④ 이해관(Kt새노조 전 위원장)

⑤ Kt노동인권센터

⑥ 죽음의 기업 Kt공대위

　Kt는 개인 및 단체를 피고로 하여 각자 Kt에 금 3억 원 및 송달일 다음날부터 다 갚은 날까지 연 20%의 금액을 지급하도록 청구하였다. 더욱 가관인 것은 Kt를 상대로 한 일체의 행위를 금지하고, 이를 위반할 경우 1건에 대하여 금 2천만 원씩을 지급할 것을 청구하였다. 동시에 Kt노동인권센터와 조태욱 집행위원장 앞으로 'kt노동인권센터'라는 명칭을 사용하지 말 것과 이를 위반할 경우, 1건당 금 1천만 원씩을 지급할 것을 청구하였다.

　'도둑놈을 보고 도둑놈이라고 부르는데 듣는 도둑놈이 기분 나쁘다'고 하면 범죄가 성립된다. '명예훼손죄'다! 얼마 전 '미투(Me Too)'운동에서도 오히려 가해자가 피해자를 명예훼손죄로 공격하는 일이 있었다. 정말 웃기는 대한민국이다. 아무튼 지금 다시 생각해도 3억은 "억!" 소리 나는 일이다. 사무실에 출근해서 법원 통지문을 받고 놀랐던 날들이 생각난다. 'Kt를 죽음의 기업'이라고 부르면 진짜 '죽을 수'도 있을 것 같았다. 나중에는 여기보다 더 심한 기업들도 있었다. 잠시 고통이지만 경쟁사 직원도 아니고 '공익'을 위한 행동이라 나중에는 이겼다. 그리고 진짜 고통은

Kt 노동자들이 당하고 있을 것이다. 노동자들은 오늘도 그런 회사에 근무하는 것을 천직이라 믿고 노동을 제공하고 있다.

최근에도 kt는 같은 행태를 반복하고 있다. 2017년 10월, kt의 황창규 회장은 약탈경제반대행동의 인터넷 카페 게시물인 〈배임과 횡령죄 kt 회장 황창규, 공동 정범 전경련 부회장 이승철 고발 기자회견_검찰은 kt 재산을 약탈한 황창규, 이승철을 엄벌하라!〉와 〈기자회견문_최순실박근혜 부역자 황창규 회장은 즉시 KT를 떠나야 하며, KT이사회는 황창규의 연임요청을 반려해야 합니다.〉에 대하여 다음(Daum)에 '임시조치'라는 것을 하도록 하였다. 그 결과 시민들은 이들 게시물을 더 이상 볼 수 없게 되었다. 황창규는 시민들이 볼수 없도록 다음을 움직여 자신의 만행에 대한 자료를 봉인한 셈이다. 필자는 다음(Daum)에도 항의해보고 관련 국회 상임위원회 국회의원에게도 민원을 제기하였지만 되돌릴 수는 없었다. 다음의 카페에서는 kt의 황창규 회장이 최순실 국정농단 사건에 연루되었고, 그것에 대한 2번의 검찰 고발이 있었고, 그 내용을 증명하는 고발장이 있었다는 사실을 찾을 수 없게 되었다. kt의 불법 경영에 대해 노동자와 소비자가 고통을 말하거나 그에 대한 글을 쓰는 것은 금지 당하고 있다.,

맥쿼리_국가 교통망으로 세금 뽑아먹기

영국과 프랑스에 세금을 퍼준, 오스만 제국

약 500년 전 아시아, 아프리카, 유럽, 세 대륙에 걸쳐 수십 개의 부족과 민족을 지배하던 오스만이라는 거대한 제국이 있었다. 이 제국은 20세기에 터키라는 나라로 쪼그라들고 말았다. 그런데 이렇게 된 것의 결정적인 발단은 제국이 끝내 러시아와 싸워 힘들게 승리한 크림전쟁 때문이었다. 오스만 제국은 크림전쟁에서 이기기 위해 국채를 발행했다. 크림전쟁 기간, 영국과 프랑스는 오스만 제국의 동맹국이었다. 전쟁 중에 오스만 제국의 국채를 사들인 영국과 프랑스는 전쟁 후, 직접 채권회수를 하겠다고 나섰다. 핑계는 제국의 조세제도를 못 믿겠고, 오스만제국이 야만스러운 동양의 전제 왕정국이라서 제국의 신용도 못 믿겠다는 것이었다. 결국 영국과 프랑스는 수도 이스탄불에 직접 '공채관리국(Public Debt Administration)'을 세워 5,000명의 관리(직원)를 고용하여 제국 전역에서 세금을 걷기 시작했다. 그러자 오스만 제국은 조세가 부족하게 되었고, 그 때문에 국가재정이 다시 어려워졌다. 오스만 제국은 국채를 더 발행했다. 다시 이를 사들인 영국과 프랑스는 공채관리국을 통해 제국의 세금을 더 많이 빼앗아 갔다.

그런 악순환이 30년, 40년 지속되자 제국은 서서히 망해갔다. 더 이상 제국의 근대적 발전을 위한 투자는커녕 자신의 고유 영

한국의 약탈자본과 공범자들

토조차 방비할 군비조차 마련하지 못했다. 결국 지금의 터키반도와 이스탄불을 제외한 모든 지역은 차례로 채권국이었던 영국과 프랑스의 지배 영역으로 넘어가고 말았다. 그렇게 오스만 제국은 역사 속으로 사라져 갔다.

외국자본에게 국가 재산을 퍼준, 조선왕 고종

500년이라는 긴 역사를 자랑하는 왕국이 있었다. 너무 길어서 아놀드 토인비 같은 서양학자는 비웃기도 했다. 그런 500년의 역사를 지닌 조선왕국의 왕이 어느 날 밤, 자신의 궁궐에서 일본 제국주의 용병과 그들의 앞잡이이자 자신이 만든 최신식 군대에 의해 죽음에 내몰렸다. 그냥 공포가 아니었다. 그날 밤, 그의 부인인 민자영은 침입자들에 의해 참혹하게 살해되었다. 그날 이후 왕은 죽음의 공포와 불신 때문에 매일매일 불면의 밤을 보내야 했다. 그런데 그의 침상을 지킨 사람들이 있었다. 외국의 공사들과 기독교 선교사들이었다. 왕은 이들이 있어야 편하게 잠을 잘 수 있었다. 급기야 그는 죽음의 공포를 피해 자신의 궁궐에서 도망쳐 외국 공관으로 도피하였다. 이 유명한 이야기의 주인공은 이명복, 즉 고종이다. 위의 이야기는 우리가 흔히 을미사변, 아관파천이라고 부르는 역사적 사건의 개요이다.

고종은 자신의 잠자리를 지켜준 외국 공사들과 선교사들에게 대가를 치뤄야 했다. 고종은 국가의 주요 광산, 전기와 철도 같은 국가 기간산업, 수많은 산림과 토지를 내주어야 했다. 그에게 피난처와 잠자리를 제공한 러시아에게는 통 크게 가장 많이 내주었다. 친절한 미국인에게는 운산의 금광과 경인선을 내주었다. 잠자리의 안전을 지킨 대가치고는 너무 큰 것이었다.

널리 알려진 대로 '노다지'의 어원은 평안도 운산의 금광에서 미국인 광산주가 조선인 광부들에게 "no touch!"라고 말했던 것에서 기원한다. "no touch!"에는 제국을 상징하는 미국인 광산주의 야멸찬 멸시의 감정이 들어있다. 당시 그 광산주는 지역 토지를 강탈하고 지역농민을 죽였음에도 처벌을 받지 않았다고 한다. 나라꼴이 이지경인데도 고종은 자기 왕국을 '대한제국'이라 부르고 자신에 대한 호칭을 '광무황제'라 칭했다. 그리고 고종은 '광무개혁'을 해서 자신의 왕국을 근대화 하겠다고 떠들어 댔다. 물론 당시에도 이렇게 터무니없이 벌어진 국가자산에 대한 외국 자본의 침탈에 대해 많은 저항이 있었다. 조선 최초의 시민단체인 독립협회가 종로에서 대중 집회인 만민공동회를 열었다. 이 자리에서 독립협회 회원들은 담당 대신들과 공개토론회를 여는 등 반대여론을 이끌었다. 하지만 국가 자산을 헐값 또는 공짜로 외국 자본에게 퍼준 조선의 왕, 고종은 독립협회를 무력으로 해산시켰다. 그러고도 개혁을 한다고 꼴값을 떨었다. 당연히 국가재산과 시민운동을 망가트리며 실행했던 그 개혁은 실패하고 말았다. 그리고 고종과 그의 왕국은 망했다. 일본 제국주의가 강해서가 아니라 왕이 잘못해서 조선은 망했다.

한국의 약탈자본과 공범자들

조선 망국의 데쟈뷰, 맥쿼리와 민자사업

 이번 단락의 시작을 오스만 제국과 조선의 망국으로 한 것은 현재 한국에서도 동일한 사건이 있어서이다. 그 사건은 맥쿼리와 소위 민자사업 문제이다. 2012년 초, 지하철 9호선은 일방적이고 부당한 방법으로 고율의 요금인상을 하였다. 인상율은 50%였다. 당연히 이 문제는 사회적으로 크게 부각되었다.

 더욱 가관인 것인 행정 당국인 서울시가 만류함에도 요금인상이 막무가내로 이루어졌다는 점이다. 관료들이 반대하는데도 불구하고 그것을 무시할 정도라면 누구라도 그 배경에 의혹을 갖지 않을 수 없다. 공공재인 지하철과 그것을 운영하는 민간회사 사이에 벌어진 부조화와 파열음에는 '맥쿼리'라는 투기자본이 있다.

 맥쿼리는 호주의 투자은행으로 한국에 진출해 2002년 12월에 〈맥쿼리 한국인프라투융자회사(Macquarie Korea Infrastructure Fund, MKIF)〉를 설립했다. 〈맥쿼리 한국인프라투융자회사〉는 약칭 맥쿼리 코리아로 불린다. 맥쿼리는 아시아 최대의 상장 인프라 펀드로 철도, 도로, 항만, 터널 등 사회간접자본에 대규모 투자로 수익을 올리고 있다.

 문제는 맥쿼리의 수익구조에 있다. 맥쿼리는 서울메트로 9호선(주) 등 민자사업에 투자해서 대주주가 된 뒤, 그 회사 명의로고금리로 대출을 받았다. 서울메트로 9호선(주)는 그 대출금을 갚아야 하니 민자사업체의 수익구조가 악화될 수밖에 없었다. 수익이 악화되면 정부는 재정지원을 통해 그 수익을 보전해 주게 되어있다. 이를 최소운영수입보장제(MRG)라고 부른다. 즉 정부 재정지원 → 민자사업체 대출금 보전 → 맥쿼리 수익창출의 구조인 것이다.

그런데 서울도시철도 9호선㈜의 경우 연간 영업손실액이 26억 원에 불과하지만, 대주주인 맥쿼리 등 채권자에 물어주는 고율의 이자는 461억 원이나 된다. 당연히 서울도시철도 9호선㈜는 적자이다. 2011년 5월 기준으로, 맥쿼리가 일부 혹은 전체 경영권을 행사하는 국내 '인프라 관리·운영 회사'들의 재무제표를 보면 매우 충격적이다. 맥쿼리가 24% ~ 100%까지 지배 중인 국내 '인프라 관리·운영 회사' 12개 중 11개가 자본잠식 상태였다. 더욱이 11개 중 6개사는 자본총계가 마이너스 수치로 나타나는 '완전 자본잠식'에 빠져 있다. 자본잠식이 아닌 회사는 인천국제공항고속도로를 운영하는 신공항하이웨이㈜ 하나뿐이다. 그런데 재무제표에 따르면 맥쿼리는 투자에 결코 실패하고 있지 않았다. 맥쿼리의 2010년 말 자본금은 1조 6,700억 원인데, 자본총계는 1조 6,957억 원으로 자본잠식 상태가 아니다. 운용수익을 보면 2009년 1,578억원, 2010년 1,512억 원에 달한다. 관련 회사인 맥쿼리신한자산운용(맥쿼리 그룹과 신한은행이 각각 지분 50%씩 보유)에 2009년 233억 원, 2010년 228억 원의 운용 수수료를 내기도 했다. 투자한 회사가 엉망인데 투자자는 수익을 내고 있는 이상한 상황이다. 그 수익의 원천은 정부의 재정지원(MRG), 즉 시민들의 혈세이다. 2009년부터 운영되기 시작한 지하철 9

한국의 약탈자본과 공범자들

호선(주)은 2010년 86억 원, 2011년 380억 원 등 2년간 466억 원을 정부 재정지원금으로 지원받았다. 지하철 9호선(주)의 관리운영권설정기간은 30년이며, 최소운영수입보장제(MRG)는 2009~2013년 90%, 2014~2018년 80%, 2019~2023년 70%를 각각 적용한다.

정부가 우면산인프라웨이(주)에 보전해줘야 하는 2012년분 재정지원금은 55억 원으로 2011년분 28억 원에서 2배정도 늘어났다. 그런데 2011년 172억 8,200만 원이던 통행료 수입은 교통량이 줄었음에도 요금인상으로 인해 2012년 199억 원으로 늘어났다. 즉 2011년 우면산인프라웨어(주)의 수입은 통행료와 서울시의 지원금을 합쳐 총 200억 원 정도였으나 2012년에는 254억 원으로 늘어났다. 문제는 서울시와의 운영 협약이다. 서울시는 최소운영수입보장(MRG) 규정 때문에 터널의 실제 교통량이 예측교통량의 79%에 미치지 못할 경우, 부족율에 따른 보전금을 지급하도록 되어있다. 이런 식의 통행료 인상과 서울시 재정지원은 2033년까지 이어질 예정이다.

천안논산고속도로(주)의 경우 맥쿼리가 지분 60%를 보유하고 있다. 이 회사의 영업이익은 2010년 1,028억 원(재정지원금 501억 원), 2011년 1,162억 원(재정지원금 484억원) 등이다. 시민들의 혈세를 빨아들이는 맥쿼리의 '빨대'가 전국에 12군데 있는 셈이다.

표11) 맥쿼리, 산하 12개 기업 중 11개가 자본잠식 (단위: 억 원)

업체명	영업 이익	영업 외 비용	자본금	자본 총계
서울시메트로 9호선(주)	-26	461	1,671	217(완전 자본잠식)
우면산인프라웨이(주)	117	123	266	-25(완전 자본잠식)
경수고속도로(주): 용인-서울	74	438	1,018	623(자본잠식)
서울-춘천고속도로(주)	448	685	3,238	2,289(자본잠식)
천안논산고속도로(주)	1,162	930	1,462	-590(완전 자본잠식)
신공항하이웨이(주): 인천국제공항고속도로	1,158	593	2,198	4,640(자본잠식 아님)
대구동부순환도로(주)	-34	110	297	-127(완전 자본잠식)
인천대교(주)	154	544	1,646	403(자본 잠식)
광주순환도로투자(주)	197	333	130	-1,029 (완전 자본잠식)
광주순환(주): 광주 제2순환도로 3구간	79	66	385	284(자본 잠식)
마창대교(주)	113	270	568	-266(완전 자본잠식)
수정산투자(주): 부산 수정산터널	163	84	55	29(자본 잠식)

*이종태 기자, 시사인, 2012년 6월 22일.

맥쿼리와 민자사업자들은 정부가 보조하는 재정금 외에도 시민들에게 이용료를 직접 받고 있다. 문제는 맥쿼리와 민자사업자들이 이용료를 매번 고율로 인상한다는 것이다. 그 결과 맥쿼리가 투자한 민자사업체가 운영하는 도로는 모두 이용료가 고가이다. 유료 도로마다 시민들의 원성이 자자하고 이용하는 시민들과

한국의 약탈자본과 공범자들

곳곳에서 마찰이 일어나고 있다.

문제점은 크게 3가지이다. 첫째는 현재의 민자사업이 가지는 자체에 문제가 있고, 둘째는 투기자본으로서의 맥쿼리 자본의 문제, 셋째는 경제관료, 김앤장 등 관료 및 전문가 집단과 관련된 부패의 문제가 있다. 맥쿼리 코리아에는 경제관료, 경제전문가, 법률전문가 등이 결합하고 있다. 몇몇 사람을 예로 들면, 김앤장 출신의 조대현, 세계은행 출신의 송경순, 임대형 민자사업 제도 (BTL)를 도입한 경제관료 출신의 윤대희 등이 있다.

국가의 인프라 건설, 유지는 세금으로

국가의 인프라 건설과 유지는 세금으로 해결하는 것이 옳다. 꼭 필요하다면 세금을 인상해야 한다. 지금과 같이 민간자본 그것도 외국계 투기자본에게 내맡긴다면 그 폐해는 상상이상으로 크다. 위에서 거론한 오스만제국과 조선처럼 망국까지는 아니더라도 그 피해는 다수 시민들이 짊어져야하므로 민간자본과 투기자본에게 국가의 인프라 건설과 유지를 맡기는 것은 부당한 것이다.

따라서 문제가 된 민자사업 방식에 대한 폐기 또는 전면적 개혁, 투기자본 맥쿼리에 대한 규제와 처벌이 필요하다. 또 전관예우와 회전문인사로 연결된 전현직 경제 관료들의 투기자본과의 결탁 의혹도 규명이 필요하며, 재발방지책도 마련되어야 한다. 이런 차원에서 투기자본감시센터 등은 2012년 8월 30일자로 서울시메트로 9호선과 실시협약을 체결한 당시 책임자들인 이명박(전 서울시장, 당시 대통령), **강창구**(전 서울시 지하철건설본부장, 당시 서부 T&D 부사장), **김문현**(전 서울시정개발연구원 협상단장, 당시 알투코리아부동산 투자자문 이사), **이인근**(전 서울시 지하철건설본부 설계관리부장, 전 서울시 도시기반시설본부장, 당시 서울시립대 교수) 등을 〈특정경제범죄 가중처벌 등에 관한 법률〉 제3조(배임)로 검찰에 고발했다. 또 맥쿼리와의 고이율 대출계약을 체결한 12개 기업의 이사들도 배임으로 고발했다. 맥쿼리와의 고이율 대출계약을 체결한 12개 기업은 다음과 같다.

서울시메트로9호선 주식회사, 우면산인프라웨이 주식회사, 경수고속도로 주식회사, 서울춘천고속도로주식회사, 천안논산고속도로 주식회사, 신공항하이웨이 주식회사, 대구동부순환도로 주식회사, 인천대교 주식회사, 광주순환도로투자 주식회사, 광주순환 주식회사, 주식회사 마창대교, 수정산 투자 주식회사 등이다. 앞에서 언급한 12개 회사의 이사들은 고이율의 대출계약 체결 및 유상감자를 통해 회사에 막대한 피해를 줌과 동시에 대주주인 맥쿼리에게 이익을 취득하게 한 배임 행위를 저지른 사람들이다.

끝으로 투기자본감시센터는 부당하게 이익을 획득한 민자사업자들에게 제대로 과세하지 않았던 이현동 당시 국세청장을 고발했다. 검찰은 정치권력의 눈치를 더 이상 보지 말고 맥쿼리와 연루된 이명박 전 대통령 등에 대한 수사에 나서야 한다. 그러나 검찰은 민자사업체 이사, 이명박(당시 서울시장)과 관료들, 이현동 국세청장에 대한 고발을 기각했다. 그 후 맥쿼리는 사회적 논란이 커지자 서울지하철 9호선에서 자본철수를 하였다. 그러나 서울지하철 9호선의 경영 상태는 전혀 바뀌지 않았다. 박원순 서울시장은 투기자본을 배제하지 못했다. 맥쿼리가 떠난 서울지하철 9호선에는 새로운 민자사업자(금융자본)가 들어왔다. 서울지하철 9호선은 서울시장 박원순에 의해 계속 민자사업으로 유지되고 있는 셈이다. 그리고 맥쿼리는 여전히 전국적인 민자사업으로 고수익을 내고 있다. 달라진 것은 아무것도 없다.

SC제일은행_세금 17조원으로 살리고, 사모펀드가 5천억에 삼키다

제일은행은 1929년 7월 조선저축은행으로 출범하였고, 해방 후 1946년 일반시중은행으로 전환하였으며, 1958년 상호를 주식회사 제일은행으로 변경한 대표적인 시중은행이었다. 그러나 제일은행은 1997년 IMF 금융위기의 주범으로 지목되었고 1999년 뉴브리지캐피털(Newbridge Capital)이라는 미국계 사모펀드에 매각되었다. 이후 2005년 영국계 은행인 스탠다드차타드(Standard Chartered)에 재매각이 되어 현재 SC제일은행이라는 상호를 사용하고 있다. 제일은행은 1997년 IMF 사태가 일어나기 바로 전, 한보그룹과 기아자동차 부도 사태를 겪으면서 은행의 존립이 어려워졌다. 이에 정부는 제일은행의 회생을 위해 1998

년과 1999년 두 차례에 걸쳐 8조 4천 억 원이라는 엄청난 공적 자금을 투입했다. 그러나 정부는 1999년 12월, 사모펀드인 뉴브리지캐피털에 헐값에 가까운 5천억 원을 받고 경영권을 포함한 51%의 지분을 매각하였다. 8조 4천억원의 공적자금은 대한민국 시민이 낸 세금이다. 한마디로 정부는 시민이 낸 세금으로 존립이 어려워진 은행을 살려 냈고, 그 은행을 살려 내자마자 바로 7조 9천억 원(시민이 낸 세금)을 할인해서 사모펀드에 팔아버린 것이다. 누가 봐도 이해할 수 없는 행동이다.

더 황당한 것은 매각 이후 벌어진 행위이다. 정부는 풋백옵션(향후 3년 동안 발생되는 부실여신에 대한 정부 보전)이라는 조건에 묶여 추가로 6조 6,780억 원의 공적자금을 투입해야 했다. 6조 6,780억 원의 돈도 시민이 낸 세금이다. 누가 봐도 뉴브리지캐피털은 자기 돈(자본)이 아니라 대한민국 시민의 돈(세금)을 이용해 공짜나 마찬가지로 은행 하나를 인수했던 것이다. 뉴브리지캐티탈이 제일은행을 인수하는 과정에서 사용된 시민의 돈은 무려 15조 780억 원 이상이다. 그 후 2005년 4월 뉴브리지캐피털은 스탠다드차타드에 주당 16,511원, 총 3조 4천억 원에 제일은행을 재매각하였다. 뉴브리지캐피털은 매입자금 5천억 원을 차감하고도 무려 2조 9천억 원의 차익을 남긴 것이다. 이 때 뉴브리지캐피털이 올린 수익률은 누적 230%이다. 웃긴 일은 또 한 번 있었다. 뉴브리지캐피털은 이 과정에서 한 푼의 새금도 내지 않았다. 뉴브리지캐피털이 내야할 양도세는 4천 3백억 원 이었다. 게다가 정부는 제일은행 살리기에 투입한 공적자금 17조원을 회수하지 못했다. 게다가 정부는 제일은행이 뉴브리지캐피털에 팔리기 전에 무려 4,000명의 직원을 정리해고('눈물의 비디오'로 유명) 했다. 정부가 뉴브리지캐피털을 위해 알아서 친절을 베푼 셈이다. 그럼에도 당시 정부와 언론은 마치 '선진금융기법'이 있기라도 한 양 매각 과정을 찬양했다. 당시 일요일 'KBS 스페셜'에서 투기자본 뉴브리지캐피털을 대리해서 제일은행장으로 임명된 윌프레드 호리에를 다룬 특집방송까지 방영하였다.

뉴브리지캐피털은 제일은행을 인수한 후 얼마 되지 않는 시점인 2000년 4월, 희망(강제)퇴직 실시, 지점 축소, 본점에 대한 임차사업, 전산부 매각 추진 등 구조조정에 돌입하였다. 극심한 노사 갈등은 당연한 결과로 이어졌다. 또한 영업방식에 있어서 국내에서는 보지도 못했던 '예금 초입금'이라는 제도를 신설하여 통장을 개설할 때는 무조건 5만 원 이상을 입금하게 하고, 신용도가 다소 낮은 금융 소비자들을 대상으로 고금리의 신용대출을 집중 판매하여 속칭 '돈 되는 고객들만 선별'하는 투기적 영업행태를 보이며 금융 기관으로서의 공공성을 철저하게 배제하였다.

인수 후, 불법 투기 경영에만 몰두

제일은행을 재인수한 스탠다드차타드는 영국인 행장이 한복을 입고 돼지머리 앞에서 절을 올리는 고사를 지내며 철저하게 한국식 토착 영업을 하겠다고 대대적인 언론 플레이를 하였다.

그러나 그것은 '코스프레'에 불과했고 오래가지도 못했다.

스탠다드차타드는 제일은행을 인수하자마자 가장 먼저 '상장 폐지'를 하여 외부 기관과 단체의 경영감시가 불가능하도록 했다. 이것은 시장으로부터 감시와 견제를 벗어나 투기적 경영을 하겠다는 의도로 읽혔다. 이에 대해 한국 정부는 수수방관 하였고, 한술 더 떠 금융당국과 국세청은 투자자와 납세자 보호라는 미명으로 국회의원의 정당한 자료 요구마저 묵살했다. 한국 금융당국과 국세청이 스탠다드차타드의 불법 행위를 방조, 묵인하고, 나아가 보호까지 해준 셈이다.

이후 스탠다드차타드의 투기적 경영행태는 사모펀드인 뉴브리지캐피털 보다 더욱 심각했으며, 노사 간 극심한 대립 관계를 만들어 내며 은행권 최장기 파업사태를 초래했다. 또한 '퇴직금 누진제' 폐지, 성과연봉제 형태의 전문계약직 전환, 소유 부동산 매각 후 월세 임차로 전환, 지점 축소, 구본점 건물 및 전산부 건물 매각 등 직원들의 후생복지 축소와 자산매각을 통해 오로지 주주 배당 극대화에만 몰두하였다

표12) 스탠다드차타드 배당성향(당기 순이익 중 현금으로 지급된 배당금 총액비율)

연 도	배당성향
2010년	62.04%
2011년	78.14%
2012년	102.72%

한국의 약탈자본과 공범자들

스탠다트차타드는 2014년 753억 원의 적자를 냈으면서도 1,500억원을 배당하여 금융감독원으로부터 경영유의 조치를 받았다. 2011년에는 장기 파업사태 및 런던 본사와 국내 은행 간의 자금수수 관계가 문제되어 국정감사에서 도마에 오르기도 했을 만큼 '회계처리에 있어서도 의문점'이 제기되었다. 또한 2009년에도 국내 세무당국에 보고한 수익이 영국 SCB 본점에 보고한 5,000억 대의 순이익에 비해 1,000억 원 이상 축소되어 있었다.

노동조합은 2011년 5월부터 장장 2달여 파업으로 투기자본의 약탈에 맞서 싸웠다. 호봉제를 폐지하고 성과급제 도입을 추진하는 노동조건의 후퇴가 직접적인 원인이었다. 기존의 노사관행 파괴와 노동탄압이 있었다. 당시 단체 협상장에 한국어를 전혀 모르는 임원이 나왔고, 부행장 김영일은 노동자를 '개'라고 하며 모욕적인 언사를 하였고, 런던 본사는 '노조에 굴복 말라'는 지시공문을 보내어 사태를 더 악화시켰었다.

그리고 스탠다드차타드는 경영방침으로 '단기 업적주의'를 내세웠다. '단기 업적주의'는 노동자의 노동 강도를 높이는 것은 물론 주주에게 고배당을 하게 만들었다. 그로 인해 파생금융 상품의 불완전 판매와 환투기 등으로 금융 소비자에게 피해를 주는 결과를 낳았다. 2006년 한국의 고객정보가 무단으로 영국으로 넘어가는 데도 불구하고, 스탠다드차타드는 17조원의 여신 해외 승인을 받기 위해 23건의 자료를 해외로 유출하며 해외심사를 지속적으로 받았다.

또한 스탠다드차타드는 노골적인 고리대금업을 하였다. 은행권 연체금리가 당시 16~18%임에도 어렵고 힘든 개인 및 중소기업에게 20%가 넘나드는 금융상품을 주력상품으로 팔아 제1금융기관으로서의 공공성과 사회적 책무를 저버렸다. 또한 직원과 고객 간의 마찰을 일으켰다. 이 때문에 스탠다는차타드는 2005년 말 기준 감독원 검사에서 고금리 개인신용 대출에 대한 경고를 받았다. 또한 이 은행은 2004년 11월부터 2005년 12월까지 14개월간 중소기업대출 준수비율을 단 한 차례도 이행하지 못하는 등 중소기업대출을 도외시하여 기관주의 조치를 받았다. 그럼에도 스탠다드차타드는 경영 방식을 시정하지 않았다.

파생금융상품 판매에도 심각한 문제가 있다. 2010년 말, 스탠다드차타드는 단일 은행으로서 무려 546조에 달하는 거래액을 기록했다, 이는 스탠다드차타드 다음으로 가장 많은 파생상품을 거래한 우리은행의 274조 원에 두 배에 이르는 금액이다. 또한 스탠다드차타드는 멀쩡한 우량 종소기업을 줄 도산하게 만든 KIKO 상품도 가장 많이 판매했다. 중소기업 240개 업체가 입은 피해액 2조3천억 중에 스탠다드차타드가 35개 업체에 144건을 팔아 생겨난 피해액은 3천6백억에 달한다. KIKO 사태가 벌어진 2008년, 그 해 스탠다드차타드의 파생상품거래 이익은 3천 9백억 원으로 중소기업의 피해 금액만큼의 이익을 벌어들였다.

스탠다드차타드가 고수익을 낸 파생금융상품에는 '메탈론(metal loan)'이 있다. 국제 원자재자격 상승으로 기업들의 수요가 늘자 백금을 대량으로 사들여 기업들로부터 수익의 일부 또는 중개수수료를 받는 것이다. 은행법(27조2)과 시행령(18조2) 등 관련 법규에서는 금을 제외한 백금이나 금속, 원자재를 거래할 수 없도록 규정하고 있는 것에 비추어볼 때 스탠다드차타드의 상거래 방식은 불법이다. 그럼에도 금융당국은 미약한 징계만 주었다.

비정규직도 급증했다. 스탠다드차타드는 정규직보다 전문계약직이라는 형태로 직원을 수시로 채용하여 수백 명에 달하는 비정규직을 양산했다. 2005년 인수 초기만 해도 불과 80여 명에 불과했던 계약직이 2011년에는 250명을 넘어섰다. 인건비를 줄이고 단기수익을 올리는 전형적인 수법을 보여주었다.

또한 노동조합 탄압과 노사합의 사항 파괴행위를 자행하고 있다. 노동조합이 법이 보장한 권리에 따라 경영자료 제출을 요구해도 경영진은 이를 예사로 무시했고 노사대화를 거부 한 채, 김앤장 법률사무소를 이용해 탄압을 계속했다. 또 경영진은 이미 체결된 노사간 합의 사항을 일방적으로 파기하고, 약속 사항을 묵살하는 등 기본적인 신뢰관계를 파괴하는 행태로 일관했다. 또한 스탠다드차타드는 제일은행 인수 후, 406개의 영업점을 계속해서 대부분 헐값으로 팔아치우고 현금을 챙겼다.

이처럼 노조가 파업을 일으킬 수밖에 없었던 상황은 투기자본 감시센터 등 시민사회와 일부 정치권에 호응을 얻었다. 심지어 스탠다드차타드로부터 같은 고통을 받고 있던 타이완의 전국은행노동조합도 지지와 연대를 표명하였다. 당시 라 이 완 치 노조

위원장은 "대만의 스탠다드차타드은행를 비롯한 5만 2,000명의 노조원들을 대신해 SC제일은행 노조의 무기한 총파업을 적극 지지하기로 결정했다", "성과연봉제는 스탠다드차타드가 글로벌 정책이라고 주장하며 강력하게 시행하려고 하지만 이는 문화적 차이를 무시한 무책임한 행태"라고 비판하였다. 하지만 그 이후 노동조합은 스탠다드차타드에 대한 저항을 하지 않았다.

1999년 뉴브리지캐피털이 제일은행의 인수자로 보도되었을 때만 해도 사모펀드와 투기자본이라는 용어조차 사회적으로 회자되고 있지 않았을 때이다. 노동조합조차도 매각반대라는 투쟁 전선을 구축하기보다 조속한 매각을 원하였으며, 그들과 협상을 통해 종업원들의 고용안정과 경영 정상화를 위한 영업 체제를 요구하며 파트너쉽을 선택하였다. 그러나 결국 뉴브리지캐피털의 투기적 경영행태로 인한 피해를 노동자들이 고스란히 겪을 수밖에 없었다.

사모펀드의 투자기간은 보통 5년이다. 뉴브리지캐피털은 이 공식대로 투자기간 5년이 되자 재매각을 추진하였다. 이 결과 스탠다드차타드가 새로운 주인으로 선택되었으며, 당시 노동조합은 아마도 스탠다드차타드가 은행자본이라는 명분 때문이었는지 아무런 저항도 없이 무혈입성을 수용하였다.

특히 노사관계에 있어서 최악의 대립적 관계로 충돌하였는데, 그 주요한 원인은 국내은행의 은행장이 실질적인 결정권한이 없고 런던 본사와 국내 유명 법무법인이 포괄적인 권한행사를 하고

한국의 약탈자본과 공범자들

있었기 때문이다. 간단한 노사합의마저도 영국 본사와 권한행사를 대행하고 있는 김앤장의 승인을 획득해야 했다. 스탠다드차타드는 소비자들의 불편함은 전혀 고려치 않고 오로지 주주를 위한 자본수익 극대화를 추구하였다. 대표적인 예가 무분별한 지점 폐쇄이다.

KIKO_갑질 은행의 거짓에 당한 수출업체 '을'

시민 대상 사기극도 용서하는 법원

KIKO란 환율이 일정 범위 안에서 변동할 경우, 미리 약정한 환율에 맞춰 약정한 금액을 팔 수 있도록 한 파생금융상품으로 KnockIn, KnockOut의 약자이다. KIKO 상품을 구매한 대부분의 수출업체는 급격한 환율 변동으로부터 보호 받지 못했고, 오히려 큰 피해를 입었다. 2010년 6월 기준, KIKO 사태로 피해를 본 기업은 약 738개이며, 금액은 3조 2천억 원이다. 피해를 본 기업 가운데 다수가 부도·파산에 이르렀다. 이 가운데 어떤 기업의 대표들은 30~40년간 일궈온 알토란 같은 회사를 거래 은행 또는 다른 이들에게 넘겨야만 했다. 반면 KIKO 상품을 판매한 은행들은 막대한 수익을 거두었다. KIKO 사태를 이해하려면 먼저 2가지 키워드를 파악해야 한다.

첫째, 키워드는 처음부터 환율변동으로부터 보호를 받을 수 있는 이른바 '환헷지'의 기능이 있었느냐는 것. 둘째, 키워드는 환헷지 기능이 없었거나 있어도 매우 작았는데, 수출업체는 '왜 비싼 비용을 들여 KIKO를 구매했는가'이다. 지금까지 드러난 사실에 따르면 환헷지 기능이 처음부터 있었는지부터가 매우 의심스럽다. 그럼에도 수출업체들이 KIKO 상품을 구매할 수밖에 없었던 이유는 간단하다. 은행은 갑, 수출 업체는 을이었기 때문에 수출업체는 은행의 우월적 지위를 인정하고, 어쩔 수 없이 KIKO 상품을 구매할 수밖에 없었다는 사실이다.

은행을 일방적으로 두둔한 판사들

2010년 11월 29일, 한날 한시에 재판 결과가 나왔다. 재판을 신청한 피해 기업은 200여 개. 그러나 이 가운데 어떤 기업도 승소하지 못했다. 피해 기업마다 구체적인 사실관계가 모두 다른데, 이런 판결결과가 나왔다는 것은 상식적으로 이해가 되지 않는다.

여기서 우리는 모종의 합의가 있었던 것은 아닌가 하는 의혹을 지울 수 없다. 1심에서 4개 재판부가 사건을 맡았다. 그런데 4개 재판부는 2010년 11월 29일 판결을 내리기 전에 사전회동을 하였다. 4개의 재판은 KIKO라는 큰 범위에서 벌어진 동일한 사건이기 때문에 해당 사건과 관련하여, 담당 재판부가 서로 의견을 주고 받기 위해 사전회동을 했다는 점은 일면 수긍이 간다. 그

한국의 약탈자본과 공범자들

러나 우리는 판결을 내리기 전에 4개 재판부가 만났다는 사실에서 '모종의 부정직한 논의가 있지 않았을까?'하는 의혹을 갖지 않을 수 없다. 매트로 2017년 11월 5일 기사 "키코(KIKO) 소송 첫 판결 내렸던 '그때 그 판사님들' 지금은?"에 따르면 당시 은행을 두둔하며 키코 피해기업을 외면한 판결을 일시에 내린 판사들의 면면을 보면, 소위 '민사판례연구회' 소속 판사가 많았다. 민사판례연구회는 사법부의 '적폐세력'으로 언론과 시민사회의 지목을 받고 있는 집단이다.

특히 서울중앙지법의 민사합의 21부 부장판사였던 여훈구를 주목할 필요가 있다. 여훈구는 피해기업의 호소를 외면하고 은행을 일방적으로 두둔하며 "키코(KIKO)는 불공정 계약 아니다"라고, 2011년 11월 판결을 내렸고, 2013년 대형 로펌인 김앤장으로 자리를 옮겼다. 국내 최대 로펌인 김앤장은 2008년 11월 3일부터 2010년까지 제기된 106건의 KIKO 소송 가운데 78건을 맡아 은행 측을 변론했던 곳이다. 2017년 대한변호사협회는 김앤장의 여훈구 변호사와 민사판례연구회 회장이었던 지원림을 대법관 후보로 추천하였다. 비슷한 이력을 가진 황적화 변호사도 있다. 당시 그는 민사 31부 재판장으로 은행의 편에 섰었다. 그 후 2013년 또 다른 대형 로펌인 화우에 들어갔다. 화우도 KIKO 사건에서 은행측 변론을 맡았던 곳이며, 서울중앙지법에 제소된 16개의 본안사건을 담당했다.

KIKO 사태에서 주목해야하는 또 하나의 기업이 있다. 그 기업은 대형 로펌 김앤장이다. 김앤장은 금융·투기자본의 대리인이다. 김앤장 수익의 상당액은 금융·투기자본으로부터 나온다. 김앤장은 2007년부터 4년간 7개 시중은행으로부터 법률자문료로 198억원을 챙겼다. 198억원은 김앤장의 법률자문료 가운데 60%에 해당하는 금액이다. 김앤장이 은행에 제공해준 법률자문은 주로 투기자본이 금융기관을 장악하는 과정에서 이루어졌다. 바꿔 말해 김앤장의 법률자문은 반사회적, 반노동적, 반시민적이다.

김앤장은 KIKO 사태 때 은행측 변호인을 맡았다. 누구나 알다시피 김앤장은 법원 장악력을 가지고 있다. 이러한 김앤장의 법원 장악력은 KIKO 사태에서 은행측이 승소한 비결의 하나이다. 김앤장은 2009년부터 2011년 사이 무려 63명의 판사 및 검사, 고위공무원 출신공직자들을 자신들의 로펌으로 끌어들였다. 그 중 KIKO 판매은행의 소송을 담당한 김앤장 변호사는 검찰 부장검사 출신의 이옥이다. 그녀는 KIKO 판매은행의 사기사건을 무혐의 처분으로 만드는 데 큰 공을 세워 언론에도 크게 보도된 바 있다. 물론 본인은 '전관예우' 덕이라는 세상의 비판을 부정했다. 이처럼 김앤장의 막강한 법원 장악력은 검사와 같은 법조 관료들을 영입하는 것에 있다.

한편 최근 들어 KIKO 사기사건은 다시 재조명을 받게 되었다. 2017년 국회에서 이낙연 국무총리가 키코 사기사건의 재수사 가능성을 열어 놓았고, 같은 해 연말에는 금융행정혁신위원회는 '금융행정혁신 최종 권고안'을 통해 KIKO 사기사건 재조사를

한국의 약탈자본과 공범자들

금융위원회에 권고하였다. 무엇보다도 피해자 단체인 키코피해기업 공동대책위원회가 심기일전하여 가해 은행을 검찰에 재고발 하는 등 활발한 활동을 하고 있다.

문제는 검찰이다. 2010년 피해자 단체는 은행이 환헤지 기능이 전혀 없는 KIKO 상품을 설계했고, 그 KIKO를 "제로 코스트(Zero Cost)"라고 속여 판매했다고 검찰에 이미 고발을 한 바 있었다. 또한 당시 고발 내용에는 "독일연방대법원과 미국연방증권거래위원회(SEC)는 유사한 사례에서 옵션가격의 차이를 알리지 않은 것을 기망행위로 간주하여 판결하였다"는 사실도 포함되어 있었다. 그러나 이듬해 검찰은 피해자의 고발을 철저히 묵살하였다. 담당 검사를 교체하고 불기소 처분을 하였다.

당시 검찰의 KIKO 사기사건 수사를 되돌아보면 조직적으로 증거, 증언에 대한 철저한 무시, 축소, 왜곡 과정이 있었다는 의심을 가지게 한다. 미국연방증권거래위원회(SEC)와 상품선물거래위원회(CFTC) 의견조회 문건을 은폐한 의혹이 있다. 더욱이 담당 수사검사를 교체한 후 곧이어 불기소 처분을 하였다. 당시 검찰의 행태는 고의적인 직무유기로 보이며 그 저의가 매우 의심스럽다. 진실과 정의에 따른 사법적 판단이 아닌 다른 외부의 영향을 의심하지 않을 수 없다. 2014년에는 SC제일은행의 KIKO 사기판매 정황이 담긴 녹취록이 드러났다. 그럼에도 검찰은 미동조차 하지 않았다. 2018년 약탈경제반대행동은 KIKO피해자 단체와 함께 사기죄로 SC제일은행 등 7개 시중은행을 고발했다. 또한 이들 시중은행은 앞서 거론한 대로 외국계 금융투기자본이 장악하고 있다.

한편 금융위원회의 최종구 위원장은 앞서 말한 KIKO 사기사건 재조사 등 많은 내용이 담긴 금융혁신위의 권고안을 바로 다음날 공개 기자회견을 통해 거부했다. 정권은 바뀌지만 관료는 영원한 것이다. 금융관료든 검찰이든.

씨티은행_세계 곳곳에서 지탄받는 투기자본

투기자본 칼라일이 한미은행을 사들였다가 3년여 만에 7천억 원의 이익을 남긴 후 미국계 금융그룹인 씨티은행에 매각하였다. 이 때 탄생한 은행이 지금의 한국씨티은행이다. 씨티은행은 한미은행을 인수하자마자 노조말살 정책을 펼쳤고, 이에 노동조합이 파업으로 맞서기도 했다. 씨티은행은 중소기업이나 서민들에게 지원되어야 하는 은행자금으로 계열사를 활용한 고리대금업을 하고 있다.

씨티은행을 중심으로 한 씨티그룹은 오랜 역사와 세계적인 영업망을 내세워 '글로벌 금융기업'으로 자신들을 홍보하고 있다. 이 때문에 신자유주의를 추구하는 한국정부와 국내 금융기관들은 씨티은행이 갖췄다는 '글로벌 스탠더드'를 찬양하는 데 여념이 없고, 나아가 씨티은행을 우리가 추구해야 할 롤모델로 삼고 있다. 그러나 씨티은행은 가는 곳마다 예외 없이 부패 추문에 휩싸여 있다. 한마디로 세계에서 가장 부패한 기업 가운데 하나다. 씨티은행은 분명 역사가 오래되었다. 그러나 씨티은행은 사회의 공적인 이익을 희생시켜 자신의 이윤을 늘려온 기업이다. 씨티은행은 온갖 불법행위로 독일, 이탈리아, 일본, 중국 정부로부터는 물론이고 미국 연방준비제도이사회(FRB)로부터도 여러 차례 징계를 받은바 있다.

한국씨티은행 역시 사기대출과 불법 혐의로 시비가 끊이지 않고 있다. 당연히 한국씨티은행은 노동자들의 반발을 사고 있는데, 이 문제는 정기국회에서 중요한 쟁점이 되기도 했다. 구체적으로 한국씨티은행은 한미은행 인수자금 해외 유출, 계열사 부당지원, 변동금리 대출상품을 고정금리로 운용하면서 고객을 속이기 등 각종 편법과 불법을 저질렀다. 이 외에도 한국씨티은행은 하영구 행장의 10년 연임, 고액연봉 지급, 미국으로 송금되는 고액의 자문료, 지점폐쇄를 통한 비용절감(2017년에는 전 지점 80% 폐쇄 결정) 등으로 누가 봐도 적법하지 않는 경영을 하였다. 당연히 한국씨티은행에 대한 내외의 비판은 끊이지 않았다.

오리온 전기_국무총리실과 법원이 주도한 해외 매각

오리온전기는 투기자본의 본질을 극명하게 보여준 최악의 사례다. 그러나 지금도 청산을 통해 고수익을 노리는 투기자본이라면, 오리온전기 사례는 매우 따라해 보고 싶은 사례일 것이다.

2005년 초, 미국계 사모펀드 매틀린 패터슨(Matlin Patterson: MP)에 매각된 오리온전기는 외자유치 6개월 만인 그해 10월 31일 투기자본에 의해 청산이 결정 되었다. 당시 매각을 주도한 박상은(자유한국당 소속, 전 국회의원) 외교통상부 경제통상대사는 오리온전기가 청산되기 두 달 전에 '성공적인 외자유치 공로'를 인정받아 투기자본으로부터 감사패까지 받은바 있다. 오리온전기에 투자한 투기자본은 애초 투자를 계획 할 때부터 오리온전기에 대한 청산 계획을 가지고 있었으며, 기술과 자본의 유출을 목적으로 삼았다. 그리고 투기자본은 오리온전기를 인수한 후, 자신들의 계획대로 1,300여 명의 노동자를 일거에 해고시켰다. '성공적인 외자유치'로 포장된 오리온 전기의 해외매각은 국무총리실과 법원이 주도했다.

인수 후, 채 6개월이 지나지 않은 10월 31일 오리온전기는 임시주총을 열어 스스로 청산을 결의했다. 그러나 매틀린 패터슨과 오리온전기노동조합은 6개월 전인 2005년 2월, "회사는 전 조합원의 고용을 승계하고, 향후 3년 이내에는 인위적인 구조조정을 하지 않으며, 불가피한 사유로 인해 구조조정을 하고자 할 때에는 노동조합과 합의하여 시행한다"는 합의를 한 바 있다. 또한 "CRT 사업부와 관련한 전직원의 고용을 3년간 보장"하며, "오리온전기 주식회사의 회사 분할 후, 인수자가 분할된 2개 회사 또는 그 중 한 회사의 주식 전부 또는 과반수를 제3자에게 양도하는 경우, 그 양도대상 회사에 관한 한 인수자가 위 합의서상 갖는 일체의 권리와 의무는 그 양도 시점에 양수인에게 자동적으로 승계 된다"고 합의하였다. 합의에 따르면, 투기자본은 인수과정에서 고용안정, 경영안정 등을 약속한 셈이다. 그러나 투기자본은 이와 같은 협약을 전면 무시하고 먹튀를 단행했다.

이는 회사의 경영이 어려워 청산을 한 것이 아니라, 현재의 경영상황을 빌미로 투자자금의 회수는 물론 공장설비의 중국수출로 발생되는 차익을 챙긴 것이다. MP는 자신의 의도를 신속하고 효율적으로 관철하기 위해 노동조합과 합의서를 만들고 노동조합을 안심시키는 속임수까지 썼다. 이는 분명한 사기행각이다. 해외투기자본의 전형적인 기업사냥 방식이 현실로 드러난 것이다. 눈여겨 볼 대목은 노동조합이 회생과 장기투자를 약속한 MP 측의 조건을 믿고 있다가 초기에 전면대응에 실패한 점이다.

한진 중공업_약탈 방식의 축약판

한진중공업이 2006년 초부터 필리핀 수빅만에 조선소 신설을 추진하자 노동조합은 고용안정대책을 요구했다. 2007년 3월 14일 한진중공업은 금속노조와 특별단체교섭을 통해 다음과 같은 내용을 약속하였다.

①회사는 국내 수주량 3년 치를 연속해서 확보토록 최대한 노력한다.

②회사는 현 수준의 적정인력을 유지하며 경영상의 이유로 국내공장의 축소 및 폐쇄 등 인위적 구조조정을 하지 않는다. 특히 해외공장 운영으로 인해 국내공장 조합원의 고용불안이 발생치 않도록 한다.

③회사는 해외공장이 운영되는 한 조합원의 정리해고 등 단체협약상 정년을 보장하지 못할 행위를 하지 않는다.

2010년 2월 26일에는 "회사는 2009.12.18.부 인위적인 구조조정(일방적 정리해고)과 관련하여 2010년 2월 26일부로 중단한다"는 내용으로 노사합의를 했다. 이 과정 전후로 퇴직자는 700명(희망퇴직 639명, 정년퇴직 61명)에 달했다. 사측은 고용불안 조성해정리해고 발표와 취소 그리고 노사합의 등으로 희망퇴직을 유도했다. 400명 정리해고 통보 다음날인 2010년 12월 16일 회장 조남호는 174억원의 주식배당금을 받는다. 그리고 정리해고를 한번 더 단행한다. 사측은 2011년 1월 5일 부산지방노동청에

'정리해고 계획신고' 및 '정리해고 대상자 해고예고 통보'를 하고, 2월 11일 170명에 대한 정리해고를 발표한다.

한진중공업 사태는 자본의 노동자 착취와 이윤축적, 정리해고, 해외(필리핀)로의 먹튀와 정권(이명박)의 폭력적 노동자 탄압의 압축판이다. 한진중공업 사태는 김진숙 지도위원의 85호 크레인 농성과 시민들이 자발적 참여로 조직된 '희망의 버스'와 도보행진단으로 전국적인 이슈가 된 바 있다. 필리핀 건설연맹의 지적에 따르면, 한진중공업이 운영하는 수빅만 조선소는 "필리핀 중부 루손 지역에 경제발전을 가져오기는커녕, 현지법인이 운영하는 수빅만의 조선시설은 노동자들의 '묘지'(2006년부터 2011년까지 40여명 사망)'가 되었다. 자본은 국경을 넘나들며 노동자들의 피눈물을 쥐어짜고 있다.

콜트콜텍_한국 부자 120위 대표의 고율 배당

콜트콜텍은 세계 기타(guitar) 시장 점유율 30%를 기록하고 있다. 콜트콜텍의 대표 박영호는 한국 부자 순위 120위로, 1,200억 원 대의 재산가였다. 박영호의 지분은 콜트 99.63%, 콜텍 100%, 대련콜텍 100%, 인도콜트 99.8% 등 이다. 이 통계로 보면 박영호의 지분은 나눠져 있는 것처럼 보인다. 그러나 콜트콜텍은 노무, 인사, 생산, 판매가 하나의 기업으로 일인지배 체제이다. 1973년 성수동에서 자본금 2백만 원으로 사업을 시작한 이래 회사 규모를 인천 콜트악기, 대전 콜텍, 인도네시아, 중국 등 6개 법인으로 확장하고, 2006년 신용평가기관에서 AAO(우수)와 CF1(현금 창출능력 우수)를 받았다. 그러나 노동자를 모두 정리해고 하고 국내 공장은 폐쇄했다. 박영호는 해마다 "회사가 어렵다"는 거짓말로 최저임금 수준으로 생산직 노동자들의 임금을 동결하고 노조를 탄압했다. 콜트악기는 1992년부터 2005년까지 해마다 순이익을 창출하여 1997년부터 2005년까지 누적흑자액은 191억 원에 달한다. 또한 콜텍은 그 이후에도 계속 흑자를 기록했다. 1996년부터 2007년까지 콜텍의 누적흑자는 878억 원이다.

콜트콜텍의 노동자들은 일의 특성상 손가락이 잘린 사람과 근골격계 질병을 앓는 사람이 많았다. 또한 먼지 속에서 일해 천식환자가 많다. 콜트콜텍은 한마디로 노동자들의 피와 땀으로 만들어진 회사이다. 그런데도 대표 박영호는 악행을 저질렀다.

대전 콜텍은 2006과 2007년 "주문량이 없기 때문에 정리해고를 해야 한다"며 조합원들을 상대로 협박하였다. 그러나 당시 대전 콜텍은 1996년에 비해 3배 이상 매출액이 증가한 상태였다. 콜트콜텍은 계속적인 순이익 창출에도 불구하고 열악한 작업환경을 개선하지 않았으며 노동자들에게는 최저임금 수준의 저임금을 강요하였다. 그러나 대표 박영호는 해마다 15~42억 원의 배당금을 받아갔다. 또한 박영호는 유상감자로 100억 원, 고배당

한국의 약탈자본과 공범자들

으로 213억 원 을 챙겨가기도 했다.

위니아만도_900억 흑자 부도

  김치냉장고 딤채로 잘 알려진 충남 아산의 위니아만도는 1993년 한라그룹 계열 만도기계의 아산사업본부로 시작했다. 위니아만도는 재벌총수의 방만한 문어발식 경영과 부당내부거래 및 상호 지급보증으로 1997년 2/4분기까지 900억 원이라는 흑자를 달성하고도 부도처리 됐다. 당시 사측은 노사합의로 체결한 고용안정협약서를 일방적으로 파기하며 임금반납 강요, 정리해고 개별통보, 노동조합 무력화 시도 등 노동자들의 일방적인 희생을 강요했다. 당시 만도기계 사측은 '로스차일드 브리지론'으로부터 10억 달러(당시 약 1조 5천억 원) 상당의 외자유치를 한다며 로스차일드에게 경영권을 넘겼다. 그러나 만도기계의 경영권을 인수할 당시 로스차일드 브리지론의 투자금액은 1,890억 원에 불과했다. 이때부터 만도기계는 투기자본의 먹잇감으로 전락하며 사업부 별로 분할 매각이 본격화 된다.
  여기서 말하는 로스차일드 펀드는 그 유명한 독일유대계 (German Jews) 혈통의 국제적 금융 가문의 윌버 로스가 조성한 것이다. 윌버 로스는 트럼프 정부에서 상무부 장관으로 재직중이

다. 그가 운용한 '로스차일드 구조조정 프로그램'은 당시 산업은
행의 구조조정기금 위탁 운용을 맡아 한라그룹 산하 한라시멘
트를 프랑스의 라파즈에, 한라펄프를 미국 보워터에, 한라공조
의 캐나다 법인을 미국 포드에 각각 나눠 팔았고, 만도기계는 만
도와 위니아만도(만도공조)로 분리해 각각 선세이지와 UBS 캐피
털 컨소시엄에 팔아 치웠다. 김대중 정부는 한라그룹의 구조조정
을 위해 4조 원에 가까운 한라그룹의 부채를 탕감해주고 나머지
금액은 로스차일드 펀드에 맡겼다. 그런데 로스차일드 펀드는 나
머지 금액 1조 5천억 원 중 대부분을 국내 은행에서 차입을 해서
마무리 지었다. 바꿔 말해 로스차일드 펀드는 자기 돈을 한 푼도
쓰지 않고 한라그룹을 인수한 셈이다. 이후 로스차일드 펀드는
한라그룹 계열사 매각으로 큰 차익을 남겼다고 보여 진다. 그 과
정에서 김대중 정부는 저항하는 노동자들을 진압하였고, 윌버 로
스는 '칙사'대접을 받은 외국인 투자자로 남았다.

위니아만도(1999~2004년까지의 상호는 만도공조(주)였다.)는 당시 인
원이 감축된 상황에서 2000년 말 492억 5천 9백만 원의 당기
순이익을 시작으로 2006년 말까지 7년간 약 2,300억 원의 누적
당기순이익을 달성하였다. 1999년 10월 UBS AG(United Bank of
Switzerland AG : 스위스 연방은행)사의 자회사인 UBS 캐피털이 컨소
시엄(UBS, PPMV, CVC, PAN ASIA)을 구성하여 당시 아산공장(현 위니
아만도)을 인수했다. 자산양수도 방식으로 부채포함 총 취득금액
은 2,350억 원이었으나 실질 투자금액은 약속한 금액의 반에 불

과한 1,251억 원 정도였다. 사모펀드 CVC를 포함한 UBS컨소시엄은 2001년~2005년까지 2번의 유상감자로 1,350억 원, 3번의 고율배당으로 722억 2천만 원 등 총 2,072억 2천만 원의 천문학적인 회사의 자금을 빼내어 갔다. 구체적으로 살펴보면, 위니아만도는 2001년 12월 21일 약 750억 원을 상환하는 방식으로 유상감자를 실시하였고, 또 2002년 4월 22일에도 약 601억 원을 유상감자 하는 등 총 1,350억 원의 유상감자를 실시했다. 그리고 2000년 300억 1천만원(60.9%), 2003년 252억원(346.2%), 2004년 170억 1천만 원(269%) 등 총 722억 2천만 원의 고율배당을 실시하였다. 위의 괄호 안에 %는 당기순이익 대비 배당률이다.

2014년 까지 위니아만도의 경영권은 지분 100%를 인수한 CVC가 가지고 있었다.(현재는 대유그룹 소유) CVC는 UBS컨소시엄에 포함되어 있던 회사로 2005년 3월 28일 위니아만도㈜를 인수할 목적으로 만도홀딩스㈜라는 페이퍼컴퍼니를 설립하였다. 이 후 CVC는 2005년 11월 25일, UBS컨소시엄 및 기타주주로부터 위니아만도㈜의 지분 100%를 인수하였다. 위니아만도㈜의 경영권을 장악한 CVC는 2006년 1월 31일 만도홀딩스㈜를 흡수 합병할 때, 만도홀딩스㈜의 보통주 1주(액면가 5,000원)당 위니아만도㈜의 보통주 19.5273주의 비율로 만도홀딩스㈜의 주주들에게 총 23,909,500주를 교부하고, 2006년 2월 14일 보통주 10,407,239주를 주당 5,083원에 유상 소각하여 자본금의 2배인 529억 원을 지분율 변동 없이 회수하였으며, 만도홀딩스㈜

의 부채 1,159억 6천 5백만 원을 떠안게 하였다. 이때부터 위니아만도(㈜)는 그 후유증으로 순 금융부채(1,134억원)가 대폭 증가하였다. 이로 인하여 위니아만도는 무차입 경영 대신 차입 경영을 본격적으로 하게 되었다. 결국 차입 경영을 하게 되면서 위니아만도에는 현금유동성 문제가 나타나기 시작했다. 사모펀드 CVC는 총투자금액 약 2,400억 원 중 종이회사(페이퍼컴퍼니) 합병을 통한 부채전가 및 유상감자 등을 통해 약 1,600억 원 정도를 회수해 갔다.

2007년부터 2008년 말에 위니아만도는 부도사태에 직면할 만큼 심각한 현금유동성 위기를 겪었다. 당시 위니아만도는 월가로 대표되는 투자은행들의 붕괴와 회사 창설 이래 최대의 실적 저조라는 2가지 악재를 겪었다. 그러나 현금유동성 위기를 겪게 된 결정적 이유는 경영진의 안이하고 방만한 경영이었다. 2007년 경영진은 장기 차입금에 대해 조기상환(410억 원)을 실시하였고, 이로 인해 운전자본(운영자금)경색이 가속화 되었다. 결국 다음해인 2008년 상반기에는 위니아만도는 현금유동성문제를 겪게 되었다. 이에 따라 노동조합과 당시 경영진은 2008년 4월 28일 노사간 최종합의를 거쳐 자산매각(사원아파트)에 나서게 되며, 2008년 8월 6일, 사원아파트 매각대금 172억 1천 8백만원 가운데 142억 2천 1백만원을 부채를 상환하는데 사용하여 차입금 관련 분기별 약정채무비율을 충족시켰다. 쉽게 말해 사원들의 복지에 활용되고 있던 사원아파트를 매각하여, 가까스로 채무 불이행

한국의 약탈자본과 공범자들

(부도상황)사태에서 벗어나게 된 것이다. 노동조합의 이러한 협력에도 불구하고 대표이사를 비롯한 경영진은 전체 직원이 상생할 수 있는 방안을 모색하지 않았다. 대표 이사와 경영진은 2008년 실적과 현금유동성 문제를 내세우며, 회사의 생존을 위해 약 300억 원 정도의 매출증대 또는 비용절감이 필요하다고 주장했다. 사측은 12월 29일 공문을 통해 퇴직금 중간 정산제 시행을 유보했으며, 2009년 1월 21일에는 대표이사 명의의 공문과 대자보를 통해 희망퇴직을 일방적으로 실시했다. 위니아만도에서는 이를 통해 기능직 및 별정직 사원 약 30명과 관리직 사원 약 80여 명이 퇴사하였다. 또한 위니아만도의 경영진은 채권단과의 상황을 핑계로 2009년 4월 6일에도 94명의 노동자들을 구조조정 했다. 이후 위니아만도는 2009년 매출 2,951억 원과 영업이익 14억 원, 2010년 매출 3,351억 원과 영업이익 151억 원, 당기순이익 79억 원이 발생하였다.

이처럼 위니아만도는 당시 8년간 태생적으로 '먹튀행각'을 벌이는 외국계 금융자본(투기자본)이 지배하고 있는 사업장이었다. 위니아만도 경영진은 그 동안 천문학적인 누적당기순이익에도 불구하고 무분별한 자본유출과 부채전가 등 편법적이고 비상식적인 경영횡포를 일삼았다. 이 결과 위니아만도의 재무안정성은 극도로 낮아졌고 기업의 존속가치마저 훼손당했으며, 이 회사를 삶의 터전으로 삼고 있는 구성원들의 고용까지도 심각할 정도로 불안하게 만들었다.

씨앤앰(현재 딜라이브)_매일 즐겨 보는 방송도 투기자본

C&M(씨앤앰)은 2000년도에 설립된 케이블 방송사로 현재는 딜라이브로 사명을 바꿨다. C&M은 수도권 최대의 복수종합유선방송 사업자(MSO : Multiple System Operator)이며, 전국적으로 17개의 케이블방송을 거느리고 있다. 씨앤앰 방송은 우리가 사는 곳, 우리의 짧은 호흡 사이에도 늘 있다. 씨앤앰 방송국의 명칭은 다음과 같다. C&M 서서울방송, C&M 경동방송, C&M 중랑방송, C&M 중앙방송, C&M 강동방송, C&M 경기방송, C&M 마포방송, C&M 용산방송, C&M 우리방송, C&M 송파방송, C&M 서초방송, C&M 동서울방송, C&M 노원방송, C&M 북부방송, C&M 구로방송, C&M 경기동부방송, C&M 강남방송 등이다.

투기자본감시센터가 문제를 삼은 것은 씨앤엠을 소유지배하는 투기자본이다. 무엇보다 투기자본은 씨앤앰을 인수하는 과정에서 불법과 편법 의혹이 크다. 실제로 사모펀드인 맥쿼리와 MBK파트너스는 '국민유선방송투자(KCI)'라는 실체를 알 수 없는 '페이퍼 컴퍼니'를 만들어 방송통신위원회의 승인을 얻었다.

맥쿼리는 서울시메트로 9호선 등에서 불법과 편법을 저질렀던 사모펀드이고, MBK파트너스는 앞서 거론한 칼라일펀드와 밀접한 관계가 있는 국내 최대 사모펀드이다. MBK파트너스의 회장 김병주는 1999년 칼라일 한국대표, 2000년 칼라일 아시아 회장, 2004년 칼라일 그룹 부회장을 역임했고, 2000년 한미은행에서 칼라일이 저지른 8천억원의 먹튀 사건을 진두지휘한 자이다. 그의 장인인 박태준 전 총리도 칼라일펀드의 주요 투자자이다. 박태준전 총리는 1장에서 거론한 각국 국방정책에 영향력을 행사할 것으로 의심되는 자들 중에 하나였다.

맥쿼리와 MBK파트너스는 투기자본 특유의 먹튀 논란은 물론 인수자격에 있어서도 논란거리를 가지고 있다. 그러나 방송통신위원회는 조건부 승인을 내주었다. 당시 방송법과 전기통신사업법에는 외국정부 또는 외국인은 기간통신사업자의 주식 49%를 초과하여 소유할수 없다고 규정하고 있다. 또한 관련법에는 주식의 15% 이상을 외국정부 또는 외국인이 소유하고 있는 법인은 외국인의 소유로 본다는 조항이 명확하게 있다.

국민유선방송투자(KCI)는 외국 자본인 맥쿼리가 15% 이상의 지분을 가지고 있는 회사이다. 따라서 관련법에 따르면 국민유선방송투자는 내국인 소유가 아니라 외국인 소유로 보아야 한다. 또한 같은 법에 외국인은 기간통신사업자의 지분 가운데 49%를 초과하여 소유할 수 없다고 규정되어 있으므로 국민유선방송투자(KCI)는 기간통신사업자인 씨앤엠의 지분 가운데, 49%를 초과하여 취득할 수 없다. 그럼에도 방송통신위원회는 2008년 2월경 국민유선방송투자(KCI)가 씨앤엠의 주식 61.17%를 취득하는 것을 허가하였다. 따라서 관련법에 따르면 이러한 인수승인에는 불법성이 있다고 보여 진다. 또한 사회공헌 등 승인의 조건부에 대한 어떤 관리감독이 있었는 지도 의문이다.

그나마 다행인 점은 씨앤엠노동조합이 사회공헌 등 자본의 의무사항을 단체협약을 통해 강제하고 있다는 점이다. 언제나처럼 투기자본에 대한 대응은 노동조합, 특히 민주노조가 한국 정부보다 더 훌륭하게 실행하고 있다는 점을 여기서도 발견하게 된다. 물론 처음부터 노조가 그런 승리를 거둔 것은 아니다. 씨앤앰 노동자들은 2010년 1월 25일 희망연대노동조합 씨앤앰지부를 결성했고, 같은 해 10월 5일 전면파업에 나섰다. 그리고 씨앤앰 노동자들은 35일 만에 승리를 거머쥐었다. 이 투쟁의 성과는 노조 스스로의 노력은 물론 다수 시민단체 및 진보정당들과 적극적인 연대를 통하여 얻어낸 것이다. 투기자본감시센터는 노조 결성초기부터 연대하였다. 필자도 투기자본감시센터 운영위원들과 함께 노조 지역분회 건설과정에서 신입 조합원과 간부들을 대상으로 교육을 했었다.

투자는 제로인데, 이익은 300억

중요한 것은 이들 투기자본들이 자신의 돈으로 씨앤앰을 인수하지 않았다는 점이다. 투기자본은 씨앤앰의 주식을 담보로 1조 5,000여 억 원을 신한은행 등에서 대출을 받아 씨앤앰을 인수했다. 전형적인 차입매수(LBO) 방식이다.

이처럼 장차 인수할 씨앤앰의 주식과 자산 등을 담보로 외부에서 차입한 총금액은 무려 2조 1,500억 원에 달하였다. 채무만기 기간인 5년 동안 씨앤앰의 수익금 가운데 큰 금액이 채무상환

한국의 약탈자본과 공범자들

용으로 충당되었다. 씨앤앰은 매년 5,500억 원 정도의 매출을 올렸으며, 그 가운데 수익은 약 1,300억 원에 달한다. 1,300억 원의 수익 가운데 1천억 원은 차입금에 대한 이자로 지불되고 있고, 나머지 300억 원은 대주주인 맥쿼리와 MBK파트너스에 거의 100% 가까운 이익 배당을 하고 있는 실정이다.

이러한 재정상황은 그대로 씨앤앰 노동자들의 임금과 고용, 노동조건 악화에 영향을 미친다. 동종 업계 최저의 임금과 인권탄압에 가까운 노동조건, 비정규직 양산과 폭력적이고 억압적인 노사관계, 조직폭력배와 유사한 사내 비밀조직의 횡포 등이 씨앤앰 노동자들이 처한 상황이었다. 그러나 노조와 시민단체, 진보정당의 연대 투쟁으로 결국 노동자들이 승리했다.

그 후에도 씨앤앰 노조는 씨앤앰이 인수한 하청업체의 비정규직 노동자들에 대한 처우 개선을 단체협상을 통해 얻어냈다.

씨앤앰 노조는 2013년 초 비정규직 노동자들을 노조로 조직하는 쾌거를 이루었다. 정규직 노동자들이 앞장서서 비정규직 노조를 건설한 사례는 '이랜드 투쟁'이래 최초일 것이다. 이는 노동운동에서 높이 평가받을 받을만한 일이다.

사측은 2008년 방송통신위원회에 약속했던 사회공헌 등 조건부 사항을 제대로 이행하지 않았다. 그러나 씨앤앰 노조는 단체협약을 통해 이를 획득하였다. 씨앤앰 노조는 지역의 사회복지시설 봉사 등 '사회연대 사업'으로 바쁘다.

MBK와 맥쿼리 컨소시엄은 투자은행인 골드만삭스와 모간스탠리 고위 실무진에게 올 하반기를 목표로 씨앤앰 매각을 의뢰했다는 언론보도가 있었다. 6년 만에 MBK와 맥쿼리는 씨앤앰 재매각과 먹튀를 통해 최소 2조 5,000억 원 이상의 수익을 노리고 있다고 한다. 노조의 강고한 투쟁이 예상된다. 그리고 또 한번의 승리를 기원한다.

골든브릿지_대주주가 바뀌어도 유상감자, 계속되는 기업재산 빼돌리기

브릿지증권의 원래 대주주는 브릿지인베스트먼트 라부안 홀딩스(BIH)라는 사모펀드였다. BIH는 2000년 당시 뉴브릿지캐피탈의 제일은행으로터 대유증권을 인수한 후, 이름을 리젠트증권으로 변경하였다. 또 BIH는 일은증권을 인수한 후 대유증권과 합병해 2002년 브릿지증권을 설립했다. 이렇게 만들어진 브릿지증권은 자기자본 4,500억 원, 직원 수 850여 명, 점포수는 42개에 달했다.

BIH는 일은증권 인수 당시 브릿지증권을 업계 5위 이내로 끌어 올리고 지점도 70개까지 늘리겠다고 밝혔다. 또한 신규채용을 통해 직원수를 늘리고 직원들의 복지를 업계 순위에 맞춰 향상시킬 것이라고 약속했다. 뿐만 아니라 사측은 노조와 구조조정 방지협약도 맺었다.

그러나 BIH는 브릿지증권을 설립한 직후 고배당을 통해 200억 원을 회수했다. 또 유상감자를 하여 167억 원에 달하는 주식을 소각, 자본금을 1천 24억 원에서 875억 원으로 줄였다. 투자를 늘리겠다더니 오히려 회사의 자본금을 축소해버린 것이다.

원래 '감자(減資)'란 '부실경영에 대한 징벌'로써 자본을 강제로 감소시키는 것이었다. 대표적인 사례가 2004년 진로그룹에서 있었다. 진로그룹 지분율 54.36%인 장진호 전 회장 등이 특수관계인의 주식을 무상소각하고 나머지 주식에 대해 30대1의 비율로 병합하였다. 그런데 유상감자(有償減資)는 자본금 감소를 통해 보유주식 가치를 올리거나 고정자산을 매각하고, 임차방식으로 전환하여 자산의 현금화를 추진하고 매각대금은 특별이익으로 주주에게 배당을 하는 것이다. 주주에게는 엄청난 현금보상이 돌아갔지만 기업은 그 가치를 크게 훼손당하는 것이다. 이렇듯 BIH의 유상감자를 통한 약탈은 한국에서 거의 최초로 보이며, 이후 많은 투기자본이 즐겨 사용하는 약탈 수법이 되었다고 평가받는다.

그렇지만 주식소각으로 주가가 상승했고 BIH는 두 배의 이익을 얻었다. 이때부터 자본유출이 본격화됐다. BIH는 2002년 11월부터 2003년 8월까지 세 번의 유상감자를 통해 443억 원을 회수했다.

2004년에는 서울 을지로와 여의도에 있는 사옥을 시장가보다 낮은 714억 원에 매각했다. BIH가 회사건물을 현금화해서 한몫 크게 챙긴 것이다. 그 뒤 BIH는 자사주 매입으로 주가를 띄운 후,

무상증자를 하여 자본금을 다시 2천 296억 원으로 늘렸다. 그런 다음 BIH는 주주총회를 열어 유상감자를 실시해 회사에서 1천 350억원을 빼갔다. BIH는 한때 상장폐지를 시도하기도 했다.

당시 브릿지증권은 신규사업에 대한 승인도 받지 못한 상황이 었다. BIH가 2000년에 인수한 해동화재가 부도나면서 공적자금 이 투입됐는데, 그 이유는 금융당국으로부터 부과된 과징금 200 억 원을 BIH가 납부하지 않았기 때문이다. 이런 이유로 브릿지 증권의 장외파생상품 개발과 판매가 중지됐다. 결국 브릿지증권 은 희망퇴직을 통해 직원수를 줄이고 지점폐쇄로 비용을 최소화 했다. 그러니 영업은 휴업상태가 될 수밖에 없었고 증권사는 거 의 청산될 위기에 놓였다. 당시 청와대와 한국은행조차 브릿지증 권을 가리켜 '외국인 투자 최악의 사례'로 지목했을 정도였다.

결국 노조는 이에 맞서 파업을 벌였고 마침내 2005년 투기자 본 BIH를 몰아내는 데 성공했다. 당시 노조는 골든브릿지그룹의 이상준 회장이 브릿지 증권을 인수하도록 조력을 하였다. 그 이 유는 이상준 회장이 과거 구로공단에서 보험노련 홍보부장 등 노 동운동을 했었기 때문에 노조가 그를 믿게 된 것이다.

이런 이유로 획득한 결과가 '노사공동협약'이다. 말 그대로 일 반적인 고용안정협약을 넘어 노사가 공동으로 브릿지증권사를 경영하겠다는 협약이다. 등기이사도 노동자 대표가 1인을 선임 하고 "직원들의 민주적이고 포괄적인 경영참가를 보장"한다는 것이 주된 내용이다. 이것이 가능했던 것은 노조가 주주로서 우리사주 지분 1,834,468주(3.76%)를 소유하고 있었기 때문이다. 이것이 이른바 우리사주제도(ESOP)이다.

그러나 "논밭은 잡초로 말미암아 손상되고 사람은 탐욕에 의해서 손상 된다"는 법구경의 경구처럼 2005년 인수 이후 이상준 회장은 탐욕스런 사람으로 변하기 시작했다. 2012년 노조가 제기한 부당경영 5대 의혹을 보면 부실한 계열사에 대한 부당지원, 개인이 설립한 재단에 대한 부당지원, 회사 펀드가 조성한 부동산을 개인 사택으로 사용, 부당한 브랜드 사용료 및 경영자문료 징수, 개인 및 가족의 법인카드 사용이 있다.

특히 중요한 것은 유상감자가 다시 부활한 것이다. 2013년 6월 유상감자를 결의하여 기업의 자본금을 약탈하였다. 이것도 부족하자 근년에는 또 다시 300억 원의 유상감자를 결의하였다. 다시 BIH가 지배하던 시절로 되돌아 간 것이다. 지금까지 골든브릿지투자증권에서 발생한 유상감자는 총 7회, 3,757억 원이다.

표13) 골든브릿지투자증권 유상감자 연도별 현황

회수	주식발행 (감소) 일자	발행 (감소) 형태	발행(감소)한 주식의 내용				
			주식의 종류	수량	주당 액면 가액	주당발행 (감소) 가액	감자금액 (백만원)
1	2002년 11월 15일	유상감자	보통주	13,108,160	1,000	2,000	26,216
2	2003년 02월 11일	유상감자	보통주	985,483	1,000	2,000	1,971
3	2003년 08월 07일	유상감자	보통주	18,750,002	1,000	2,000	37,500
4	2004년 08월 06일	유상감자	보통주	150,000,000	1,000	1,000	150,000

5	2005년 09월 05일	유상감자	보통주	29,585,799	1,000	3,380	100,000
6	2013년 06월 11일	유상감자	보통주	30,000,000	1,000	1,000	30,000
7	2017년 08월 25일	유상감자	보통주	13,043,478	1,000	2,300	30,000
	총 계						375,687 백만원

* 출처 : 골드브릿지 노동조합 제공

  3,757억 원의 유상감자는 4, 600억 원의 기업 규모를 1,100억 원대의 규모로 감소시켰고, 지점 수 42개에서 2개로, 직원 수 850명에서 130명으로 전락시켰다.

  누가 보아도 업무상 배임에 해당하는 개인 비리가 많아 보인다. 더 큰 문제는 이를 묵살하고 오히려 공동경영의 파트너인 노조를 탄압하고 해체를 시도했다는 점이다. 즉 사측과 이상준 회장은 노사공동협약을 파기했다. 단적인 예가 주주총회장에서 노조가 선임한 대표를 해임하고 주주 자격으로 주주총회장에 참석하려는 노조를 용역 깡패를 동원해 막은 사건이다.

  이 때 사측의 앞잡이 역할을 한 곳이 있다. 그 업체는 '창조컨설팅'으로 7년 동안 14개 민주노조를 파괴하였다. 심지어 사측은 노조와 연대활동을 하는 투기자본감시센터와 이상준 회장의 부당경영을 폭로한 언론사(문화저널 21) 및 기자를 상대로 손해배상 소송을 제기하였다. 언론을 상대로 제기한 손해배상 청구소송은 이상준 회장이 탐욕에 눈이 멀어 얼마나 몰상식한 행동을 했는지를 보여준다.

노조의 파업은 2013년 12월 2일, 589일 만에 종료되었다. 이 파업은 '투기자본'이라는 평가를 받는 대주주의 전횡으로부터 '금융기관의 금융공공성을 지키는 것'이 얼마나 중요한지 교훈을 남겼다. 하지만 금융기관의 금융공공성을 지키는 데 전적으로 노동조합만이 나설 수밖에 없다면, 그것이 얼마나 위험한 상황을 만들어 낼 수 있는지에 대한 교훈도 남겼다.

　한편 투기자본감시센터는 이상준 회장이 자본금을 부당하게 빼돌려 계열사인 골든브릿지저축은행 등을 지원한 행위에 대하여 법원에 고발을 하였다. 이에 대해 법원은 자본시장법 위반 판결은 물론 그 범죄가 엄중하다고 보고 이례적으로 이상준 회장에게 실형을 선고하였다. 2014년 2월 6일 법원의 1심 선고에서 이상준 회장은 징역 10월, 집행유예 2년을 받았다. 하지만 이상준 회장은 전혀 반성을 하지 않았다. 이상준 회장은 투기자본감시센터 등 시민단체의 활동가들에게 '주거침입'의 소를 제기하며 괴롭혔고, 동시에 노동조합에 대한 탄압을 계속 자행하였다. 또 명예훼손으로 손해배상을 청구해서 시민단체 활동가들을 괴롭혔다. 그 중 심한 것은 투기자본감시센터의 보도자료를 인용하여 보도를 한 언론사 기자를 공격하는 것이었다. 골든브릿지 이상준 회장은 집요하게 언론에도 재갈을 물리려고 했던 것이다.

썬코어_알짜 기업 주가 조작으로 황폐화되다

(주)썬코어(구 루보)는 1978년 (주)한도양행으로 설립되었고, 2018년 현재 40년 된 중견기업이다. 본사는 경기도 파주에 있다. 자동차용 금형부품과 OB(Oilless Bearing, 무급유베어링)기술 전문업체로서 연매출 400억 원을 올리고 있으며 임원과 직원은 160명에 달한다. 썬코어는 '오일레스'분야에서 2016년 감사보고서 기준으로 국내 점유율 1위인 기업이었다. 썬코어의 시장 점유율은 약 40% 정도로 추정된다. 썬코어는 현대, GM, 기아 등 국내 완성차 업체와 볼보건설기계코리아, DY POWER 등의 대기업, 일본, 미국, 동남아시아, 유럽 등 해외시장에서 종합금형부품의 주요 공급처 역할을 하고 있었다.

하지만 2006년 10월부터 2007년 10월까지 주가조작 사건에 휘말리면서 주식시장에서는 '대한민국 주가조작 사건의 끝판왕'이라 불리는 불명예 기업이 되고 말았다. 2006년 10월에 1,185원이었던 주가가 2007년 4월에는 51,400원까지 무려 400배 이상 치솟았다가 2007년 10월에 다시 2,000원대로 돌아가 개미 투자자들에게 돌이킬 수 없는 눈덩이 손실을 끼쳤다. 이 주가조작은 불법 다단계 업체인 제이유가 설계했으며 결국 검찰 수사를 거쳐 제이유는 해체되었다. 그 이후 10여년 동안 썬코어에서는 여러 투기자본의 약탈과 경영권을 둘러싼 각축전이 전개되었다.

이후 김대중 정권의 게이트사건으로 유명한 최규선이 2015년

한국의 약탈자본과 공범자들

특수목적법인 엘앤케이(SPC)를 통해 루보의 유상증자에 참여해 11.2%(351만 6,129주)의 지분을 확보, 인수하고 썬코어로 상호를 변경하였다. 기이한 것은 최규선 자신은 지분 없이 경영권만 인수하여 주주총회를 통해 대표이사로 선임되었다는 점이다. 당시 사내이사였던 윤봉현이 M&A시장에서 최규선을 주선하였고 '주식양수도' 계약을 통해 썬코어를 최규선에게 양도하였다는 것이다. 그러나 대주주와 이를 둘러싼 법적 분쟁이 있었다.

당시 경영권 인수자금은 알 왈리드 사우디아라비아 왕자가 제공한 것으로 알려져 있다. 이후 등기이사를 카림이타니(Karim R. Itani, 사우디아라비아 제다 이코노미 컴퍼니 마케팅 이사), 하니아가 등 사우디쪽 인사(알왈리드 왕자 관계인물)로 선임하여 이사회를 구성하였고 2017년 4월 8일 카림이타니가 최규선 유고에 따른 경영지배인으로 임명되었다. 지금 알 왈리드 왕자는 사이디아라바아에서 주요 부정부패범으로 지목되어 재산이 몰수되었다고 한다. 이후 최규선은 전기차, 국방산업 등 신사업추진을 명분으로 기업자금을 유출했다는 의심을 사고 있다. 또한 신사업 추진에는 사우디 왕자와 사우디 국방부 등이 언론을 통해 거짓 홍보를 함으로서 주가가 폭등을 하여 최규선 등이 큰 이익을 챙긴 것으로 보인다. 실형을 받자 같은 언론보도가 있었다. 동시에 산업은행 또한 전환사채를 주식으로 전환하여 매도함으로써 큰 차익을 거둔 것으로 추정된다.

또한 같은 시기 최규선은 유아이에너지와 현대피앤씨의 기업자금 약 430억 원을 횡령하고 배임을 저지른 혐의로 지난해 11월 징역 5년을 선고받고 법정 구속되었다. 이후 건강상 문제로 구속집행정지를 받은 와중에 도주했다가 붙잡혀 범인도피교사 혐의도 추가되어 1년형을 선고 받았다. 이러한 최규선의 약탈과 경영실패는 썬코어를 더욱 곤궁한 처지로 내몰았다. 썬코어는 주가가 최고조에 도달한 이후 오히려 자금난이 심각해졌고 외부가공비, 원재료비 등을 처리하지 못하고 원리금 연체와 급여연체가 시작되어 공장가동이 중지되었다. 노동자도 40여 명으로 그 수가 대폭 축소되었다. 더욱이 회계감사 법인의 의견거절로 인해 거래정지 중이며 상장폐지가 예상된다.

이러한 혼란 속에서도 선코어는 월 16억 원의 매출을 올리고 산업은행 부채 102억 원 중 매월 4.5억 원을 상환하여 왔다. 그러나 2017년 대출 원리금 74억여 원이 연체되어 있는 상태였다. 또한 공과금을 포함한 모든 자금의 압박, 퇴직자들의 퇴직금, 채권자들의 원리금 등이 연체나 미지급 상태이고 회사부동산에 대한 가압류가 들어오고 있다.

썬코어는 최근 대주주를 엘앤케이에서 ㈜쎈테크놀로지스로 변경하였고 제3자 배정 유상증자를 결정하기도 하였다. 그 후 최규선은 새로운 투자자들을 앞세워서 그들로 하여금 경영권을 행사하도록 만들었다. 이들은 최규선에 대해 대응을 하고 있는 노동조합을 압박하고 있다. 결국 산업은행이 썬코어의 채권을 매각하고 법정관리 상태에 들어갔다.

김대중 정부 핵심들, 범죄자 최규선 석방 탄원

썬코어를 인수한 최규선은 2015년 비상장 방위산업체 도담시스템스를 인수해서 채무 98억 원을 썬코어(당시 루보)에 전가하여 재무상황을 악화시켰으며, 2015년 유상증자를 한 자금으로 산업은행 채무를 일부 변제했지만 그것 이외의 별도 운영자금을 투자하지 않았다. 2016년 중국사업 관련 대주주간 경영권 분쟁 발생으로 2016년도 결산결과 당기 순손실 370억 6,900만원, 유동부채가 유동자산보다 274억 1,200만원 초과하여 "계속기업으로 존속할지 여부를 합리적으로 추정할 수 있는 감사증거를 확보할 수 없다"며 도원회계법인은 감사의견을 거절했고, 주식거래는 중지된 상태이다. 현재 상장폐지도 논의 중인 상태다.

설상가상으로 산업은행은 채권회수 압박을 가해오고 있다. 썬코어는 운영자금이 없어 공장가동이 중단된 상태이다. 이러한 사태의 원인은 무리한 부채 조달과 CEO인 최규선의 회사자금 횡령, 신규 투자미끼의 투자사기 행각 등 투기자본의 전형적인 기업파괴 행위 때문이다. 이렇게 악화된 경영 상태에도 불구하고 최규선과 임원진은 자신들의 임금과 보수, 운영비 등을 챙겼다. 또한 최규선은 자신의 다른 회사 유아이에너지 등에서 400억 원대의 횡령, 사우디 영사관과 외교관 신축 수주를 미끼로 건설사로부터의 금품 수수, 대출 상환 자금의 횡령 등의 혐의로 현재 구속 기소 중에 있다. 그런데도 김대중 대통령 기념사업회 이사장 권노갑, 한화갑 전 민주당 대표 최고위원, 국정원 전 해외차장 라

종일, 유종근 전 전라북도 도지사, 재향군인회 회장이며 전 합참 의장 김진호 등이 최규선의 석방을 법원에 탄원했다. '국가에 기 여'한 바가 크다는 것이다. 모두 과거 김대중 정부의 권력자들이 며, 그는 감옥에서도 여전히 영향력을 행사는 것으로 보인다. 또 김대중 정부를 뒤흔든 부패사건의 주범이 출소 후에 다시 재기하 는데 사우디아라비아 왕자 알 왈리드도 조력했던 것으로 보인다. 이런 점에 비춰볼 때, 최규선의 기업 사냥, 국제적 규모의 사기행 각에는 많은 공범과 비호세력이 있다는 의심을 떨칠 수가 없다.

썬코어는 연체된 외부 물품대금 등 13억 원을 포함해 공장 재 가동을 위해서는 약 50억 원이 신규 자금이 시급히 필요하며, 2016년부터 노동조합을 중심으로 비상대책위원회를 조직하여 50억 원 이상의 신규 자금 투자 유치, 최규선의 경영권 박탈 및 채권은행의 출자전환 등으로 경영 정상화하자는 것을 목표로 투 쟁하였다. 2017년부터 약탈경제반대행동과 함께 연대하여 최규 선의 배임행위를 검찰에 고발하였고 산업은행을 상대로 집회와 농성을 하였다. 청와대, 노동부, 국회에도 고용유지를 호소하였 다. 최규선은 구속되어 재판 중이었고 산업은행은 채권을 매각하 고 외면하였다. 하지만 2018년 4월 최규선이 배제된 상태에서 서울회생법원이 인수합병(M&A)을 전제로 썬코어 기업회생절차 개시결정을 내렸다.

이 사건에 대해 간단히 평가를 내려본다. 일단 최규선의 썬코 어 인수과정이 불투명하다. 인수과정에 투자금을 제공한 자가 사

우디 왕자인지 아니면 또 다른 누구인지 불분명하다. 인수 조건
인 경영권도 문제이다. 실제로 엘앤케이의 대주주들과 경영권 분
쟁이 있었다. 그리고 주가상승과 전환사채로 이득을 본 산업은행
의 책임 소재에도 의혹이 있다. 루보를 대상으로 한 주가조작 사
건은 국내 주식시장의 대표적 사례였다. 관계 당국은 이 사건을
계기로 주가조작 감시 시스템을 구축했다고 할 만큼 공론화된 중
요한 사건이었다.

저축은행_청와대와 금융당국이 진상규명을 고의적으로 방해

저축은행 사태는 2011년 발생한 대량 금융피해 사건이지만
아직까지 해결되지 못한 오래된 미제사건이다. 무엇보다도 지금
까지도 진상규명은커녕 피해자들은 제대로 된 피해배상을 받지
못하고 있다.

저축은행 사태의 본질은 전관예우와 불법로비로 결탁, 공모한
금융관료와 금융사의 대주주가 주택은행과 소비자를 약탈한 범
죄이다. 그들은 결탁을 통해 저축은행의 자본금 2조 1,680억 원
이상을 불법 대출 등으로 빼돌렸다. 그 결과 저축은행은 부실해
졌고 무수히 많은 피해자들을 양산했다. 저축은행사태 피해자들
은 평균 나이가 63세이고 평균소득 115만 원의 가난한 시민들

이며, 노년의 삶을 통째로 강탈당한 이들이다. 예금자보호한도인 5,000만 원을 넘는 피해금액은 1인당 평균 540만 원 정도이다.

그 동안 어떤 정부기관도 나서서 피해구제를 하고 있지 않았다. 오히려 저축은행 사태를 당하여 저항했던 피해자들을 검찰이 기소하여 처벌을 하였다. 반면에 저축은행 대주주들과 결탁을 해서 뇌물수수 비리를 저지른 당시 대통령 이명박의 형인 이상득 국회의원 등 정치 권력자들은 금융관료들에게 사법당국은 미약한 처벌을 하였고, 때로는 면죄부를 주었다.

저축은행 사태의 가장 큰 책임은 당시 김석동 금융위원장과 금융당국에 있다. 근본 원인은 금융위원장과 금융당국이 상호신용금고가 은행 명칭을 사용하여 영업하는 것을 금융당국이 허가한 경위, 반사회적이기도 한 부동산 기획대출 상품의 과도한 판매 등을 감독을 하지 않은 것에 있다. 또 금융당국은 저축은행 대주주들이 불법대출, 고배당, 회계조작 등 불법행위로 저축은행을 부실로 몰고 갔을 때 이를 방조하였다. 부실을 감사해야 할 그 저축은행의 감사들을 금융감독 당국 출신 선배금융관료들이 퇴직 후 임명한 자들이기 때문에 '전관예우' 차원에서 그들이 대주주와 임원의 불법공모 사실을 인지하고도 아무런 조치도 취하지 않은 것이다.

끝으로 저축은행 부실사태가 연일 확산되고 있을 때 김석동과 금융당국은 "믿어 달라"며 분노한 피해자를 달래는 척했지만 사태수습을 제대로 하지 않았고, 그 결과 피해는 크게 확산되었다.

한국의 약탈자본과 공범자들

한편 당시 정치권도 문제가 있었다. 이명박 정권은 국회의 저축은행 사태 해결을 위한 특별검사 결의를 방해하여 결국 무산시켰다. 저축은행 사태 국회 국정조사에서 "정부의 정책실패와 감독실패를 인정하고 정부가 그 책임을 져야 한다"는 결론을 내리고 진상규명을 위한 특별검사를 추진하였다. 그러나 차기 총선에 대한 정치적 부담과 피해자가 많은 부산, 경남의 민심 이반을 두려워한 당시 여당인 한나라당의 관련자와 이명박 정권의 청와대가 나서서 특별검사 도입을 막았다.

그 후에도 이명박 정권은 저축은행 사태 진상규명을 계속 방해 하였다. 피해자들은 대검찰청, 서울중앙지검, 서울남부지검, 부산지검 등에 검찰수사를 지속적으로 요청했고, 고소장을 접수해도 검찰조사는 제대로 된 적이 없었다. 심지어 남부지검에서 고소장을 접수한 피해자 2명이 검찰의 참고인 조사까지 받았지만 이 2명의 참고인 조사 기록조차도 없다. 이러한 검찰의 태도는 결국은 저축은행 사태 관련 다른 재판과정에도 영향을 미치게 되었다. 즉 제대로 된 수사가 없으니 저축은행 사태를 일으킨 범인들의 사건 왜곡과 증거 은폐가 가능하였고, 모든 것이 피해자들에게 불리하게만 재판이 진행되었다.

그 후 9년 동안 피해자들은 각종 집회, 거리시위, 경찰조사, 재판과정 참관 등을 통해 저축은행사태 진상규명과 피해구제를 처절하게 외쳤지만 해결되지 않았다. 지금도 국가배상 소송을 진행하고 있지만 진상규명조차 제대로 되지 않아 큰 진척이 없다.

LIG_구씨 일가의 기업어음 사기발행

CP는 기업어음을 말한다. LIG CP(기업 어음) 사기발행 사건의 전체 개요는 다음과 같다. LIG그룹 구자원 회장 일가는 2010년 계열사 경영권 유지를 위해 부실기업인 LIG건설 명의로 1,894억 원대 CP(기업 어음)와 200억 원대의 ABCP(자산담보부 기업어음)를 사기로 발행하였다. 또한 구자원 회장 일가는 LIG건설의 CP(기업어음) 발행에 필요한 신용등급을 유지하기 위해 1,500억원대 분식회계를 저질렀다. 분식회계는 비정상적인 자금 운용, 지출액 축소, 자산 가치에 대한 허위 장부 작성, 매출액 허위 작성, 부채 축소 등의 복잡하고 다양한 방법으로 재무재표를 허위로 조작하는 비도덕적 불법 행위이다. 자본시장통합법 상으로 CP(기업어음) 발행에 대한 구체적인 규정이 부재했었다. 이 점은 구자원 회장 일가의 불법행위를 부채질 한 요인이기도 하다.

투기자본감시센터와 LIG CP사기발행 피해자모임에서 꾸준히 해온 주장과 일치한다. 당연히 이 사건으로 대규모의 사기피해자가 발생했다. 사기피해자들은 대부분 저리의 은행이자보다 조금 더 큰 수익을 바라는 평범한 은퇴생활자나 자녀의 진학과 결혼 등으로 목돈이 필요한 시민들이었다. 사기피해자들은 결코 기업 내부의 고급정보를 사전에 파악한 후 통큰 투자를 하는 큰 손, 이른바 금융투자자가 아니었다. 따라서 이들의 정상적인 생활을 위해서는 신속한 피해배상이 절실했다.

참고로 증권선물거래위원회 금융관료들은 피해규모를 축소하려는 시도를 하였다. 사기피해자들에게 도움을 주어야 하는 공무원들이 오히려 사건을 축소하기에 급급했던 것이다. 그러나 이점은 기소단계에서 검찰에 의해 바로 잡혔다. 구자원 회장은 아들의 구속과 재산상 더 큰 손실을 피하고자 기자회견에서 눈물까지 흘리며 선처를 호소했고 동시에 피해배상을 약속한 바 있다. 참고로 2011년 10월 말, 그룹총수인 구자원 회장의 아들 구본상 부회장은 구속되었다. 2012년 12월 말 LIG그룹은 2억 원 이하의 피해자들에게 보상계획을 밝혔는데, 이는 명백히 기만적이다. 그 이유는 다음과 같다.

기만적 용어사용으로 금융 소비자에게 책임 전가

첫째, 용어자체부터가 기만적이다. 피해자들은 워렌 버핏이나 조지 소로스 같은 '큰 손'이 아니다. 이들은 단순 금융거래자들로 금융기관의 말을 듣고 금융상품을 구매한 '금융소비자'일 뿐이다. 이들은 전자제품이나 자동차 같은 공산품을 구매한 사람과 동일하다. 그런데도 이들을 워렌 버핏과 조지 소로스 류의 '개인투자자'라고 몰아붙이는 것은 심히 잘못된 처사이다. 이 같은 사회적 정의에 따라 언론과 법원 등은 "개인투자의 실패이므로 개인이 책임져야 한다"는 괴변을 만들어 냈다. 이러한 괴변은 지금도 횡행하고 있다. 심지어 금융피해를 당한 소비자가 피해구제를 호소하면, '도덕적 해이'라고 맹비난을 한다. 본래 도덕적 해이는 금융기관이 시민들이 맡긴 돈과 정부의 공적 자금을 함부로 사용(가령, 위험한 투자, 천문학적인 보수, 상여금) 하는 것에 대한 비판이다. 한국처럼 이 말을 아무데나 찍어 붙여서는 안 된다. 더욱이 도덕적 해이를 피해자를 공격하는 말로 둔갑시키는 것은 정말 고약한 일이다.

LIG 기업어음 사기발행은 분명 기업의 불법적인 의도와 상품 자체의 결함으로 발생한 피해이다. 그럼에도 이 모든 피해를 오로지 개인 금융거래자가 오로지 부담해야한다는 것은 말도 안 되는 소리이다. '피해보상'이라는 말도 사용하면 안 된다. '피해보상'이 아니라 '피해배상'이어야 한다. LIG그룹이 사용한 '보상'이라는 말에는 자신들은 불법을 저지르지도 않았고, 고의적이지도 않았다는 의미가 들어 있다. 그들의 말을 더 구체적으로 설명하면 다음과 같은 궤변으로 볼 수 있다.

"LIG그룹은 아무런 잘못이 없다. LIG그룹은 적법한 행위를 했다. 그러나 그 행위를 하는 과정에서 부득이하게 피해자들이 생겨났다. 따라서 LIG그룹은 사회적 책임을 다하는 차원에서 피해자들에게 일부라도 보상을 실시하겠다."

이런 식의 발표를 하면서 LIG그룹은 피해자들에게 협의에 성실히 응해줄 것을 요청했다. 그러나 이러한 발표는 누가 보아도 피해자와 사회여론을 현혹하는 것에 불과하다. 이 사건의 본질은 구자원 회장 일가가 계열사 경영권을 유지하기 위해 부실기업인 LIG건설 명의로 1,894억 원대의 CP(기업 어음)와 200억 원대의 ABCP를 사기 발행하고, LIG건설의 CP(기업 어음) 발행에 필요한 신용등급을 유지하기 위해 1,500억 원대의 분식회계를 저지른 것이다. 이러한 사실이 검찰의 기소에서도 명확히 들어났다. 즉 LIG그룹과 구자원 회장 일가의 불법행위로 피해가 발생한 것이다. 따라서 '보상'이 아니라 '배상'이어야 한다. 불법적인 식민지배와 '위안부' 강제동원이 없었다고 우기면서 피해자의 불행한 노후를 고려해 금전보상 운운하는 일본 제국주의 우익 정치집단과 같은 추악한 논리를 LIG그룹은 펴고 있는 것이다.

피해자에게 경쟁을 시키는 기만적인 보상

둘째, LIG그룹은 보상 방법으로 '개별적으로 보상폭을 협의하는' 방식을 발표했다. 이 방식은 매우 기만적이었다. 이 방식의 숨은 의도는 명백했다. 이 방식은 피해자들을 분열시키면서 LIG그룹과 구자원 회장 일가를 비난하는 사회여론을 잠재우려 하는 것에 불과했다. 또 LIG그룹은 보상액을 피해액의 80%선으로 운운했다. 이 방식의 숨은 의도도 명백하다. 이 방식은 피해자들을 서로 경쟁시켜서 결국 자신들의 배상액을 줄이고자 하는 LIG그룹의 얕은 속셈에 불과했다.

재벌총수와 그 일가의 형량을 줄이기 위한 꼼수

셋째, LIG그룹이 '피해보상' 주체가 된다는 점은 부적절하다. 그것은 LIG건설 기업어음(CP) 사기발행사건에서 LIG그룹과 계열사들이 구씨 일가의 범죄에 가담하였기 때문이다. 일례로 주식회사 LIG와 LIG넥스원은 LIG건설 연명관리방침에 따라 LIG건설에 총 18회에 걸쳐 2,000억 원 상당의 자금을 대여하였다. LIG건설은 피해자들로부터 편취한 CP발행대금으로 곧바로 대여금을 상환했다. 바꿔 말해 주식회사 LIG와 LIG넥스원은 LIG건설이 오랜 기간 CP를 발행하여 피해자들을 양산하는 데 핵심적인 역할을 수행한 셈이다. 그리고 피해자들의 피해금은 LIG그룹 계열사들의 운영자금으로 사용되었다.

결국 LIG그룹 계열사들은 이 사건에 가담하여 피해자들의 피해금을 그대로 수익한 자들, 즉 공범이다! 다만 주식회사 LIG와 LIG넥스원 등을 위시한 LIG그룹 계열사는 개인이 아니라 법인이기 때문에 소위 징역형을 살 수 없다. 그래서 LIG그룹 계열사는 기소가 되지 않았을 뿐이다. 이런 의미에서 LIG그룹 계열사들이 직접 나서서 피해자와 협의하겠다는 것은 말도 안 되는 행동이다. 이것은 재벌총수와 그 일가의 형량을 줄이기 위한 꼼수에 불과하다. 또한 그룹을 동원하여 피해자와 직접 접촉해 사태를 수습하는 것은 자신의 보스를 구하기 위해 관련자들을 협박하는 식으로 문제를 해결하려는 조직폭력배의 충성심과 다를 바 없다. 분명한 것은 LIG그룹 계열사들은 LIG 기업어음 사기 발행 사건의 공범이다. 따라서 LIG그룹 계열사들은 피해자들에게 사과와 배상을 해야 할 책임이 있다.

결국 투기자본감시센터를 비롯한 시민사회, 노동자들의 노력으로 LIG그룹 대주주 일가는 대법원에서 실형을 선고 받았다. 또한 LIG그룹도 피해배상을 완료하였다.

동양그룹_부도 가능성 인지한 금융당국 소비자에게만 미공지

2013년 9월 말 소위 '동양그룹 사태'가 발발했다. 이 사태도 기본적으로 LIG그룹 기업어음 사기발행 사건과 맥락을 같이한다. 그리고 피해 양상은 제2의 저축은행 사태에 비견할 수 있다. '동양그룹의 조직적인 기업어음, 회사채 사기판매 사건'이 일어나기 전 동양그룹은 이미 돌이킬 수 없는 부도사태를 목전에 두고 있었다. 이에 동양그룹은 계열사들의 회사채와 채권을 '변제 능력은 물론 변제 의사가 없음'에도 불구하고 무차별적으로 발행했고, 동양증권의 금융 소비자들에게 판매하여 수많은 피해자들을 양산하였다. 동양그룹이 채무불행 상황이고 부도 직전의 상황이라는 것을 금융당국은 주요 '기관투자자'라는 자본시장 큰 손들에게만 알렸다. 그래서 그들은 피해를 면했다. 정부는 기관투자자들은 구제하고 평범한 소비자들을 외면하여 이들이 피해를 보도록 내버려 두었다.

이 사건은 피해 규모 2조원, 피해자 5만 명에 이르는 미증유의 금융사기 사건이다. 일련의 범죄행위를 저지른 목적은 동양그룹 현재현 대주주 일가의 경영권을 지키기 위한 것이었다. 이 범죄의 실행 과정에 동양그룹 경영진은 물론 동양그룹 전체가 참여하였다. 경영진은 공모 하였고 동양증권이 일련의 사기행각 과정에서 창구 역할을 하였다. 이에 투기자본감시센터는 사건 발생 초기부터 피해자 조직화에 힘을 쏟았다. 당시 사건이 발생하자마자 피해자를 만나고 조직을 하여 피해구제 투쟁을 하도록 방향을 제시한 사람은 이대순 변호사였다. 그는 앞의 LIG그룹 사기 사건이나 다른 금융피해자들에게도 마찬가지로 주요한 활동을 하였다.

특히 동양인터내셔널, 동양레저의 피해자들을 조직화해 동양증권을 중심으로 현재현 그룹회장 등을 사기범죄 혐의로 검찰고발을 하였다. 또한 투기자본감시센터는 이후 ㈜동양의 피해자들이 많았던 '동양피해자대책협의회'와 꾸준히 연대활동을 하였다.

투기자본감시센터와 함께 '증권관련 집단소송법에 따른 집단소송(Class Action)'을 함께 추진하는 데까지 이르렀다. 현재현 등 주요 범죄자들은 구속된다. 이 '집단소송'은 흔히 보는 것처럼 개별 민사사건의 소장들을 한명의 변호사가 취합해서 법원에 제출하는 방식이 아니다. 미국처럼 피해자 대표 몇 명만이 소송을 하지만 승소를 한다면 전체 피해자들 모두가 손해배상을 받는 것이다. 비용과 시간 면에서 피해자에게 유리 하지만, 기업 입장에서

한국의 약탈자본과 공범자들

는 천문학적 손해배상을 물어내야하기 때문에 가혹한 처벌이 된다. 한국에서는 증권관련 피해자에 한정하고 있어서, 공산품 등 모든 상품으로 대상이 확대되기를 바라는 것이 시민사회의 오랜 숙원이다.

　금융범죄자들에 대한 완전한 처벌과 피해자들에 대한 완전한 배상의 과제는 여전히 남아있다. 투기자본감시센터는 검찰에게 해외은닉 자금수사, 이혜경 부회장 등에 대한 추가기소, 금융당국에 대한 수사 등을 요구하였다. 금융당국에게 "동양증권은 사기범죄 집단이다"라는 점을 들어 '인가취소'와 '해산'을 요구하였다. 그런 후 동양증권의 남은 자본으로 '피해구제'를 하라고 하였다. 이런 피해자의 바램을 금융위원회는 묵살했다. 결국 동양증권은 간판만 '유안타증권'으로 바꾸고 여전히 영업 중이다. '단군이래 최대의 금융사기'를 저지른 유안타증권에 대해 금융위원회는 단지 '영업정지 1개월'이란 '봐주기'식의 징계를 했을 뿐이다. 오히려 금융위원회는 '제3자 배정으로 신주를 발행하는 방식'으로 1조 3천 억 원이 넘던 동양증권의 지분 54%를 2,700억 원이라는 '헐값'에 인수한 유안타아시아의 대주주 승인까지 내주었다. 유안타아시아는 대만 자본이 아니라 케이먼 군도 등 악명 높은 '조세회피지역(tax haven)'에서 온 것이 분명한 '투기자본'이다. 그러한 점은 금융위원회에 제출한 유안타 측 대주주 심사자료 속에서 드러났다. 따라서 금융위원회와 정부가 금융사기 범죄 집단에게 '면죄부'를 주고, 이 사건을 은폐하려는 조치일 뿐이다.

이렇듯 정부가 유안타증권을 비호하는 동안 금융사기 피해자들은 철저히 외면당하고 있었다. 피해자들은 제대로 된 사과나 배상을 받지 못했고 여전히 금융사기의 고통 속에 있다. 다만 ㈜동양의 회사채와 채권 피해자들이 '출자전환' 뒤 '주가가 회복'됨에 따라 일부 피해자들이 피해가 보전 되었을 뿐이다. 동양인터내셔널이나 동양레저의 피해자들의 상황은 여전하다. 비상장 회사라는 이유로 집단소송도 쉽지 않은 상황이다.

한편 검찰도 법원도 동양그룹의 사기범죄 시점을 축소하여, 피해자와 피해규모를 축소하였다. 현재현 등에 대한 검찰 기소장을 보더라도 2011년 이전부터 회사채 등을 사기발행 하기 위한 회계조작과 회사채 판매 등으로 급격히 증가한 차입 자금의 규모는 알 수가 있다. 그럼에도 2013년 9월 부도 직전부터 사기 시점을 정하여 피해자와 규모를 축소하였다. 많은 피해자의 배상을 어렵게 만들었다. 최근에는 동양그룹의 은닉재산을 오리온 그룹의 담철곤 회장이 횡령한 혐의가 드러나 피해자들과 함께 약탈경제반대행동은 공동으로 은닉자금 회수를 위한 투쟁을 하고 있다.

이와 유사한 사건은 계속해서 발생할 것으로 보인다. 몇몇 대기업을 제외하고는 기업유지에 필요한 최소한의 수익도 만들어 낼 수 없는 '불황'이 지속되고 있기 때문이다. 결국 모든 자본가들은 금융사기, 재산은닉 등 경영권 유지를 위한 불법행위에서 자유롭지 못할 것이다. 따라서 이에 대한 금융소비자들의 관심과 법제화 노력이 필요하다.

한성무역_국가는 사기 사건의 공범

한성무역 대표 한필수는 2010년경부터 탈북민을 상대로 '투자금 사기유치'를 받았다. 사기 피해 규모는 약 230여 명의 탈북민으로부터 약 160억 원을 투자금 명목으로 사기유치를 하였고, 공장 등을 담보로 금융권으로부터 약 210억 원을 불법 대출받았다. 결국 한필수는 사기로 모금한 금액의 대부분을 가지고 2013년 중국으로 도주하였지만 다음해 중국 공안에게 체포되었고 국내에 압송되었다. 그 후 법원에서 7년 형을 선고 받았다. 230여 명 피해자들의 피해 금액 210억 원은 그들의 전재산에 해당하는 금액으로써 더 이상 정상적인 생활이 불가능한 상황임에도 피해배상을 전혀 받지 못했다. 피해자 중에는 고령의 '국군포로 귀환용사'들도 있으며 이미 3명이 '쇼크사'와 '자살'로 생을 마감했다.

2016년 6월 피해자들은 국가를 대상으로 국가배상 소송을 제기했다. 청구금액은 단돈 1원이다. 그 이유는 한성무역 한필수의 사기와 탈북민 피해과정을 살펴보면, 처음부터 대한민국의 정부가 고의적인 방조를 넘어 '공동으로 책임'을 져야 마땅한 이유가 있기 때문이다. 이들 탈북민이 한국 입국 단계에서부터 본격적인 생활을 하는 이후까지 전 과정에서 정부는 한필수와 한 몸처럼 행동했다. 그리고 1원이 청구금액인 이유는 탈북민들이 진정한 정부의 사과를 원했기 때문이고, 또 다른 이유는 거액의 공탁금을 마련할 형편이 아니었기 때문이다. 피해자들이 묻는 정부책임의 구체적 내용은 아래 4가지이다.

통일부와 국가정보원의 책임

탈북민들은 한국사회에 나가기 전 폐쇄된 수용시설인 북한이탈주민정착지원사무소(일명 '하나원' 으로써 통일부의 직속기관)에서 여러 가지 교육을 받는다. 이 교육 과정에 한필수는 통일부가 지정한 공식 강사로서 탈북민을 상대로 교육을 하였다.

그 외에도 한필수가 '통일아가씨대회'와 같은 거대한 이벤트 행사를 할 경우 통일부 산하 '북한이탈주민지원재단'이 적극 홍보하고 후원하였다. 더욱이 피해발생 후 피해자들은 이 사건에 책임이 큰 통일부 등의 국가기관에 어려움을 호소했지만 외면했다. 오히려 통일부는 "자유시장경제체제하에서 개인의 행위는 개인 책임"이라며 책임을 회피하는 공문을 피해자 단체 발송하였다. 한편 국가정보원은 당시 한필수를 국가보안법 위반으로 내사 중이었음에도 한필수가 정부의 주요한 업무를 하도록 방조하였다. 사기사건 후 한필수가 중국으로 도주할 때도 마찬가지였다.

경찰의 책임

한국사회에는 거의 알려져 있지 않지만 하나원 출소 후에도 탈북민은 거주 지역 경찰서에서 경찰관 감시 하에 정기적으로 열리는 통일부와 국가정보원이 주최하는 '정착교육 및 안보교육'을 받아야 한다. 개인 통장이나 핸드폰의 개설조차 담당 형사를 통해서 가능했다고 한다. 납득이 가지 않지만 과거 '보도연맹'과 '보호관찰'의 경우처럼 탈북민을 정부가 늘 감시하고 있는 것이다. 노원경찰서, 강서경찰서 등에서 열리는 이 교육에서 통일부의 강사인 한필수는 공개 강연을 통해 자신의 기업인 한성무역을 소개하고 투자를 권유하였다. 일례로 2012년 6월 26일 노원경찰서 강당에서의 400여 명 탈북민 교육에서 한필수는 "내 기업은 탈북자들에게 일자리를 창출하려고 한다. 사업을 확장하려면 자금이 필요하다. 자금을 투자하면 한 달에 1.5% 이자 연 18%를 준다. 투자하라!"고 강연을 하였다. 이러한 강연 내용은 법이 금지한 전형적인 '유사수신행위'인데도 수십 명의 현직 경찰관들이 자리를 지키며 그 어떤 제지나 주의도 주지 않았다.

금융당국의 책임

담보가치가 적은 공장과 토지에 210억 원이란 거액을 금융권이 대출하는 것에 금융위원회의 방조와 묵인이 있었다. 그 결과 탈북민들은 피해구제를 받지 못하게 되었다.

이명박 정권의 책임

정운찬(전 국무총리) 동반성장위원장, 당시 새누리당 전 대표인 김무성, 전 국회의원 조명철, 한국무역보험공사 이사장 조계륭 등 정관계 인사들이 한성무역 방문 등 친분이 과시될 때마다, 이것은 한성무역 한필수의 어김없이 투자사기로 이어졌다.

국가는 국민의 생명과 재산을 보호할 의무가 있다. 탈북민도 대한민국 국민이 분명한데도 충분히 보호받고 있지 못하다. 더욱이 탈북민들이 여타 국민들에 비해 범죄비율은 5배, 사기 피해비율은 무려 43배나 높다는 통계보고도 있다. 탈북민은 전혀 다른 세상에서 나서 살다가 갑자기 한국에 왔기에, 당연히 한국 사회에 대한 이해도 적응도 어려운 처지이기에 더욱 더 많은 보호가 필요하다.

경찰은 범죄행위를 예방하고 경고할 의무가 있다. 그럼에도 경찰서에서 벌어진 범죄행위를 방조했다. 또한 국정원은 탈북민에 대한 보호에 더욱 힘써야 했다. 하지만 한필수를 국가보안법위반으로 내사중인 인물임에도 아무런 경고를 하지 않았다. 통일부도 한필수를 안보강사로 초빙할 때 아무런 검증을 하지 않았다.

IDS홀딩스_사기사건의 판을 키운 것은 검사와 판사

IDS홀딩스 사기사건의 개요는 이렇다. IDS홀딩스는 2008년 IDS아카데미(주)에서 출발하여 그 후 여의도 TOW IFC빌딩 소재 한 투자전문사(대표 김성훈)로 발전하였다. 이 IDS홀딩스는 2012년부터 약 2년 반 동안 홍콩 FX마진거래(외환차익거래)를 이용한 'FX마진론'으로 투자자를 모집했다. 투자자에게는 월 2~3%

의 수익과 1년 뒤 원금 보장을 약속하여 불특정 다수로부터 약 672억 원을 투자받았다.

그러나 실제로 FX마진거래를 위해 홍콩으로 보낸 돈은 없었다. 후순위 투자자의 투자금의 일부로 선순위 투자자에게 수익금을 되돌려 준 것이다. 즉 투자금을 변제한 방식이 '돌려막기' 방식, 즉 '폰지' 사기(Ponzi scheme)이고, 100% 원금보장을 내세운 '유사수신 행위'라는 범죄를 저지른 것이다. 검찰은 대표 김성훈을 '특정경제범죄 가중처벌 등에 관한 법률 위반'(사기) 및 '유사수신행위의 규제에 관한 법률 위반이라'는 죄명으로 기소하여, 결국 2016년에 집행유예이지만 대법원의 유죄 판결을 받았다.

그러나 진짜 문제는 여기서 부터이다. 그들은 검찰에서 수사를 받는 기간과 기소되어 재판을 받는 기간에도, 심지어 1심과 2심에서 유죄 판결이 난 이후에도 같은 방식으로 영업을 계속하고 있었다. 이에 더해 그들은 서울의 본사뿐이 아니라 부산, 울산, 창원 등 전국에 지사를 두고 전국적인 규모로 계속해서 돈을 모았다. 모집한 금액은 처음 기소될 당시 금액인 672억 원을 크게 상회해 2년 동안에 추가로 12,000여 명의 피해자들에게 1조 1천억 원대의 사기를 더 저질렀다. 또한 미국 셰일가스 개발 사업에 투자하면 월 3% 이자, 2년 후 100% 원금 보장을 내세운 '새로운 불법 유사수신 행위'를 추가로 저질렀다. 즉 그들이 계속해서 영업을 하면 할수록 그만큼 사기 피해액과 피해자는 늘어났던 것이다. 이러한 사실은 내부 제보로 확인이 되었고 관련 자료들은 이미 여러 차례 언론에 공개되었다. 심지어 IDS홀딩스는 법원 판결 당일에 '유죄판결을 무죄라고 주장'하며 영업을 하기도 했다.

상황이 이 지경에 이르게 된 진정한 책임은 법원과 검찰에게 있다. 법원은 IDS홀딩스에 대해 집행유예 판결을 내렸다. 황당한 것은 법원이 IDS홀딩스가 추가범죄를 저지르고 있었다는 사실을 잘 알고 있었다는 점이다. 대표 김성훈이 법정 진술에서 "여전히 추가로 투자(사기)를 받고 있다. 그래서 627억 원에 대한 피해보상을 다했다"고 말했다. 법원의 1, 2, 3심 판사는 이러한 진술을 자신의 두 귀로 다 듣고 피해보상을 다 해 주었으니 '집행유예'를 판결했다. 재판이 아니고 '개판'이었던 것이다.

검찰도 마찬가지이다. 이런 사실을 잘 알고 있으면서 IDS홀딩스의 추가 범죄기간 동안 어떤 추가 수사도, 기소도 없었다. 출국정지도 없었다. 2016년 대법원의 유죄 판결 이후 비로소 추가수사에 나섰다. 그런데 웃기는 것은 그런 검찰이 보도자료를 통해 선제적으로 수사에 나서 '추가 피해를 예방'했다고, 낯짝 두껍게 '자화자찬'을 했던 것이다. 또한 검찰은 890억 원의 피해금액을 확보해 '실질적 피해회복'에 기여했다고 주장했다. 피해액 1조 원 중에 900억 원에도 미치지 못하는 금액으로 얼마나 피해회복을 할 수 있었을까. 검찰이 이런 헛소리를 할 자격이 있는지 모르겠다. 2017년도에는 홍콩 금융당국이 IDS홀딩스의 해외 은닉자금을 찾아낸 후 이 사실을 알려왔지만, 검찰이 사실 관계의 확인을 위해 어떠한 노력을 하고 있다는 이야기를 들은 적이 없다.

약탈경제반대행동의 운영위원 이민석 등은 2016년 2월 이러한 사실을 처음 알고 추가피해를 막기 위해 많은 노력을 하였다. 금융위원회에 IDS홀딩스 영업중지 진정서를 검찰에는 추가 고발장을 여러 차례 접수하였다. 관련 기자회견과 기자간담회, 집회, 1인 시위를 하였다. 하지만 모두 묵살 당했다. 결국 담당 검사와 이영렬 서울중앙지검장을 직무유기로도 고발을 하였다. 그해 9월 IDS홀딩스에 대한 대법원 판결과 영업중지, 압수수색, 김성훈 구속 후에는 피해자를 조직하여 대응했다. 주력했던 것은 대표뿐만이 아니라 중간 모집책 이상의 모든 간부에 대한 구속수사와 처벌, 은닉자금 추적, 배후(비호)세력 처벌이었다.

　관련자 전체에 대한 구속수사와 처벌이 필요한 것은 사법적 정의나 은닉자금 추적 차원 때문만은 아니다. 2차 범죄를 막기 위해서이다. 이런 불법유사수신 사건에서 대표가 구속되고 조직은 와해되어도, 모집책들은 불안해하는 피해자들을 데리고 나가 새롭게 유사수신단체, 다단계 조직을 구성했던 사례가 많이 있기 때문이다. '밸류인베스트먼트 사기사건'이 곧바로 '백데크 사기사건'으로 이어진 사례가 대표적일 것이다. IDS홀딩스 사건에서도 'IDS홀딩스투자자대책위원회'가 그런 경우로 보인다. '조직 폭력배'처럼 전체 조직원은 물론 충성스러운 비조직원까지 '범죄단체 조직죄'로 처벌해야 한다. 이유는 불법유사수신 조직은 '조직폭력배'처럼 결성되어 운영되기 때문이다. 또한 흡사 '사이비 종교집단'처럼 철저한 '세뇌'교육으로 피해자 관리를 하고 있다. 실제로 이들이 IDS홀딩스투자자대책위원회를 변호하는 이민석 변호사를 법정 내와 검찰청 앞에서 폭행하고 위협을 한 적이 있었다. 따라서 조직원 전체를 처벌하지 않으면 피해자는 계속 고통을 받는다.

마지막으로 배후(비호세력)에 대한 처벌이 반드시 있어야 한다. 배후세력이 없다면 사기 규모가 대규모로 커질 수 없다. 그리고 어쩌면 실제 불법유사수신 조직의 두목은 전면에 들어난 이들보다 배후세력이라는 의심도 든다. 그들이 자신의 사회적 명성과 지위 상실의 위험에도 불구하고 불법유사수신을 했던 사람들을 비호한 이유는 무엇일까? 배후세력에게는 그것을 상쇄할 수 있는 실질적인 이익이 있었기 때문일 것이다.

여기서 조심스럽게 몇 사람의 이름을 거론하고자 한다. 단순한 의심부터 시작한다. IDS홀딩스가 2014년 9월 17일 본사를 이전했을 때 많은 축하 화환이 도착했다. 그들은 국무총리를 했던 김종필, 전에 법무부장관을 했던 천정배, 당시 새정치민주연합 대표 김한길 등 정계 거물들과 함께 현직 검찰 고위직들이다. 북부검찰청 검사장(현 대검찰청 공판송무부장) 김해수와 서울지검 부장검사 이수철이 축하 화환을 보낸 것이다. 중요한 것은 시점이다. 검찰은 같은 달 25일 672억 원의 사기와 유사수신 혐의로 IDS홀딩스 김성훈을 불구속 기소했다. 이미 검찰은 7월부터 IDS홀딩스와 김성훈에 대해 수사를 하고 있었다. 형사사건 범죄 피의자에게 범죄 장소로 축하화환을 보내는 검사. 그들은 의심을 받을 수밖에 없다. 이러한 사실은 피해자들이 당시 찍은 사진을 통해 알

수 있다. 아마도 IDS홀딩스가 피해자들을 모아 놓고 자랑을 했을 것이다.

여기부터는 좀 더 구체적인 사실에 기반을 한 의심을 해본다. IDS홀딩스의 고문변호사 조성재와 그와 깊은 인연이 있는 자유한국당 소속 정치인들, 특히 충청권 정치인들이 그들이다.

첫째, 조성재는 단순한 변호사가 아니라 '공범'으로 보여 진다. 조성재는 최초 672억 원의 사기로 재판을 받는 IDS홀딩스의 김성훈에 대한 공판과정에서 "피고인은 '신규 투자금'을 받아 피해자들에게 차용금의 원리금을 모두 변제하였다'고 주장했는데, 이것은 추가범죄가 계속발생하고 있다는 것을 정확히 인식하고 있었다는 것이다. 보다 결정적인 것은 2016년 4월과 또 한 차례에 걸쳐 조성재는 직접 많은 피해자를 모아 '대중 강연'을 하였다. 거기서 조성재는 지금까지 IDS홀딩스의 영업은 불법이 아니고 합법이고, 앞으로도 IDS홀딩스는 계속 성장할 것이라고 거짓말을 하였다. 따라서 조성재는 IDS홀딩스 사기사건의 공범임이 분명하다. 약탈경제반대행동과 피해자들의 고발에도 검찰은 조성재를 수사하지 않았다.

둘째, 변웅전 전 의원이다. IDS홀딩스 사무실 3개층 밑에 메디치프라이빗에쿼티라는 회사가 있다. 이 회사의 사외이사는 조성재이고, 사내이사는 변웅전 전 의원이다. 그런데 변웅전은 IDS홀딩스 회장 유지선과는 30년간 호형호제한 사이이다. 변웅전은 IDS홀딩스로부터 3억 3천만 원의 현금을 받기도 하였다. 변웅전은 2014년 3월 14일 IDS홀딩스 7주년 기념식에 동영상으로 축사를 하기도 했다. 약탈경제반대행동과 피해자들의 고발에도 검찰은 변웅전을 수사하지 않았다.

셋째, 자유한국당 경대수 의원이다. 지역구는 충청북도 증평군, 진천군, 음성군이다. 조성재 변호사는 경대수 의원의 보좌관이었고 박근혜 대선후보의 법률특보도을 지냈다. 경대수는 20년 넘게 검찰에 근무했던 검사장 출신이다. 경대수는 2014년 3월 14일 IDS홀딩스 창립 기념 축하 동영상에 등장해서 축사를 하였다. 이에 대해 항의하는 피해자에게 어떤 사과의 말이나 과오를 인정하기는 커녕, "축전을 많이 보내다 보니 일어난 일이다.", "공중파나 메이저 언론인 조·중·동만 보기 때문에 몰랐다"는 식으로 책임을 회피했고, 처벌 받지 않았다. 2016년 10월, 피해자들은 IDS홀딩스 사건과 경대수 의원의 관계에 대한 진상조사 진정서를 당시 새누리당에 제출했지만, 책임 있는 답변을 듣지 못했다.

한편 같은 자유한국당 이우현 의원은 IDS홀딩스 회장 유지선으로부터 뇌물을 받았다. 그러나 그도 어떤 처벌도 받지 않았다. 이우현과 같이 뇌물을 받은 구은수 전 서울지방경찰청장만 처벌 받았다. 구은수는 서울지방경찰청장으로 재직 당시 IDS홀딩스 회장 유지선으로부터 이우현 의원 보좌관인 김민호를 통하여 3,000만 원 상당의 뇌물을 받은 후, 경찰관 윤헌우와 진만선을 경위로 승진시켜 주고, 윤헌우가 IDS홀딩스 사건을 담당하는 영등포경찰서 지능범죄수사팀으로 발령을 받게 하고, 윤헌우에게

IDS홀딩스 대표 김성훈의 고소사건을 배당시켰다는 혐의로 구속 기소가 되었고, 1심 재판에서 징역 10개월에 집행유예 2년을 선고 받았다. 아마도 피해자들이 지목한 비호 세력 중에 유일하게 처벌을 받은 사례일 것이다. 그러나 재판부의 판결은 "구은수가 청탁을 들어주었지만 뇌물은 받지 않았다"는 황당한 것이었다.

동일한 판결로 자유한국당 이우현 의원의 전 보좌관 김민호와 IDS홀딩스 회장 유지선은 각각 징역 1년과 징역 1년 6개월을 선고받았다. 그런데 유지선에 대한 검찰수사는 의혹투성이이다. 이미 김성훈과 함께 사기의 공범으로 구속되어야 하였다. 그러나 유지선은 구속되기는 커녕 검찰에서 사기의 피해자라고 주장하면서 참고인으로 조사를 받았을 뿐이고, 검찰은 유지선을 풀어 주었다. 유지선은 자민련 후원회장을 하였고 충청지역에서 유명한 정치브로커로서 부정한 정치자금을 취급한 자이다. 유지선은 경대수 자유한국당 의원의 고향 초등학교 1년 선배고, 2014년 3월 14일 경대수는 유지선의 부탁을 받고 IDS홀딩스 7주년 기념식에 동영상 축사를 하였던 것이다. 그런 유지선이 구속처벌을 받은 것은 문재인 정부 출범직후 피해자들과 약탈경제반대행동의 청와대 진정서 이후에 일어난 일이다. 유지선을 수사하고, 기소한 검찰은 기존의 IDS홀딩스 담당 부서가 아니라 다른 부서였다. 여전히 검찰집단은 복마전이다.

검찰과 경찰, 정치인 외에 언론도 수상한 행동을 하였다. IDS홀딩스가 1조 1천 억대 사기행각을 지속하는 동안 언론은 연일 '흥

보성' 기사를 쏟아냈었다. 그러던 중 2016년 대표 김성훈이 구속되고 영업이 중지되자 그 많던 홍보성 기사들이 인터넷 상에서 사라졌다. 대표적으로 '서울경제'가 그렇다. 흥미로운 것은 서울경제가 "IDS홀딩스가 사기범죄로 유죄판결을 받고도 영업을 하고 있다"고 보도한 첫 언론이기도 하다는 점이다. 폭로기사에서 홍보기사로 마침내 기사삭제로 이어지는 언론사의 행태는 많은 생각을 하게 한다. 물론 이러한 현상은 서울경제만의 문제는 아니다. 어떤 때는 약탈경제반대행동이 고발 기자회견을 하면 기사가 생성되었다가도 한 밤에 사라진다. 미안했던지 기사를 작성한 기자가 '미안하다'는 문자를 보내곤 했다. 어떤 독립 언론에서는 IDS홀딩스가 언론을 매수한다고 폭로한 바 있다. 아무튼 IDS홀딩스 사기사건에서 적지 않는 언론이 비호세력 역할을 했다.

600억 원대 사기사건이 1조 1천억 원대 사기사건으로 비화된 데에는 구조적인 문제가 있다. 판사와 검사 등으로 대표되는 비호세력을 주목해야 한다. 과거에도 조희팔 사기사건이 있었다. 그 때도 사법당국의 비호가 있었기에 수많은 피해대중이 양산된 것이다. 그래서 '사법개혁'문제와 이 부분은 깊은 연관이 있다. 이렇게 황당단 금융사기사건이 벌어지는 것은 몇몇 '정치검찰'만의 문제가 아니다. 사법부도 검찰 못지않다.

쌍용자동차_본질은 자본의 먹튀와 정부 공조

　쌍용자동차 사태 당시 25명의 무고한 죽음을 생각하면 지금도 가슴이 먹먹해 진다. 많은 시민들은 필자와 동일한 감정을 느끼고 있을 것이다. 그렇다면 쌍용자동차 사태의 본질은 무엇일까? 다수의 언론은 노동의 존중, 인권, 노동자의 슬픔 정도를 이야기 한다. 많은 시민들도 이러한 사실과 감정에 동의하고 있다. 그러나 필자는 사태의 본질 가운데 하나로 투기자본의 약탈을 추가하고 싶다. 투기 자본은 부당한 방법으로 관료, 정치인, 법률가, 회계 전문가와 공모하여, 충분한 경쟁력을 갖고 있는 쌍용자동차를 부실한 기업으로 만들고 말았다.

　쌍용자동차 사태는 분명 국가의 책임이다. 특히 중국을 용서할 수가 없다. 중국의 행태는 다른 나라를 침략해서 그 나라의 전통산업을 붕괴시키고 식민지 수탈경제로 전환시켰던 과거 제국주의 국가들을 연상시킨다. 18세기 인도 무굴제국이 내전 등으로 약화되자 영국 제국주의가 동인도회사를 앞세워 세계에서 가장 부유한 곳인 벵골지역을 장악했다. 당시 벵골지역은 거대한 곡창지대였으며, 중국 양주와 함께 세계시장에서 독점적인 경쟁력을 지닌 면방직 산업이 성업 중이었다. 영국 제국주의자 입장에서는 산업혁명기 자국의 면방직 산업을 보호하기 위해 인도의 면방직 산업을 파괴해야 했었다. 그래서 영국은 인도의 면방직 공장을 해체하고 직조기를 파괴했다. 더욱이 인도의 면방직 산업을 영구히 파괴하기 위해 숙련노동자들의 모든 손가락을 자르는 야만적인 짓까지 저질렀다. 이후 인도의 면방직 산업은 붕괴되었고 영국산 면방직 제품만 인도와 세계에서 유통되었다. 18세기 인도에서 벌어진 야만적인 사건과 쌍용자동차 사태는 매우 유사하다.

표14) 18세기 인도 면방직 산업의 몰락과 쌍용자동차 사태 비교

구분	18세기 인도 면방직 산업	쌍용 자동차 사태
가해 국가	영국	중국
가해 기업	동인도 회사	상하이 자동차
피해자 국가	무굴 제국	대한민국
피해 산업	뱅골 면방직 산업	쌍용 자동차
피해자	엄지 손가락을 잘린 뱅골 노동자	정리해고 된 쌍용 자동차 노동자

상하이자동차의 실체는 악성 투기자본

2012년 9월 국회에서 공개된 외교문서를 보면 쌍용자동차 사태에 대한 중국의 책임을 확인할 수 있다. 거기에 기술유출 관련해서 검찰 수사망이 좁혀오자 상하이자동차는 조기철수를 하였다. 그런데 철수 결정은 상하이자동차가 단독으로 실행한 것이 아니다. 철수 결정에는 상하이자동차 외에 상하이시, 상무부 등 중국 정부가 관여하였다.

이른바 '정치적 이유'로 중국정부가 철수를 결정한 것이다. 이 또한 오만부당하다. 과거 2006년 상하이자동차가 쌍용자동차를 인수한 직후, 한국을 방문한 상무부장 보시라이가 당시 정세균 산업자원부 장관에게 인수에 반발하는 노동조합 단속을 요구한 바도 있었다. 보시라이는 이른바 부인의 암살 혐의, 여배우와의 성추문, 각종 부패로 실각해서 법적 처벌을 받아 온 천하를 떠들썩하게 만든 중국 정치인이다.

여기서 우리는 중국을 좀 더 이해할 필요가 있다. 중요한 것은 상하이자동차가 중국의 국영기업이라는 사실이다. 중국의 국영기업은 한국의 기업과는 다르다. 흔히 중국을 일체화된 중국공산당의 지배를 받는 '당정국가' 혹은 '일당독재'라고 한다. 중국의 총리와 장관은 모두 중국공산당 당원이며 당에서 선출하고 당에 대해서 책임을 진다. 중국의 공무원과 군대도 중국이라는 나라보다 공산당이라는 당에 충성을 한다. 국영기업들도 당의 것이다. 국영기업의 임원은 모두 당원이며 당에서 선출을 한다. 선출된 임원은 당연히 당에 충성을 한다. 중국 4대 국영기업인 상하이자동차 총재의 지위는 장관급이라고 한다. 현장 노동자들의 증언에 따르면, 불법 유출된 쌍용자동차의 신차기술은 상하이자동차만 가지는 것이 아니다. 쌍용자동차의 신기술은 국가기관인 중국과학원(Chinese Academy of Science)으로 보내지고, 거기서 검토한 후 중국 전체 자동차 산업계로 보내진다고 한다.

투자 약속 불이행과 기술 훔쳐가기

구체적으로 상하이자동차의 고의적 과오, 아니 사실상 약탈 방식을 지적해 본다. 자동차 산업은 속성상 대규모의 운영자금이 필요하다. 따라서 쌍용자동차의 '투자 약속 불이행'은 쌍용자동차에게 치명적인 어려움을 야기할 수밖에 없었다. 2004년도 인수 당시 상하이자동차는 완전한 고용보장은 물론이고 10억 달러를 신규로 투자하겠다는 약속을 하였다. 이 사실은 쌍용자동차의 경영진이 언론을 통해 수차례 확인하여 주었고, 쌍용자동차 노동조합과 여러 차례 체결한 특별 노사합의서에서도 확인할 수 있다. 동시에 쌍용자동차 채권단과도 특별약정을 통해 이를 공언했다. 그럼에도 이러한 약속은 전혀 이행되지 않았다. 상하이자동차가 경영에서 손을 뗀 2009년 1월 초까지 해고된 노동자만 3,500명에 이른다. 이는 해고의 고통을 넘어 생산량 축소나 시장 지배력 축소를 불러오는 심각한 문제이다.

그리고 국가기간산업인 자동차 산업에서 '종합자동차생산기술의 유출' 문제도 매우 심각한 것이다. 전세계적으로 국제적 기준의 '종합자동차생산기술'을 보유하고 있는 국가는 미국, 독일, 프랑스, 영국, 일본, 이탈리아, 한국 정도에 불과하다. 한국의 자동차 산업이 지금과 같은 수준에 이르는 데에는 수십 년 동안 자체적으로 기술을 개발하고, 선진국으로부터 생산기술을 이전 받는 과정을 통해 가능했다. 이 과정에서 해당 산업은 물론 정부 차원에서 막대한 재원을 투입했다. 쌍용자동차의 경우도 마찬가지였다. 그러나 상하이자동차의 경우 쌍용자동차 인수를 통해 불과 4년여 만에 종합자동차생산 기술을 보유하게 되었는데, 이는 전적으로 쌍용자동차 기술을 불법적으로 편취한 결과라고 볼 수 있다.

상하이자동차의 억지를 용인해준 한국 법원

쓰다 보니 답답한 일 하나가 더 떠오른다. 수원 지방법원 평택지원에는 투기자본감시센터가 앞장서서 낸 손해배상청구 소송장이 그냥 묻혀 있다. 내용은 대주주인 상하이자동차로부터 다른 소액주주(쌍용자동차 노동자)와 회사(쌍용자동차)가 큰 손해를 입었으니 손해배상을 해달라는 것이다. 이 사건을 대리한 사람은 당시 투기자본감시센터 공동대표인 이대순 변호사이다. 그에 따르면, 2009년 소송 이후 재판은 한번인가 열리고 지금까지 휴정상태이다. 이유는 중국의 '오만과 억지' 때문이라고 한다. 처음에는 원고인 한국사람 이름이 중국의 한자가 아니라 한글인 것이 문제가 되었다. 원고 '홍길동'은 자기들이 못 알아보겠으니 한자인 홍길동洪吉童으로 바꿔오라는 것이다. 당시 투기자본감시센터는 김정우(전 쌍용자동차노조 지부장)외 1,779명의 이름을 한자로, 그것도 중국에서 쓰는 '간자체'로 옮기느라고 참 힘이 들었었다.

그래도 피해 노동자를 생각해 어려운 작업 끝에 송장을 제출했더니, 이번에는 주소가 상하이자동차로 해서는 안 되고 상하이자동차 총재 천홍 외 13명의 개별 주소로 각자에게 송장을 보내라는 것이다. 작은 시민단체인 투기자본감시센터가 무슨 수로 타국에 위치한 그들 개인의 집주소를 파악하란 말인가! 한마디로 중국이 쌍용자동차 재판을 거부하고자 오만부당하게 억지를 부린 것이다. 물론 이런 말 같지 않는 이유를 우리에게 전달하고 재판을 열지 않는 한국의 법원과 판사도 한심한 자이다.

국회, 사법부, 김앤장, 경영진의 먹튀 행위 공조

정말 한심한 것은 한국 정부이다. 처음부터 경쟁국의 후발 경쟁업체에게 쌍용자동차를 매각한 것도 모자라 고도의 자동차산업과 숙련노동자들을 포기한 것이다. 이후에도 한심한 짓은 매번 계속되었다. 앞서 말한 수원지법 평택지원 판사처럼 말이다.

투기자본의 동맹세력에는 반드시 국가고위관료와 정치 권력자, 김앤장 세력이 건재함을 또 한 번 알 수가 있다. 또한 쌍용자동차 매각 당시 국민의 대표기관이라는 국회도 쌍용자동차 노동자들을 외면했기는 마찬가지였다. 쌍용자동차와 대우종합기계 노동조합은 기업 매각을 앞두고 고용안정 대책을 요구했었다. 이들은 우선 협상 의제에서 정리해고와 해외 공장설립 등과 같은 문제 결정 시 노조와의 협상을 못 박는 입법을 국회에 요구하였지만, 국회는 이를 묵살했다. 연합뉴스 2004년 8월 16일 기사에 따르면, 야당인 한나라당은 물론 집권당 열린우리당 의원 123명 중 53%인 65명도 반대하였다. 이로써 자본의 살인적인 정리해고 앞에 노동자는 어떤 자구책도 가질 수 없었다.

특히 상하이자동차 먹튀가 가시화 되고 정리해고 강행으로 쌍용자동차 노동자들이 파업으로 내몰리고 있었던 2009년 3월 26일, 수원 중소기업센터에서 당시 대통령 이명박은 자동차 생산 대수를 거론하면서 '쌍용자동차 노동자들이 놀고 먹는다'는 식의 비난을 해대며 무자비한 정리해고를 비호했던 일이 있었다. 대통령의 이런 모습은 두고두고 기억에 남을 일이다.

사법부도 마찬가지 이다. 2009년 상하이자동차는 완성차 종합기술 획득과 경쟁자인 쌍용자동차 부실이라는 목표를 어느 정도 달성했다고 판단하자 먹튀를 하였다. 대주주에 의한 '법정관리 신청'이라는 초유의 방식으로. 이후 파산법원은 대주주인 투기자본 상하이자동차에게는 어떤 책임도 묻지 않고 법정관리를 개시하였다. 상하이자동차는 기술유출과 부실에 책임이 있는 박영태, 곽상철, 최상진 등 경영진을 쌍용자동차의 법정관리인으로 유임시켰다. 더욱이 쌍용자동차의 경영진은 투기자본 상하이자동차에게 쌍용자동차를 팔아넘기는데, 조력을 했던 삼일회계 법인의 엉터리 기업 회생안을 채택하였다. 이후 쌍용자동차에는 폭력과 갈등만이 난무 하였다. 미디어 충청 2009년 7월 1일 기사에 따르면, 한때 법원은 파업파괴를 목적으로 동원된 구사대와 용역깡패들의 인건비 지출승인으로 분주했다고 한다.

또 법원은 기만적인 감자를 승인했다. 일반적으로 감자란 경영 실적의 부실에 따라서 자본을 강제로 감소시키는 것으로 알려져 있다. 통상적으로 대주주의 경우 20대1의 감자가 있어왔고, 더한 징벌적 의미에서 보유주식 전부를 소각시킨다. 대표적인 사례가

2004년 진로 지분율 54.36%인 장진호 전 회장 등 특수 관계인의 주식 무상 소각과 나머지 주식을 30대1의 비율로 병합한 것이었다. 2009년 9월 법원에 쌍용자동차 법정관리인은 회생계획안을 제출했다. 쌍용자동차 사태 책임자인 대주주 상하이자동차는 5대1의 감자로 엄중한 책임을 모면하게 만들었다.

이런 판결을 내린 당시 파산법원 판사였던 고영한은 2012년 대법관으로 영전했다. 당시 투기자본감시센터는 이에 대해 반대 논평을 냈지만 25명의 무고한 죽음을 부른 판결보다 개인비리가 없다는 것이 더 중요하게 국회에서 판단되었다. 정책오류로 심판받는 공무원은 대한민국에 없다. 따라서 매국노 이완용도 무죄다 라는 논리와 같다.

정부와 산업은행은 무자비한 정리해고를 마친 쌍용자동차를 2011년 인도 마힌드라에게 매각하였다. 현장에서는 '짜장에서 카레로' 바뀐 것 이외에는 아무것도 없다는 비아냥이 있었다. 그도 그럴 것이 2009년 77일 파업 뒤 노사협상을 통해 타결된 사항 중 대부분이 지켜지지 않았고, 무고한 죽음만이 잇다르고 있었기 때문이다. 또 광대한 인도지형상 후발업체인 마힌드라는 중국 상하이자동차와 마찬가지로 쌍용자동차의 선진 SUV와 대형 세단의 생산 기술력이 필요했기 때문이다. 여기서 정부와 산업은행이 재매각을 주관하고 자신의 채권만 챙기고 먹튀한 것은 비난 받아야 한다. 산업은행은 '국가산업 발전을 위해 설립된 국책은행'이지 투기자본인 M&A 전문 투자은행이 아니다. 그러나 산업

한국의 약탈자본과 공범자들

은행은 자신의 임무를 망각하고 상하이자동차의 기술유출을 조력하는 행위도 저질렀다.

감옥에 갇힌 노동자가 밝혀낸 회계조작

77일 파업 투쟁 1년 후 노동조합과 투기자본감시센터는 쌍용자동차 회계조작을 폭로한 바 있다. 상하이자동차가 자본철수의 명분을 만들고, 그 과정에서 저항이 예상되는 노동자들을 정리해고를 하고자 고의적으로 적자를 부풀린 것으로 추측된다. 자본철수에 따른 한국 내 여론악화, 나아가 외교 갈등으로 발전할 소지, 더욱이 검찰의 기술편취 수사 등이 있었다. 쌍용자동차는 2009년 1월 9일 법정관리를 신청했다. 법정관리 신청 이후 취임한 법정관리인 박영태, 이유일은 〈주식회사의 외부감사에 관한 법률〉에 따라 쌍용자동차의 외부감사였던 안진회계 법인이 작성한 감사보고서를 제출했다. 감사보고서에는 유형자산손상차손 금액 5,177억 원에 대한 결손금처리를 포함하고 있다. 유형자산손상차손 금액 5,177억 원은 회계조작으로 산출된 것이다. 유형자산손상차손 금액을 산출할 시 장부가액과 비교하는 회수가능가액의 산출을 조작했고, 이로 인해 쌍용차의 부채비율은 561%로 상승했다.

이를 근거로 쌍용자동차는 2009년 3월 31일 법정관리인인 박영태, 이유일과 삼정 KPMG는 회생법원에 경영정상화방안을 제출했고, 결국 2009년 4월 8일 2,646명의 정리해고를 발표했다. 그 이전에 쌍용차에서 해고된 비정규직 노동자들을 포함하면 무려 3,000여 명에 달하는 노동자들이 직장을 잃은 셈이다.

회계조작을 하지 않았다면 쌍용자동차의 부채비율은 187%다. 통상적으로 대기업은 부채비율이 200% 미만일 경우 건실한 기업으로 평가받는다. 바꿔 말해 쌍용자동차가 정리해고 등 구조조정을 실시할 이유가 전혀 없었다. 따라서 공동 법정관리인 박영태, 이유일과 삼정 KPMG가 제출한 경영정상화 방안은 회계조작에 기반한 것이고, 이를 바탕으로 진행된 정리해고는 무효라고 주장하며 소송을 제기하였다. 그러나 이에 대해 2014년 11월 13일 대법원(주심 박보영 대법관)은 긴박한 "경영상의 필요에 따른 것으로 유효"하다는 판결을 내렸다.

처음 회계조작을 밝힌 사람은 대학교수나 회계전문가가 아닌 현장 노동자였다. 양형근씨는 중년의 생산직 노동자였고 노조 간부로서 77일 파업 후 다른 동료들과 구치소에 수감되었다. 그는 수용시설의 희미한 불빛에 의지해, 난생처음 회계원리, 원가계산 등을 공부하며 쌍용자동차 감사보고서들을 검토했다. 그때 그의 눈은 녹내장을 앓고 있었다. 그는 출소하자마자 필자가 활동하고 있던 투기자본감시센터를 찾아왔고 자신이 찾아낸 단서들에 대해 흥분하며 말해 주었다. 그 때 모두가 놀랐던 기억이 있다. 사실 77일 파업 전에도 쌍용자동차의 회계는 매우 의심스러웠다. 그런데 그것을 관련 전문가가 아닌 중년의 노동자인 양형근씨가 찾아낸 것 이었다.

한국의 약탈자본과 공범자들

다시 회상해보면 그는 이탈리아 혁명가 안토니오 그람시가 말한 '유기적 지식인' 같았다. 전통적 지식인은 구습이 되어버린 전통적인 지식을 추종하면서 지배계급의 이데올로기를 확대, 재생산한다. 반면 유기적 지식인은 민중, 대중에 기반하여 새로운 지식과 세계관을 창조하며 그것을 실천한다. 그러나 양형근씨의 주장만으로 부족했다. 이 주장을 입증해줄 전문가가 필요했다. 세상은 결코 해고 노동자와 '전문 시위꾼'의 주장을 믿지 않을 것이 뻔했기 때문이다. 전문가를 찾아 다녔다. 그러나 함께할 사람을 찾는 것은 쉽지 않았다. 그때 우리 편을 들어 준 최초의 전문가가 있었다. 그는 회계사 김경율이었다. 그는 지금 참여연대에서 활동하고 있고 삼성그룹 3대세습의 불법성 문제로 이야기할 때, TV에 자주 나오곤 한다.

검찰에 고발을 하였다. 그러나 회계조작을 한 사람들은 일말의 반성도 하지 않았다. 다음날 이른 아침부터 산업은행 구조조정본부 본부장 박연수라는 자의 '협박성' 전화를 받았고, 오후에는 삼정KPMG 윤 아무개 부회장으로부터 '묘한' 안부전화가 왔었던 것이 기억에 남는다.

77일간의 쌍용자동차 노동자 투쟁의 결과 총 625명이 연행되었고, 그 중에 64명의 노동자는 구속까지 되었다. 언론은 이에 대해 12년 만의 최대 공안사건이라고 평가하였다. 또 구속되지 않았던 파업 노동자들은 사측의 명령으로 출근도 못하고 병상에서 투병 중이거나 정신적 트라우마로 고통을 받았다. 결국 쌍용자동차 노동자와 그의 가족들이 생목숨을 스스로 버릴 수밖에 없는 사태가 일어났다. "해고는 살인이다"란 파업노동자의 외침이 사실이었음을 알 수 있다.

또 평택공장을 넘어 평택시란 지역사회 전체가 쌍용자동차 사태로 고통을 받았으며, 20여만 명의 관련 산업 노동자들은 해고의 공포에 떨어야 했다. 당시 경기경찰청장 조연오는 무자비한 폭력을 동원한 살인적인 진압으로 용서할 수 없는 범죄를 저질렀다. 쌍용자동차 사태는 처음부터 끝까지 대한민국이란 국가가 저지른 범죄였다. 국가는 반드시 책임을 져야 한다. 일단 진상규명과 책임자 처벌을 위한 국정조사가 필요하다. 그리고 국가는 피해노동자들에게 사과와 배상을 해야 한다. 배상에는 해고 노동자의 원직복직이 가장 중요하다. 이런 흐름에 언론도 지난 과오를 씻고 나서야한다. 언론은 파업기간 내내 진실보도는커녕 파업노동자들에게 '불법파업'이란 비난과 '파산'협박을 하였다. 파업 후에는 죽은 노동자들이 불쌍하다는 보도는 있었지만, 왜 죽음에 이르렀는지 진실이 없는 보도만 했다. 이는 정권이나 언론사주의 탓이기 전에 언론인 자신의 자질문제이기도 하다.

정부, 정치권 모두가 문제였다

먼저 지적하고 싶은 것은 당시 노무현 정부의 무리한 쌍용자동차 해외매각 정책이다. 나는 이것이 쌍용차 사태의 근본 원인으로 꼽고 싶다. 아래의 신문 기사는 이러한 사실을 정확히 알려주고 있다.

> 2006년 7월 27일 오전 10시. 힐튼호텔에서 쌍용차 채권금융기관협의회와 상하이자동차가 MOU 조인식 맺은 그날 이후, 모든 사태는 직접적으로 시작되었다. 천샹린 상하이자동차공업 총공사사장, 후마오위엔 상하이자동차공업 총재, 장쯔웨이 상하이자동차공업 총공사부총재, 리빈 중화인민공화국 주대한민국 특명전권대사, 짱이런 상하이시정협주석, 소진관 쌍용차 대표이사, 최동수 조흥은행장, 김재유 조흥은행 부행장, 최영휘 신한금융지주 대표이사, 기황영 삼일회계법인 프로젝트 파트너 등이 모여서 공식적으로 쌍용차를 중국 상하이자동차에 팔아넘긴 것이다.(이데일리, 2006년 7월 28일)

처음부터 쌍용자동차의 노동자들은 매각 후 기술유출과 투자약속 불이행으로 닥칠 경영난을 예상하였고 자연스럽게 매각을 반대하였다. 국민적인 반대여론도 비등하였다. 또한 그 전해 말부터 노동조합은 노, 사, 정, 채권단이 참여하는 4자 협의기구를 구성해, 이 기구 안에서 쌍용차 정상화를 위한 모든 방안을 논의

하자고 제안하기도 하였다. 그러나 돌아온 것은 묵살과 협박뿐이었다. 아래의 기사들은 그러한 사실을 정확히 보여준다.

매각을 앞두고 당시 쌍용차 소진관 사장은 "매각실사 방해할 땐 노조를 형사고발"을 할 것이라며 으름장을 놓았다.(한국일보, 2004년 2월 3일자) 정부 측 금융감독원도 노동조합을 비난하기는 마찬가지였다.(매일경제, 2004년 2월 9일. 이 기사가 인터넷 상에서 사라졌다.) 더 나아가 정부는 MOU 조인식 전후 청와대 조윤제 경제보좌관, 반기문 외교통상부 장관, 이희범 산업자원부 장관 등이 상하이자동차의 방문을 받고, 쌍용차 매각을 환영하는 분위기를 조성하였다.(연합뉴스, 2006년 7월 26일) 특히 주무부처인 산업자원부는 그해 말, 조환익 차관이 정례브리핑에서 쌍용차 매각을 외국인 투자 증가 사례라며 자화자찬을 했었다.(한국경제, 2004년 12월 8일) 그 이후 상하이자동차의 쌍용차의 완성차 기술 도둑질이 본격화된 후에도 산업자원부는 침묵했고, 오히려 두둔하는 듯한 발언조차 했다.(프레시안, 2006년 8월 23일자) 심지어 같은 해 보시라이 중국 상무부장(장관)은 정세균 당시 산업자원부 장관과 만나 쌍용차 노동조합을 비난하자, 정세균은 "투자 걸림돌을 최대한 개선하겠다"는 답을 했다. 여기서 투자 걸림돌이란 쌍용차 노동자라는 것이 그들의 공통인식이라는 것이 확인된다.

국민경제 성장이라는 목표로 설립된 산업은행도 마찬가지이다. 투기자본감시센터는 2009년 6월 23일, 업무상 배임죄 고발로 그들의 잘못을 사회적으로 폭로한 바 있었다. 2005년 1월경 채권단은 쌍용자동차를 상하이자동차에 매각하면서 동시에 쌍용자동차에 신디케이트론형식으로 4,200억 원의 금융지원을 하며, 상하이자동차와의 특별협약을 통해 채권단의 사전 동의 없이는 자산(자동차생산기술 포함)이전 또는 매각할 수 없도록 규정하였다. 하지만 2006년 7월경 산업은행이 사모사채 1,500억 원, 당좌차월 1,200억 원의 방식으로 쌍용자동차에 금융지원을 하고, 쌍용자동차는 이외에 중국은행, 중공공상은행 등으로부터 차입함으로서 총 4,620억 원을 마련하여 상기의 4,200억 원의 신디케이트론을 조기에 변제하였다.(2007년도 10월 국정감사 정무위 회의록 참고해보라!) 이후 불법에 대한 두려움 없이 상하이자동차는 특약 사항인 투자약속과 중국내 쌍용자동차 공장건설의 이행의무에서 벗어났고, 마음대로 회사 자산을 불법적으로 유출(기술유출)했다.

이는 산업은행이 쌍용자동차나 국민경제 성장이익에 반하여 고의로 상하이자동차의 이익을 위해 관련 업무를 집행하였다고 볼 수 있는 행위이다. 또한 그 결과 오늘 날의 쌍용자동차 사태에 이른 것이 명백하다. 그럼에도 채권단 뒤에 숨어서 대규모 정리해고만을 요구하며 자신들의 잘못에는 침묵하는 뻔뻔함을 보였다. 법치 질서를 수호한다는 검찰도 마찬가지이다. 투기자본감시센터는 2006년에 8월 11일, 쌍용자동차의 완성차 종합기술 유출과 투자약속 미이행을 들어 상하이자동차를 검찰에 고발한 바 있었지만 묵살당했다.

또한 2007년 쌍용자동차의 완성차 종합기술과 국고가 지원된

디젤 하이브리드 기술이 중국 상하이자동차로 불법 유출된 사건을 현장 노동자가 고발해 수사하였고, 공장까지 압수수색을 하였다.(이투데이, 2008년 7월 8일) 심지어 현대차의 하이브리드카 기술까지도 훔쳐갔다고 한다.(주간한국, 2009년 2월 17일) 이와 같은 상황에도 검찰은 수사결과 발표나 기소를 계속 미루고 침묵했다. 이에 투기자본감시센터는 2009년, 앞에서 거론한 신디케이트론으로 상하이자동차가 불법 기술유출을 대규모로 진행하게 만든 산업은행을 고발했다. 그러나 검찰은 기각했다. 같은 해 77일 노동자 파업이 끝나고 투기자본감시센터는 2009년 11월 11일, 감사원에 국민감사를 청구했다. 그러자 검찰은 기다렸다는 듯이 수사결과를 발표했고 불구속 기소를 했다. 투기자본감시센터가 첫 고발을 한 2006년 아니, 수사를 마친 2008년에라도 검찰이 행동에 나섰더라면 77일의 파업과 25인의 무고한 죽음을 막았을 것이다. 노동조합과 시민단체에게 어떤 명분도 주기 싫은 검찰의 편협한 태도는 비난받아야 한다.

또한 기소 내용도 한심하다. 기술유출 사건의 한국측 주요 피의자를 기소하지 않고 연구소 실무자들을 기소한 것부터 의혹이다. 중국 측의 주요 피의자는 도주하였다. 그러나 검찰의 소환의지는 전혀 찾아볼 수 없다. 이 과정에서 신원 보증을 해 줘 도피를 도운 사람이 당시 경기도지사 였던 김문수라는 민주당 측 주장이 있었다. 누구보다도 쌍용자동차 기술연구소 소장 출신으로서 막중한 책임이 있었던 최형탁 쌍용자동차 전 사장은 반드시 책임을 물어야한다. 하지만 현장의 증언에 따르면, 최형탁은 다른 주요 책임자들, 자동차 기술연구진과 함께 중국으로 도피해서 상하이자동차의 보호 하에 있다고 한다. 이처럼 정부와 국가기관이 모두 똘똘 뭉쳐 투기자본 상하이자동차의 먹튀를 방조하고 묵인하며 때론 환영하였던 것이다.

　국내에도 널리 알려진 해외 투기자본의 약탈 사례 중 유명한 몇 가지를 소개하고자 한다. 아래의 글을 읽다보면, 투기자본이 우리가 알고 있는 것의 상상 이상으로 악행을 저지르고 있다는 사실을 알 수 있다. 한마디로 투기자본의 행태는 공인된 도적질과 다름없다.

조지 소로스, 영국시민의 세금 1조원 훔치기

　1992년 9월 16일 수요일. 사람들은 그 날을 '검은 수요일(Black Wednesday)'이라고 부른다. 조지 소로스가 만든 퀀텀펀드와 다른 헤지펀드들은 '공매도'라는 방법을 사용하여 영국의 파운드화를 공격하였다. 조지 소로스는 직접 100억 달러를 동원하였고, 다른 헤지펀드들은 1천 100억 달러를 동원하였다.

　영국정부는 조지 소로스와 헤지펀드의 공격에 대응하여 외환보유고를 이용해 파운드화를 사들이고, 하루에 2차례 단기금리를 올리는 등 환율 하락을 방어하였으나 결국 실패하고 말았다. 그 결과 영국 정부는 유럽통화제도(EMS) 중심기구인 유럽통화메커니즘(ERM)에서 탈퇴를 선언하였다. 더 이상 버틸 경우 조지 소로스를 중심으로 한 헤지펀드의 공격으로 영국의 중앙은행인 영란은행의 금고가 텅텅 비어 국가가 파산할 위기에 몰렸기 때문이다. 조지 소로스는 불과 2주 만에 무려 10억 달러(1조 원)의 돈을 챙겼고, 자신에게 돈을 맡긴 투자자들에게 몇 배의 금액을 돌려주었다. 그해 조지 소로스 펀드의 투자 수익률은 68.6%였다고 한다. 조지 소로스와 그의 투자자들이 나누어 가진 거액의 돈은 영국의 시민들이 생산해낸 영국의 국부였다. 한마디로 조지 소로스와 그의 투자자들은 영국 시민들의 돈, 10억 달러를 훔쳐가는 도적질을 한 것이다.

외환위기에 대한 정반대 대응, 마하티르와 김대중

1997년 동아시아 외환위기가 발발하였을 때 말레이시아의 마하티르 총리는 조지소로스와 그의 펀드를 '악'으로 규정하였다. 그러나 동아시아 외환위기 바로 직후인 1998년 1월, '30년 만의 정권 교체'가 이루어지고 대통령으로 당선된 김대중은 조지 소로스를 자택으로 불러 경제 자문을 구했다. 이 사건은 한국 신자유주와 금융자본의 투기역사에서 매우 중요한 상징성을 보여준다. 국정 운영의 총책임자인 대통령이 신자유주의와 금융자본의 투기를 막아내기는 커녕 오히려 신자유주의와 금융자본 투기의 최고 상징적인 인물을 정중히 초대하여, 그의 활동 폭을 합법적으로 크게 확장시켜주었기 때문이다.

파산 기업 로버, 경영진 보수 4년간 550억 원과 고배당

2005년 100년 전통의 영국 자동차 회사 로버가 파산하였다. 로버는 1901년 설립되었으며, 1979년 이 회사의 고용 인력은

19만 2천명에 달했다. 이 회사는 1986년 지금의 이름인 로버로 기업명을 바꾸었고, 대처 수상의 집권기인 1988년 민영화되었다. 결국 2000년 '피닉스'라는 사모펀드에 단돈 10파운드에 인수되었다.

피닉스는 처음에 영국의 자동차 산업을 구한 '백기사'로 칭송받았지만 지금은 잘못된 경영으로 로버를 벼랑 끝으로 내몬 것으로 평가되고 있다. 적자 폭이 줄고 있었다고는 하지만 적자를 내는 회사에서 최고 경영진 4인에게 4년간 2,800만 파운드(약 550억 원)에 달하는 보수를 지급했으며, 고율의 배당을 계속했으니 그 결과는 뻔한 것이었다. 로버 사태는 단기적으로는 인수합병을 잘하고 투자를 줄여 이익을 많이 내는 게 기업을 잘 경영하는 것같이 보이지만, 장기적으로 보면 결국 기술 투자와 기술자 양성을 하지 않고서는 기업이 성공할 수 없다는 것을 가르쳐 준다.(장하준, 중앙일보, 2005. 4.29)

헤지펀드, 자산규모 세계 18위 은행을 해체 시키다
ABN암로는 네델란드의 대표 은행으로 183년의 전통, 자산규모 세계 18위, 53개국에 지점을 둔, 초대형 국제은행이었다. 그런데 ABN암로는 2007년 주식의 3%를 소유한 헤지펀드 티씨아이에 의해 해체되고 말았다. 티씨아이가 은행의 해체를 주장한 이유는 주주들에게 더 높은 투자수익을 지급하라는 것이었다. 투기자본은 공공의 이익에 대해 신경 쓰지 않는다. 투기자본은 그것이 무엇이든 조금이라도 자신의 이익에 도움이 된다면 어떠한 일이라도 벌이는 것이다. 소액주주라도 그것이 투기자본이라면 사회적으로 얼마나 황당한 일을 벌일 수 있는지 알려주는 사례이다.(정명희, 「헤지펀드, 183년 전통 최대은행 삼키나」, 민중의 소리 2007. 9. 17)

제약사 인수 후, 약 가격 50배 인상

투기자본은 사람이 죽든 말든 상관하지 않는다. 2015년 31세의 미국인 마틴 슈크렐리는 오로지 돈으로 돈을 벌겠다는 목적으로 희대의 기행을 벌였다. 세계 최강국 미국도 젊고, 탐욕스러운 기행꾼의 못된 장난 앞에서 황당한 일을 겪고 말았다.

헤지펀드 매니저 마틴 쉬크렐리는 제약사 튜링를 인수한 후, 에이즈 바이러스(HIV) 치료 등에 쓰이는 항생제 다라프림의 가격을 일시에 50배 이상 올려 환자들을 상대로 폭리를 취했다. 미국 제약사 튜링 최고경영자인 슈크렐리는 지난해 9월 항생제 다라프림의 소유권을 사들인 뒤 13달러(1만 5,000원)이던 약값을 750달러(90만 6,000원)로 55배 가까이 올렸다. 시판된 지 62년이 된 다라프림은 에이즈, 말라리아, 톡소플라스마증 등의 치료에 쓰이며 마땅한 대체 약품이 없다. 비난이 봇물처럼 쏟아졌다. 미국 감염병협회와 에이즈의학협회는 의료윤리에 맞지 않는다며 튜링에 항의서한을 보냈고, 힐러리 클린턴 전 국무장관도 트위터에서 '상식을 벗어난 행태'라고 성토했다. 의회에서는 청문회까지 열렸다. 하지만 청문회 후 자신의 트위터에 국회의원들을 "얼간이들 (imbeciles)"이라고 조롱하였다. (김상범 기자, 주간경향, 슈크렐리는 왜 약값을 55배나 올렸을까, 2016년 3. 1)

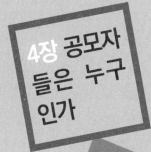

4장 공모자
들은 누구
인가

"세상에서 가장 사악한 것들은 애국이란 이름 뒤에 숨어 있다."

_ 엠마 골드만(Emma Goldman)

500년 전 명나라 부패의 데쟈뷰

"내가 천하의 탐관오리를 뿌리 뽑으려고 아침에 죽였는데도 저녁에 범하니 어찌하겠는가?"

이 탄식은 명나라 태조 주원장(朱元璋)이 했던 말이다. 주원장은 두 가지 점에서 매우 흥미로운 인물이다. 하나는 그의 출신 배경이다. 그는 가난하고 미천한 농민출신으로 원래 이름도 '원장'이란 멋진 이름이 아닌 촌스러운 '중팔(重八)'이다. 여기서 重자는 항렬이고 뒤의 숫자 八은 부모 나이 등으로 작명해서 자식별로 구분한 것이다. 당시 무명의 평민 이름은 대개 이렇게 작명했다. 또 그는 그냥 가난한 것이 아니라 불과 보름 동안 부모, 형제가 눈앞에서 굶어서 죽어가는 것을 속수무책으로 지켜보기만 했을 정도로 가난했다. 그 때 그의 나이는 열다섯, 그는 가족의 시신을 수습할 때까지도 관과 묘 자리를 마련하지 못했다고 한다. 이러한 일이 왜 일어났을까? 원인은 자연재해에 취약한 낮은 생산력, 지주와 소작이라는 봉건적 생산관계, 거기에 탐관오리의 가혹한 수탈 때문이다. 가족이 굶주림으로 몰살을 당한 때부터 그는 거지, 떠돌이 중, 도둑으로 전전하다가 사회 최하층 계급 출신들의 반란집단인 홍건적에 들어가 무공을 쌓은 후, 마침내 명나라를 개국하고 초대 황제가 된 입지전적인 인물이다.

다른 하나는 40여 년 재위기간 내내 관료들의 부패와 관료사회 내에서 권력 독점을 노린 파벌집단의 폐해로부터 가난한 민중들을 보호하고자 분투했다는 점이다. 그 중 유명한 일이 황제 재위기간 내내 온갖 이유를 들어가면서 관료들을 죽인 것 이었는데, 그 수가 약 10만 명에 달한다고 한다. 그는 어린 시절부터 몸으로 체득한 탐관오리의 가혹한 수탈의 심각성을 그 누구보다도 잘 아는 황제였을 것이다. 당시 중국 인구는 5천만 명이 좀 안 되었다고 한다. 따라서 죽음을 당한 10만 명은 분명 엄청난 숫자이다. 그래서 역사서를 쓴 유학자출신 관료들 대부분은 그를 무식하고 잔인한 폭군으로 평가했다.

그렇다면 어떤 이유로 주원장은 그렇게 많은 관료들을 떼로 죽였을까? 그 중 유명한 사건이 공인안(空印案) 사건이다. 당시 지방 관리는 회계보고를 위해 수천 수만 리, 광대한 중국의 영토를 가로질러 매년 중앙정부로 찾아와야 했다. 그런데 그들은 비용과 시간 낭비를 줄이기 위해 회계보고용 공문서를 아무런 내용이 없이 관인만 미리 찍어 여러 부 휴대하고, 수도 남경에 도착한 다음 회계보고서를 작성해서 중앙정부의 재경부인 호부에 제출했다. 만약 출발지에서부터 완벽하게 회계보고 공문서를 작성했다가 호부에서 그 보고가 기각되면 수 천리를 되돌아가서 다시 작성해 와야 했기 때문이었다. 그래서 회계보고 공문서가 기각되면 미리 준비한 관인이 찍힌 아무 내용이 없는 공문서에 새로 회계보고를 작성한 후 제출했던 것이다. 이것은 당시 중국 관료사회에서는 용인되는 관행이었다. 그런데 주원장은 이를 의심했다. 결국 그는 부정의 증거를 찾아냈다. 이 공인안 사건과 그 연장인 곽환(郭桓) 횡령사건으로 수만 명의 관료와 그들과 결탁해서 세금포탈을 저지른 부호들을 처단하고 횡령한 재물과 곡식을 환수했다. 곽환의 관직은 호부시랑으로써 오늘날의 재경부나 국세청의 실무 국장과 비슷한 직책이다. 이 사건 처리 이후 주원장은 회계조작을 막고자 一, 二, 三, 四, 九, 十 등의 글자에 복잡한 획수를 더해서 회계장부에서는 壹(일), 貳(이), 參(삼). 拾(십), 伯(백) 등으로 쓰게 했다. 오늘날 우리가 은행거래 등에 쓰는 한자가 여기서 유래했다.

그 뿐만이 아니라 '문자의 옥(獄)'이라는 사건이 있다. 그는 문인 관료들의 글을 보고 의심이 들었다. 각각의 한자로 문장을 구성한다. 그런데 상식적인 문구를 쓰거나 원칙과 규정대로 쓰지 않고 의미는 같지만 고의적으로 다른 글자를 넣거나 축약해서 쓰는 경우는 자주 있다. 하지만 주원장은 그것을 용납하지 않았다.

그는 그것을 똑똑하고 잘난 문인들이 무언가를 은폐하거나 비천한 계급 출신인 자신을 비웃기 위해 사용하는 것이라 여겼다. 이러한 행위에 대해 주원장은 불순하고 반역적인 의사라고 단정을 해서 해당 문인 관료를 죽였다고 한다. 심지어 그와 가장 가까운 개국 공신들도 파벌(흔히 말하는 '당파' 싸움의 그 당파)을 조성한다고 해서 모두 죽였다. 그것도 온갖 잔인한 방법으로 죽였고 시신까지 훼손을 해서 전시하는 등 관료사회에 공포를 조장했다. 그는 이 공포를 활용해 관료들의 부정부패와 파벌형성을 막고자 했다. 법으로도 분경죄(奔競罪) 조항을 두어 관료들이 퇴근 후에 사적으로 만나서 모임을 가지는 것 자체를 불법화했다. 이런 조항은 당시 관료 지배사회로 평가되는 조선왕조에도 도입되었다.

그러나 그는 실패했다. 명나라는 관료들의 부패와 파벌로 망했다는 것이 역사의 평가이다. 오죽하면 그는 "내가 천하의 탐관오리를 뿌리 뽑으려고 아침에 죽였는데도 저녁에 범하니 어찌하겠는가? 지금 이후로는 경중을 가리지 않고 그들을 모두 죽일 것"이라는 탄식과 절규를 했겠는가!

관료 사회 특정 파벌의 공모

명나라 주원장의 관료집단 규제와 처벌 사건을 여기서 길게 서술한 이유가 있다. 특히 공인안과 문자의 옥 같은 사건의 본질은 문인 관료들이 법조문 등 공식문서를 자유자재로 왜곡, 해석하여 부정을 저지르는 것을 막고, 더 나아가 동일한 부정 사건의 재발을 막고자 했던 것으로 볼 수가 있다.

오늘날에도 유사한 사건이 있다. 앞 장에서 필자는 론스타게이트 사건에서 재정경제부와 금융감독위원회의 경제 관료들이 예외조항인 '부실금융기관의 정리 등 특별한 사유'를 적용하여 론스타에게 대주주자격을 부여했었다고 밝힌 바 있다. 경제 관료들은 외환은행에 대해 '부실금융기관'은 아니지만 마지막의 '등'에 해당한다고 해석을 하였다. 세상에 이보다 어처구니없는 일이 또 있겠는가? 우리가 법조문을 읽을 때, 법조문에 열거한 구체적 대상들을 중요하게 본다. 앞에서 열거한 내용을 다 지나친 후, 맨 끝에 나오는 '등'을 중심으로 보지는 않는다. 맥락에 상관없이 '등'에 자유자재의 해석을 가해서 법조문을 적용하는 것을 본 적이 있는가?

앞서 명나라 관료들처럼 한국의 관료들은 부실금융기관이 아닌 외환은행에 대해 제 멋대로 법조문을 해석해 매각대상으로 지정한 것이다. 그래서 투기자본감시센터는 이를 두고 편법이고 불법 승인이라 하는 것이다. 그리고 그런 부정은 관료 개인이 아니라 관료집단 아니, 정확히 표현하면 관료사회의 특정 파벌이 공모해서 권한이 있는 지위를 독점하고 부정을 저지른다는 점이다. 주원장은 그것을 경계하려 하였고 그래서 관료들의 파벌을 해체, 처벌하려고 집단 학살을 저지른다. 명나라 개국 공신인 남옥(藍玉)이 군대 내에 장교 2만여 명과 '형님, 아우 하는 식'으로 관계를 맺었다. 남옥은 의형제와 의부자 관계로 파벌을 조직화하고, 그들끼리 군대의 요직을 장악한 후 거만하고 방자한 모습을 보였다. 이렇게 되자 주원장은 그들 모두를 '모반죄'로 죽였다.

우리가 여기서 다루는 경제·금융분야 관료, 이른바 '모피아'의 행태도 명나라의 개국 공신 남옥이 만든 파벌과 다르지 않다. 바로 이런 파벌이 관료사회를 장악하고 정책결정을 독점해서 시민사회에 엄청난 피해를 만들어 낸다. 이들이 IMF이후 수많은 은행과 공기업을 민영화해서 외국 투기자본에게 넘긴 자들이다.

와인 바의 추억, 관련자들의 일상적 만남

론스타게이트는 투기자본의 문제가 무엇인지를 우리에게 알려준 유명한 사건이다. 론스타게이트는 다음과 같은 3가지 사건으로 구성되어 있다.

한국의 약탈자본과 공범자들

첫째, 외환은행 불법 매각사건

둘째, 변양호 재경부 금융정책국장에게 뇌물을 제공한 사건

셋째, 외환은행 인수 후 외환카드 주가조작 사건(관련 민사소송은 제외)

여기서 거론하고자 하는 것은 두 번째 '변양호 재경부 금융정책국장의 뇌물수수 사건'이다. 변양호는 론스타게이트 당시 매각승인 담당 관료였다. 필자는 론스타게이트 1심 재판이 열릴 때마다 대부분의 경우 재판정을 관람했다. 그 때 쓴 공판 관람기가 투기자본감시센터 홈페이지에 아직도 남아 있다. 아래의 사실도 당시 법정에서 필자가 직접 보고, 귀로 들은 것이다.

변양호는 변호사 하종선(현대상선 회장 역임)에게 여러 경로로 거액의 뇌물을 받았는데, 그 중 하나가 그의 생일잔치에서 이루어졌다. 필자는 법정에서 이를 직접 청취했는데 지금도 잊지 못하는 것은 그의 생일잔치에 참석한 사람들이다. 해마다 7월 30일 경, 변양호의 생일날 무렵이면 생일잔치가 늘 열린다고 한다. 거기에는 변양호(행정고시 19회)보다 아래 기수인 금융관료들이 축하차 늘 온다고 한다. 중요한 것은 그가 재경부를 '퇴직한 후'에도 그들이 항상 온다는 것이다. 시점을 보면 여름 휴가철이다. 그리고 유명 로펌의 변호사들도 온다. 뇌물을 준 하종선 변호사도 변양호를 변호했던 변호사도 모두 그 생일잔치 고정 참석자들이라고 했다. 대부분 경기고 동창들이라고 한다. 장소도 강남의 '애프

터 더 레인' 식당에서 1차, 와인 바 '삭스'에서 2차를 하는 식이다. 피고 하종선에 따르면 사건은 이렇다.

외환은행 매각승인 전야인 2003년 7월 26일 토요일 와인 바 '삭스'에서 변양호의 생일잔치가 있었다. 다른 사람들은 선물들을 가져왔는데 하종선은 선물을 준비하지 못한 상태였다. 가수 지망생 박 아무개가 노래를 하러 왔다. 이날 하종선은 밤 12시 전에 술자리에서 먼저 일어났다. 그러나 그는 그냥 인사만 하고 떠나지 않았다. 그는 선물을 준비하지 못한데다가 가수 박 아무개에게 팁도 주어야 했기 때문에 지갑에서 수표로 200만원을 꺼낸 후, 봉투에 넣지 않은 채 변양호에게 주었다. 그리고 하종선은 술자리를 떠났다.

당시 변양호는 여름용 곤색 블레이저를 입었던 것으로 기억하고 있었다. 그 후 비슷한 성격의 술 모임에도 가수 지망생 박 아무개가 불려 나왔고, 그 때마다 그 비용을 하종선이 대신 지불 했다고 한다. 그런데 흥미로웠던 것은 변양호의 관료 후배인 한 금융관료(직급이 서기관으로 기억함)의 법정 증언이었다. 그는 사건 당일 술자리에 있었기 때문에 법정으로 불려나온 사람이었다. 그는 검사가 질문하지도 않았는데 변양호와 박 아무개와의 관계는 '순수한 후원관계'라고 계속 강조했다. 그러자 변양호를 변호하던 변호사가 흥분했다. 그는 "우리는 다 친구사이 아니냐! 왜, 이런 배신을 하냐!"고 말한 다음, 변양호의 금융관료 후배에게 "접시 물에 코를 박고 죽어"라고 목청을 높였다. 정말 인상적인 장면이었다.

한국의 약탈자본과 공범자들

그날 밤 술자리와 재판정 풍경은 어디에서도 볼 수 없는 한국 관료 사회만의 숨겨진 비밀 같은 것이다. 그 장면을 정말 리얼하게 보았다는 기억이 지금도 강하게 남아있다.

재판정에서 본 변양호는 평범한 사람이 아니었다. 동네 냉면집에서 '속행료' 따위를 챙기는 지역 구청의 찌질한 하급 공무원이 아니었다. 얼굴도 미남으로 요즘 말로 '꽃중년'이었다. 1심 최후 변론에서 그가 당당하게 자신을 명나라 말의 충신이며 명장인 원숭환(袁崇煥)에 비유하며, 자신의 '애국심'을 웅변했던 것도 지금까지 기억에 남아 있다. 론스타게이트 사건의 본질을 안다면 그의 주장은 참으로 가소로운 것이다. 그러나 분명한 것은 론스타게이트 사건의 다른 공범들과 함께 변양호는 한국사회를 좌지우지하는 대단한 엘리트였다. 변양호는 관료사회의 파벌, 그것도 세칭 '모피아(Mopia : 재무부의 영문 약자인 MOF(Ministry Of Finance)와 마피아(mafia)의 합성어로)'로 유명한 '이헌재 사단'의 총아다웠다. 이들 경제·금융분야 관료집단은 신자유주의 금융화라는 신사상으로 무장을 하고 한국의 관료사회를 주도해 나갔다. 그들은 은행 등 고도의 공공성이 요구되는 기업 민영화 분야를 관장하면서 전반적인 경제정책 외에 정치권과 민간의 투기자본에게도 큰 영향력을 행사했다. 당시는 물론 지금도 그렇게 보여 진다. 은퇴했다고 생각했던 이헌재가 2012년 야권 유력 대통령후보인 안철수의 멘토로 등장했을 때, 그들을 감시하는 일을 직업으로 삼고 있는 나도 솔직히 크게 놀랐었다.

그러니 변양호가 퇴직 후에도 자신보다 아랫 기수인 후배들을 불러 모아 계속적으로 '전관예우'식의 충성과 생일 선물을 받는 것은 아주 자연스러워 보인다. 또 같은 이유에서 유명 로펌의 변호사 동창들과 모여 우의를 다진 것도 자연스러워 보인다. 이런 경제·금융분야 관료집단의 행태는 앞서 거론한 '모반죄'까지는 아니라도, 파벌을 만들고, 부패를 조장하여 '분경죄'로 처벌되었던 명나라와 조선의 관료에 해당되지 않을까?

이런 의미에서 보면 '모피아' 즉, 금융계 마피아 집단이라는 규정도 적절한 것이라 생각한다. 그 시작인 이탈리아 남부(시칠리아)에서 보이는 마피아의 특성과 유사하기 때문이다. 마피아는 흔히 생각하는 조직 폭력배와는 조금 다른 특징을 가지고 있다. 내부적으로는 가부장 질서를 유지하면서, 두목과 각각의 조직원 사이는 '파트론(후견인)클라이언트(하수인)'식의 의존, 유착 관계로 되어 있다. 외부적으로는 공적인 질서에 순응하지 않고 철저하게 자신들 집단의 경제적 이권추구를 목표로 존재한다. 한마디로 '끼리끼리(해먹는 짓)'이고 민주주의의 부재이다.

관료집단은 투기자본과 공모하여 부정부패를 저지르고 있다. 투기자본은 앞에서 언급한 명나라 식으로 말하면, '곽환의 횡령사건'에서 관료집단과 결탁한 부호(富戶)들이다. 과거 한국은 군사독재 시대였다. 그 시절에 일부 군인들이 결성한 '하나회'가 있었다. 하나회는 폐쇄적인 방식으로 조직을 결성하고 군내 진급 등에서 자기들끼리만 이익을 공유하였다. 결국 이들은 12.12 쿠테타를

한국의 약탈자본과 공범자들

일으키고, 5.18 광주 민주 항쟁을 무력으로 진압하고, 군사독재 정부를 세웠다. 한마디로 국가와 사회를 위험에 빠트린 것이다.

1980년대와 1990년대 일련의 민주화 과정과 1997년 IMF 사태를 거친 후, 한국은 신자유주의 국가로 대변신을 했다. 민주화 이전에 한국 사회에서는 군대라는 집단이 공공의 적이었다. 지금은 단언컨대, 경제·금융 분야의 관료집단이 공공의 적이다. 관료들은 은행 등 고도의 공공성이 요구되는 기업 민영화 분야를 관장하며, 정치권은 물론 민간의 금융·투기자본에게도 큰 영향력을 행사한다. 따라서 이들은 사회적으로 매우 위험한 인물들이다. 특히 사업승인과 인허가를 내줄 권한을 가진 관료들은 더 그렇다. 그런류의 관료집단으로는 판사, 검사들도 마찬가지이다. 경제·금융 분야의 관료집단은 사전에 판사와 검사 그리고 '전관예우'를 받는 변호사들은 사후에 법의 이름으로 금융·투기자본의 이익에 복무하기 때문이다. 그래서 이자들은 특별한 방법으로 철저하게 감시하고 통제해야 한다.

은퇴후 뇌물인가? 금융관료의 창업 자금 2조원

앞에서 거론한 변양호는 2005년 1월 '외국자본에 대항할 토종 사모펀드 육성'을 하겠다면서 재경부를 퇴직한 뒤, 그해 보고펀드(Vogo Fund)를 설립하고, 9월 금융위원회에 등록했다. 여기서 '보고'는 신라의 무역왕 장보고의 이름에서 따온 것이라 한다. 좋은 의미이다. 당나라에서 출세를 했던 장보고는 "해적들이 바다를 장악하고 바닷가 백성을 납치해 중국에 노예로 팔아먹는 것"을 평소 안타깝게 생각해왔다. 그래서 그는 당 나라에 사표를 내고 귀국해 신라의 흥덕왕에게 상주하여 청해진을 설치하고 청해진 대사가 되었다. 그 후 해적을 소탕하고 바다를 평정하여 '무역왕'이 되었다. 그런데 변양호는 21세기 청해진을 설치한 후 그 자신이 새로운 '해적왕'이 된 것이 아닐까. 자꾸 변양호를 거론하는 것은 워낙 유명한 투기자본의 사건에 연루되었기 때문이지, 결코 개인적인 악감정이 있어서가 아니다.

보고펀드는 변양호가 퇴직 전 자신이 관리감독 하던 우리은행, 신한은행, 하나은행 등 시중은행으로부터 약 2조 원의 출자를 받아서 조성한 '사모펀드'이다. 이처럼 펀드조성 과정 자체가 '사후 뇌물'성격의 불법성이 강하다. 그것은 보고펀드가 여타 사모펀드 평균에 비해 수수료율이 과도하게 높은 데서도 알 수 있다. 보고펀드는 운영 과정에서 불법성으로 인해 거액의 손실을 입었다. 대표적인 예가 동양생명보험의 주식 불법적 취득이다.

보고펀드는 이후 거액의 손실을 보았다. 2006년 8월, 보험업법에 따르면 보고펀드는 상식적으로 동양생명보험의 대주주가 될 자격이 없었다. 그럼에도 보고펀드는 '석연치 않은 과정'을 통해서 대주주가 되었다. 그 후 보고펀드는 동양생명이 은행 대출을 받을 수 없음에도 불구하고, 편법으로 은행자금을 동원하여, 주당 12,000원의 주식을 18,000원에 인수하였고, 여기에 콜옵션까지 부여하였다. 즉 보고펀드는 동양생명에 대한 경영권을 가지고 있지 못하면서도, 동양생명을 140% 이상의 고가로 인수한 것이다. 보고펀드는 이 과정(주식 인수)에서 1조 원 이상을 지불하여 큰 손실을 보았다. 또한 동양생명의 주식을 담보로 이루어진 불법대출은 결국 보고펀드와 그 출자자 및 대출 금융기관에게 엄청난 손실을 초래하였다.

보고펀드의 비전문성과 불법으로 인해 손실을 입은 사례를 더 소개해 본다. 보고펀드는 2007년 8월, 동부그룹으로부터 비상장 기업인 'LG 실트론' 주식을 고가로 인수했다. 이 과정에서 보고펀드는 2,874억 원의 손실을 입었다. 또 보고펀드는 하나은행, 우리은행, KDB생명 등 9개 금융기관으로부터 LG실트론 주식을 담보로 2,250억 원의 대출을 받았는데, 그 중에 1,701억 원은 고가로 산정된 불법대출이었다.

여론은 한때 변양호가 조성한 보고펀드에 대해 '토종펀드'라며 호평을 하였다. 그러나 보고펀드는 '투기자본으로서의 사모펀드라는 속성'에 따라서, 조성과정은 물론, 이후 운영 과정에서도 불법성이 두드려졌고, 그 결과 거액의 손실이 발생했다. 이 과정에서 보고펀드는 금융의 투명성, 금융의 공공성, 금융의 건전성 등 금융기관의 가치를 크게 파괴하였다. 이에 투기자본감시센터 등은 보고펀드 조성과 운영의 책임자였던 변양호, 신재하, 이재우 등을 '특정 경제범죄 가중처벌 등에 관한 법률' 상의 업무상 배임죄로 검찰에 고발을 하였다. 금융위원회는 보고펀드 등록, 금융기관 대주주 자격 용인 등 조력한 책임이 명백하다.

자본과 결탁한 금융감독원 원장

KIKO 사태를 비롯해 투기자본 관련 재판에서 김앤장이 늘 이기는 비결은 무엇일까? 이유는 간단하다. 투기를 일삼는 자본이 금융관료와 결탁해서 불공정한 금융시스템을 건설했기 때문이다.

전 금융위원회 위원장 전광우, 전 금융감독원 원장 김종창

2012년에 있었던 대법원의 재판 결과 하나를 소개해 본다. 이 재판결과를 살펴보면 자본과 금융관료들이 어떻게 결탁되어 있는지 그 일단을 알 수 있다. 투기자본감시센터는 2012년 7월 5일, 전광우 전 금융위원회 위원장과 김종창 전 금융감독원 원장을 형법 제123조에 의거 '직권남용 혐의' 및 금융위원회 설치에 관한 법률 제2조 '공정성의 유지 등에 관한 위반 혐의'로 검찰에 고발했다. 혐의 내용은 좀 길고 복잡하지만 소개하면 다음과 같다.

전광우는 2008년 3월부터 2009년 1월까지 제1대 금융위원회 위원장으로 근무하였고, 김종창은 2008년 3월부터 2011년 3월까지 제7대 금융감독원 원장으로 근무하였다. 전광우와 김종창은 2009년 1월 19일 자본시장과 금융투자업에 관한 법률(이하 자본시장법) 시행령 개정안을 규제개혁위원회에 안건으로 제출하여 시행령을 개정하였고, 또 동년 2월 9일에는 자본시장법 시행령 제186조의 2항에서 제시하는 '위험회피목적 장외파생상품거래에 대한 세부가이드라인'(이하 세부기준)을 제정하였다.

그런데 이 '위험회피목적 장외파생거래관련 세부기준'은 '파생상품 관련 법령 및 감독 규정'과 모순된다. 즉 자본시장법에 따르면 KIKO 등은 환율위험회피에 부적합한 상품이다. 그러나 자본시장법의 '세부기준'에서는 KIKO, 피봇, 스노볼 등이 환율위험회피에 적합한 것으로 규정하고 있다.

한국채택 국제회계기준(KIFRS)에 따르면, 레버리지가 존재하는 파생상품은 위험회피에 효과적이지 못한 구조를 가진 것으로 판단하고 있다. 따라서 KIKO 등은 레버리지를 사용하는 상품이므로 위험회피에 효과적이지 못하다. 그럼에도 재판부는 자본시장법의 세부기준에서 KIKO는 레버리지 구조가 아니라는 은행의 주장을 수용하였다.

또한 KIKO 등을 '부분적' 위험회피상품으로 분류할 수 없는

데도, 자본시장법의 세부기준에서는 부분적 의미인 '구간'에 대해 인정하고 있다. 위험회피목적 파생상품과 매매목적 파생상품은 상호 배타적으로 구분된다. 법리적 분석에 따르면, 부분적으로 위험회피목적 파생상품이 되고, 또 부분적으로 매매목적 파생상품으로 된다는 식의 '부분적'개념은 양립할 수 없다. 따라서 부분적이란 개념은 조작된 개념이다

전광우와 김종창은 KIKO 등의 비정형파생상품이 다시는 거래되지 않도록 요구한 송영길 국회의원과 강만수 재경부 장관의 지시사항을 이행하지 않고, 오히려 자본시장법의 세부기준에서는 계속거래가 가능하도록 하였다. KIKO 소송 진행 이전인 2008년 7월 제276회 국회 본회의에서 송영길 의원은 KIKO의 불완전성을 지적하였고, 강만수 장관은 KIKO 거래 재발금지 지시내용에 대해 답변하였다.

전광우와 김종창이 저지른 가장 최악의 범죄는 은행의 일방적인 의견만을 반영하여 세부기준을 제정한 것이다. 세부기준은 2009년 2월 9일 금융감독원에서 제정했는데, 당시는 피해기업들이 은행을 상대로 KIKO 소송을 진행하고 있던 시기였다. 그런데도 세부기준이 은행의 이익을 대변하는 은행연합회 등 KIKO 소송의 직접적 이해관계자의 요구로 만들어졌다. 당시 세부기준을 마련한 금융감독원 실무 선임 조사역이었던 김종오는 그 후 은행 측 변호를 전담하고 있는 김앤장의 전문위원으로 근무하였다. 자본 시장법의 세부기준이 은행에는 유리하고 수출기업에게

는 불리한, 불공정한 기준이 될 수밖에 없는 이유를 명확히 알 수 있다.

결국 전광우와 김종창은 금융위원회 위원장과 금융감독원 원장으로 근무하면서 그 직권을 이용하여 장외파생상품 감독 관련 규정을 고의적으로 은행들에게 유리하게 제정하고 시행하였다. 결과적으로 전광우와 김종창은 위험회피목적으로 KIKO 등 장외파생상품에 가입한 기업들의 손해배상 청구권 행사를 방해한 것이다. 이런 상황에서 KIKO 사태의 원인을 단지 은행직원의 상품 설명부족과 투자손실 따위로 설명하는 것은 어불성설이다. 지금이라도 금융·투기자본은 물론, 금융관료, 김앤장과 이들의 영향 하에 있는 법원 판사 등은 KIKO 피해기업에게 사과와 배상을 해야 한다. 그래야 사태는 해결된다.

우리는 한팀, 투기자본측 변호사와 금융위 심사위원

또 위에서 언급한 보고펀드와 비슷한 사례를 들고자 한다. 이 사례는 우리가 익히 알고 있는 론스타게이트이다. 이번에는 심인숙이란 조금은 낯선 인물이다. 심인숙은 2011년 3월 28일 금융위원회 금융위원에 임명된 사람이다. 심인숙은 중앙대학교 법학전문대학 교수라는 경력을 내세워 금융위원회의 민간 전문위원

몫의 자리를 차지했다.

그런데 투기자본감시센터가 파악한 그녀의 숨겨진 진짜 경력은 2000년부터 2002년, 2003년부터 2004년까지 김앤장에 변호사로 있었다는 것이다. 주지하다시피 론스타의 외환은행 인수는 2002년 말부터 2003년 10월 30일 사이에 이루어졌다. 2003년 7월과 8월에는 론스타의 외환은행 인수자격에 심각한 문제가 제기되었던 시기였다. 2003년 9월 26일 당시 금융감독위원회 승인이 났는데, 김앤장의 대정부 불법로비와 금융위의 불법적인 승인이 이루어진 시점이 바로 이 무렵이었다. 특히 심인숙은 김앤장에서 일을 할 때, 박준 변호사와 함께 팀을 이뤄 일을 했다. 박준 변호사는 론스타의 핵심적인 법률대리인이었다. 박준은 금융감독위원회에 론스타의 대주주 자격 승인을 요청한 세 명의 변호사중 하나였다.

변호사 박준과 한 팀을 이뤄 김앤장에서 일을 했던 변호사 심인숙은 당연히 론스타 사건의 핵심 당사자이다. 금융위원회 운영규칙 제8조 제2항 제1호에 의하면 "위원은 자기와 직접 이해관계가 있는 사항에 대해 심의 의결에서 제척"된다고 규정되어 있다. 또 제8조의 제1항에 따르면 "당사자는 위원에게 심의 의결의 공정을 기대하기 어려운 사정이 있는 경우에는 기피신청을 할 수 있다"고 규정하고 있다.

김앤장은 2010년 11월 론스타와 하나금융지주 사이에 있었던 법률 계약을 대리했고, 이 계약에 대해 금융위원회의 승인을

한국의 약탈자본과 공범자들

요청했다. 이 계약이 법규정에 맞는가 여부를 판단하는 과정에서 핵심 관건은 론스타의 대주주 자격이었다. 김앤장은 여기에 사활을 걸었다. 이런 상황에서 담당 변호사와 한 팀에서 일했던 심인숙이 금융위원회 금융위원으로서 론스타 대주주 자격심사와 론스타 먹튀에 대한 승인 심사를 하는 것은 누가 보아도 불법적인 것이다. 그래서 당시 투기자본감시센터는 심인숙에 대한 기피신청을 금융위원회에 제출 한 바 있었다. 그러나 심인숙은 어떤 제재도 받지 않고 론스타 관련 표결에 참석했고, 그 결과 론스타는 5조 원을 들고 유유히 한국을 빠져나갔다.

어떤 관료의 말, "도장값을 받았다"

사실 심인숙보다 심각한 자들이 더 많다. 그자들에 비하면 심인숙은 론스타게이트 사건이라는 대하 드라마에서 시시한 조연에 불과하거나 그냥 지나가는 행인 1에 불과할 수 있다.

2008년 7월 8일 오마이 뉴스 구영식 기자의 기사에 따르면, 론스타가 미국인만으로 구성된 사모펀드가 아니라 주요 투자자 중에 한국인이 있을 수도 있다는 의혹이 계속 제기되어 왔다. 이른바 '검은 머리 외국인'이 있다는 의혹이다. 외환은행 인수 승인 직후인 2003년 9월 30일부터 인수자금 납입 만기일인

다음달 30일까지 모두 23번에 걸쳐 해외에서 국내로 송금이 있었는데, 그 중 15번이 마치 원화로 계산해 송금한 듯 10억 원 단위로 맞춰져 있었다. 이는 원화거래라는 의혹의 단서가 될 수 있다. 또한 론스타 4호 펀드에 투자한 펀드 중에는 'B KOREA, L.P(Bermuda)'로 명시된 1, 2호 펀드가 있었다는 것이다.

만에 하나 론스타 펀드의 실제 투자자가 한국인이었고, 그 한국인이 외환은행 매각에 결정적인 영향을 미치는 고위 관료이었다면, 론스타게이트를 둘러싼 많은 '의혹의 퍼즐조각들' 가운데 상당한 부분이 완성되는 것이다. 사모펀드 론스타의 외환은행 인수와 재매각을 둘러싸고, 수많은 불법의 시비를 감수하면서 승인을 했던 관료들이 그 과정에서 엄청난 사익을 추구한 것이라면, 그 모든 것은 이해가 된다.

의혹 대상으로 지목되는 관료

김진표: 당시 재경부 장관(론스타의 외환은행 인수를 승인했다.)

진념: 당시 삼정회계법인 고문이며 전직 재경부장관

이현재: 당시 김앤장 법률사무소 고문이며, 전직 금융감독위원장

이강원: 당시 외환은행장

변양호: 당시 재경부 금융정책국장, 퇴직 후 보고 펀드 설립

추경호: 당시 재경부 은행제도 과장

김석동: 당시 금융감독위원회 감독정책 1국장

한국의 약탈자본과 공범자들

중요한 것은 이들의 친인척 중에 론스타 펀드 투자자가 있는 것이 드러났다. 2015년 5월 7일자 뉴스타파 보도에 따르면, 한 사모펀드의 대표인 이 아무개는 론스타가 조세피난처로 삼고 있는 것으로 추정되는 허드코파트너스코리아에서 5번째로 많은 지분을 가지고 있었다. 이 아무개는 김석동 전 위원장의 처조카다. 해당 회사에서 대리 직급으로 1억 2,000만 원이 넘는 연봉을 받고 있었던 임 아무개는 IMF사태 때 경제부총리를 지냈던 임창렬의 친딸이다. 론스타게이트와 관련하여 김석동, 추경호, 최종구에 대해서는 좀 더 부연 설명을 덧붙인다.

김석동: 2003년 론스타의 외환은행 인수 당시 정부의 실무책임자였고, 5조 원 먹튀를 승인한 2011년에는 금융위원장이었다.

추경호: 2003년 외환은행 인수 당시 정부 책임자였다. 2014년 론스타가 투자자·국가 소송제도(ISDS)로 소송을 제기했을 때 국무조정실 실장이었다. 그는 정부를 대표하여 론스타와 협상을 했다. 지금은 자유한국당 소속 국회의원이다.

최종구: 현재 금융위원장을 맡고 있다. 2003년 금융위 상임위원으로서 대주주적격성을 심사, 승인했었다.

이들은 정권에 관계없이 인허가권자로서 막강한 권력을 휘두르는 고위 관료들이다. 그런데 이들은 과연 '국익'을 대표했을까? '사익'을 대표했을까? 금융위원장을 지냈던 김석동은 이렇게 말한 적이 있다. "론스타로부터 도장값을 받았다." 이 말의 진짜 의미는 뭘까? 의혹이 따르지 않을 수 없다. 책의 앞부분에서 '칼라일펀드'와 '전쟁과 국방산업의 문제'에서 이미 거론했듯이, 사모펀드의 본질적인 특징이자 심각한 문제는 '자금의 익명성'에 있다. 그 점을 다시 상기해볼 필요가 있다.

과거, 투기자본감시센터는 이런 부류의 인사들을 한동안 집중 감시했다. 이런 부류의 인사들은 론스타게이트의 몸통이나 다름없었던 김앤장에서 집중적으로 발견된다. 김앤장이 영입한 경제분야 관료를 보면 '싹쓸이'라는 표현이 지나치지 않는다. 2011년 당시 김앤장의 금융팀은 다수의 전직 관료 등으로 멤버가 구성되어 있었다.

팀장은 전 금융감독원 신용감독국장 김순배였고, 여기에 전승근 금감원 총괄조정국 수석 조사역, 김금수 은행검사 1국 수석 조사역, 허민식 조사1국 수석 조사역 등이 합류했다. 또 전홍렬 전 금감원 시장회계·증권담당 부원장은 고문으로, 유관우 전 부원장보는 김앤장의 보험분야 담당으로 근무했으며, 김대평 전 은행·비은행담당부원장, 백재흠 전 은행검사 1국장도 퇴직 후 김앤장으로 집단 이직했다.

이 중에 김순배 전 금융감독원 신용감독국장은 관료 시절, 론스타의 외환카드 주가조작 사건에 대한 조사 담당자로 일했다.

비슷한 시기, 재판이 진행 중이던 론스타에 외환은행을 헐값 또는 불법으로 매각하는데 참여한 금융감독 당국의 관료들이 집단으로 김앤장으로 이직했다. 2003년 9월 매각승인에 참여한 자들 중 하나인 양천식 금융위원은 김앤장의 고문으로 재직 중이다. 즉 외환은행 헐값매각, 외환카드 주가조작, 론스타의 불법로비 등 론스타게이트의 주요 관련자이며, 책임자인 자들이 김앤장으로 집단 이직한 것이다. 이유는 누가보아도 명백하다. 이들은 투기자본 론스타와 김앤장을 방어하는 데 결정적인 장점을 가지고 있기 때문이다. 이들은 론스타와 관련된 내부 정보에 밝고, 증거 은폐나 조작을 위한 로비가 가능하다. 2010년에도 전광우 전 소비자서비스국장, 장범진 전 금융투자서비스국 총괄팀장 등이 김앤장으로 이직했다. 이영호 전 금감원 부원장보도 김앤장의 증권규제담당 고문으로 재직했다.

2011년 4월, '11·11 옵션쇼크가 있었다. 이 사건의 개요는 다음과 같다. 도이치증권은 2010년 11월 11일 장 마감 10분 전, 2조 4,000억 원 상당의 대량 주식매도 주문을 해서 순식간에 코스피 지수를 53포인트 급락시켰다. 그 다음 도이치증권은 풋옵션 11억원 어치를 사전 매수했고, 이후 주식을 대량으로 팔아치워 448억원 상당의 시세차익을 챙겼다.

이정의 자본시장 1국장은 이 사건을 조사했던 금융감독원 관료였다. 그런데도 그는 도이치증권 쪽 변호를 맡은 김앤장으로 옮기려 했다. 그러나 그는 여론의 질타를 받고 김앤장으로 이직을 그만두었다. 그러나 이런 불법 사례는 계속 있었다.

교통안전공단 자동차성능연구소에서 도요타 리콜 사건의 조사를 맡았던 담당 실장이 2010년 10월 도요타 리콜 사건을 대리하고 있는 김앤장으로 이직했다. 또한 KIKO 재판 과정에서도 이런 일이 벌어졌다. 금감원 선임연구원인 김종오가 김앤장의 전문위원이 되었다. 그는 KIKO 사태가 발생했을 때, 은행연합회의 의견만을 반영해서 만든 'KIKO 세부규칙'을 만든 실무자였다. 그는 법정에서 KIKO 피해기업을 두 번 죽이는 일에 앞장서고 있었다. 법조계를 장악해야 투기자본의 불법적 수익을 온전히 방어할 수 있다. 김앤장은 그 일에 정성을 다하고 있다. 재판에서 이기는데 있어서 중요한 것은 법조인사의 영입이다. 2011년 단 한해. 법원의 정기인사 직후, 퇴직 판사 51명 가운데 12명이 김앤장으로 갔다. 그 사람들이 누구인지 이 책에서 언급한다.

불법 의혹 김앤장으로 이직한 판사들

이재홍(10기) 전 서울행정법원장

원유석(15기) 전 서울고법 부장판사

곽병훈(22기) 전 대법원 재판연구관

배현태 전 법원행정처 홍보심의관

최철환 전 서울중앙지법 영장전담판사

이현종 수원지법 안양지원 부장판사

이언석(32기) 전 서울중앙지법 판사

장종철(33기) 서울행정법원 판사

김정(38기) 청주지법 판사

김주석(35기) 전 광주지법 판사, 공인회계사 출신

최규진(36기) 서울중앙지법 판사, 약사 자격을 가지고 있다.

박성수(21기) 전 수원지법 부장판사, 특허법원을 거쳐 지적재산권에 밝고, 미국 뉴욕주 변호사 자격을 가지고 있다.

퇴직 법관 61명 중, 32명 대형로펌으로

2012년에도 퇴직한 법관 61명 중 32명이 대형로펌으로 영입되었다. 그 중 1위는 역시 김앤장이다. 김앤장에는 서울중앙지법 등 지법 부장판사 출신 4명과 평판사 5명 등 총 9명이 영입되었다. 광장은 서울고법 부장판사 출신 2명과 서울중앙지법 부장판사 등 지법 부장판사 출신 2명, 평판사 1명을 영입했다. 2013년에도 서울고법에서 퇴임한 부장판사 7명 가운데 2명은 김앤장으로 영입되었다. 법무법인 광장, 태평양, 율촌, 화우가 각각 1명씩을 영입했다. 오직 1명만이 서초동에서 단독개업을 했다.

문제의 심각성은 이 사람들이 김앤장으로 가서 하고 있는 일에 있다. 2010년과 2011년 주요 30대 기업의 사외이사를 맡았던 190명(2010년 153명, 2011년 신규 선임 37명) 중 김앤장에 몸담고 있거나 몸담았던 인사가 13명이다. 또 김앤장은 2007년부터 2011년 6월까지 7개 시중은행으로부터 법률 자문료로 198억 4,700만 원을 받은 것으로 나타났다. 이는 법률자문료 총액 319억 9,700만원의 62%에 달하는 액수이며, 건수로도 1,469건에 달해 전체 2,607건의 56%나 된다. 통계를 살펴보면 김앤장이 전형적인 독식, 독점행위를 하고 있다.

결국 법조인들이 대기업의 사외이사로 선임되는 것과 김앤장이 은행의 법률 자문료를 독점하는 것은 기업과 은행의 비윤리적 행태와 투기자본의 무자비한 먹튀를 위한 것이다. 이 과정에서 법조인은 사법부와 관련 행정부처의 로비스트로 유용하게 활용되고 있다. 이 점은 누가 보아도 알 수 있는 것이다.

한편 이들은 관리감독 업무의 담당자이거나 관련 소송 담당 재판부와 검찰청에 근무했던 사람들이라 이들에 대한 재벌과 투기자본의 물질적 보상은 대단할 것이다. 이와 같은 방식으로 이루어지는 기업의 이윤창출은 국가 경제는 물론 시민 경제에도 전혀 도움이 되지 못한다. 이와 같은 방식으로 이루어지는 해당 경제 집단의 승리는 승자독식과 약육강식의 정글 자본주의를 강화시킬 뿐이다.

불법 주도 의혹 김앤장에겐 어떤 조사도 없다

론스타게이트를 살펴보면, 김앤장이 처음부터 론스타와 공모해서 사건을 주도 했던 정황이 검찰 기소장 곳곳에 나온다. 더욱이 외환카드 주가 조작사건의 경우, 론스타 펀드의 재무자문사인 씨티그룹 글로벌마켓의 스캇 오와 김앤장의 김영무 대표 변호사 등이 함께 공모한 증거가 명확하다. 투기자본감시센터는 2011년 4월 4일, 공모 사실을 검찰에 고발 한 바 있다. 그러나 지금까지 검찰로부터 피의자들에 대한 소환수사나 김앤장에 대한 압수수색 등 어떤 소식도 들은 바가 없다.

민간 자본을 대리하는 전문가였다가 다시 고위 관료가 된 사례도 많다. 이와 같은 회전문 인사로 장관 등 고위 공직에 재임용된 자들이 매우 많다. 이들을 재임용하는 과정에서 김앤장에서 챙긴 이들의 고액 자문료는 늘 인사청문회에서 낙마의 단골 주제였다. 그것은 고액의 자문료가 개인의 도덕성 문제보다 사전뇌물의 성격이 강하기 때문이다. 회전문 인사로 정부의 고위직에 오르게 되면, 당사자들은 결국 고액의 자문료에 보답하기 위해 민간 자본에게 유리한 정책결정을 할 수밖에 없을 것이다. 바꿔 말해 행정부의 장관이 김앤장의 로비스트가 되는 것이다. 그렇게 된다면 그 결과는 뻔할 것이다.

이명박 정부에서는 한승수 전 국무총리, 윤증현 기획재정부 장관, 권도엽 국토부 장관이 김앤장 출신으로 유명했다. 앞서 거론한 양천식 김앤장 고문은 이명박 정부 하에서 '금융선진화합동회의'의 위원으로 참여하여 당시 정부의 금융정책에 큰 영향을 미친 것으로 보여 진다. 박근혜 정권의 외교부장관이었던 윤병세는 외무고시(10회) 출신으로 과거 노무현 정부에서 청와대 외교안보수석을 역임한 후, 2009년부터 김앤장 법률사무소 고문으로 있었다.

박근혜 정부 국정농단과 블랙리스트 사건으로 유명한 조윤선도 김앤장 출신의 변호사였으며, 씨티은행의 부행장을 역임했다. 김앤장 출신은 아니지만, 재경부장관 겸 경제부총리를 지냈던 현오석은 투기자본 맥쿼리의 송경순 이사와 더불어 세계은행 출신이다. 또 국방부 장관 후보 지명 후, 38일 만에 자진 사퇴했던 김병관도 고위 장성 출신으로, 군수업체 로비스트로 활동했었다.

문재인 정부에서는 김앤장 출신이 줄어든 것으로 보인다. 지금까지 눈에 띄는 사람은 신현수 국정원 기획조정실장과 이인걸 반부패비서관실 선임 행정관 정도이다. 그런데 이인걸은 가습기 살균제 사건에서 가해자 홈플러스를 대리하였고, 신현수는 갑을오토텍 등 불법 노동행위를 저지른 자본을 대리한 경력으로 시민사회의 비판을 받고 있다. 더욱이 국정원 기조실장과 반부패 행정관은 이해관련자의 많은 정보를 취득하여 권력이 집중되는 자리로 보인다. 따라서 문재인 정부도 좀 더 권찰이 필요하다.

국무총리는 로비스트인가

관료, 법관 출신으로 김앤장의 고문을 했던 사람 중에 최악은 한승수 전 국무총리이다. 한승수는 영국의 투자은행 스탠다드차타드의 사외이사였다. 앞에서 언급한 것처럼 김앤장은 스탠다드차타드가 저지른 불법 의혹을 법률적으로 자문하고 방어해 주었다. 그런데 한승수는 김앤장의 고문으로 오래 있었다. 그 후 한승수는 이명박 정권의 총리를 역임했고, 2009년 10월 24일, 총리 퇴임 후, 한 달이 채 되지 않은 시점에 다시 김앤장으로 복귀했다. 그리고 한 달이 채 되지 않은 시점인 12월 14일 스탠다드차타드의 사외이사가 되었다.

최고의 회전문 인사, 한승수의 행보

상공부 장관 → 김앤장 고문 → 국무총리 → 김앤장 고문 → 스탠다드차타드(법률 대리인 김앤장) 사외이사.

김앤장을 연결고리로 국무총리직과 스탠다드차타드 간에 '회전문'이 있었고, 한승수는 그 문으로 넘나든 것이다. 따라서 한승수는 국부를 유출했던 로비스트였을 것이라는 의혹을 지울 수 없다. 분명히 스탠다드차타드의 사외이사 발령도 대가성, 보은 인사일 가능성이 높다. 그 의혹을 푸는 길은 한승수의 총리 재직시 직무와 투기자본과의 관계를 규명해보면 알 수 있을 것이다. 다른 인사들도 마찬가지이다.

그리고 미국처럼 퇴직 공직자가 자신의 직무와 연관성이 있는 기관과 민간기업에 재취업하는 것을 법으로 원천 금지할 필요가 있다. 또 자본을 대변하는 로비스트들도 공식적으로 등록을 해야 한다. 그래야 시민사회가 그들의 일거수일투족을 감시할 수 있고, 그래야 그들의 불법을 막을 수 있다. 참고로 미국 전미경제학회(AEA)의 사례를 기술해 본다. 이 단체는 민간 전문가, 교수, 변호사들은 매년 특정금액(1회 100만 원, 연중 1천만 원 정도) 이상은 모두 수입출처를 공개하도록 요구하고 있다. 구체적으로 방송 출연, 언론 기고, 정부의 민간자문역 활동 등을 철저히 공개하도록 하고 있으며, 민간 전문가, 교수, 변호사 등이 어떤 자본을 대리해서 그런 주장을 하는 것인지 밝히도록 하고 있다.

세상에 중립적이면서 공정한 학문과 사상은 하나도 없다. 이런 주장이 과격하다고 생각되면, 미국발 금융위기를 다룬 다큐멘터리 영화 '인사이드 잡'을 보라. 현실의 경제학자란 '특정 자본의 청부업자'인 경우가 많다. 투기자본감시센터는 2007년부터 3년 이상 매주 또는 매달 '론스타게이트의 몸통 김앤장 압수 수색 촉구' 집회를 한 차례씩 정기적으로 개최 했다. 또한 2008년 장화식 공동대표와 임종인 고문은 〈법률사무소 김앤장〉을 출간하였는데, 이 책은 사회적으로 투기자본과 김앤장의 위험성을 널리 알리는 데 큰 역할을 하였다. 이 책을 계기로 특히 저축은행 사태에서 퇴직한 경제와 금융 분야 관료들의 로비스트 활동은 사회적으로 큰 경각심을 불러왔다. 마침내 행정안전부는 2011년 10월 28일자 관보를 통해 공직자윤리법 개정안에 의거해 퇴직공직자의 취업제한 대상에 김앤장 법률사무소가 있음을 공포했다.

취업 제한 법무법인, 회계법인, 세무법인은 다음과 같다. 법무법인은 김앤장, 광장, 동인, 에이펙스, 화우, 로고스, 태평양, 대륙아주, 바른, 세종, 양헌, 원, 율촌, 지평지성, 충정, KCL 등 16곳이며, 세무법인은 광교, 두온, 삼송, 가덕, 세율, 진명, 세연, 하나, 예일, 천지 등 10곳이고, 회계법인은 삼일, 삼정, 대주, 삼덕, 신우, 신한, 안진, 우리, 이촌, 한영, 한울 등이다. 이들 업체 가운데 법무법인과 회계법인은 외형거래액 150억 원 이상, 세무법인은 외형거래액 50억 원 이상이다. 그러나 공직자윤리법은 개정되었음에도 불구하고, 아직도 여러 가지 허점을 가지고 있다.

첫째, 전관예우가 가장 빈번한 변호사, 회계사 등 자격증이 있는 공직자가 관련업체에 취업하는 경우, 취업 심사대상에서 제외된다. 따라서 개정된 법은 이전 법과 마찬가지로 판사와 검사 출신 공직자가 김앤장 등 대형 법무법인으로 이직할 경우, 그것을 막을 수 없다.

둘째, 관련 법규는 '퇴직 뒤 2년'까지로 제한되기 때문에, 이 기간만 피하면 어디든 취업이 가능하다. 박근혜 정부의 김병관 국방부장관 후보처럼 전역 뒤 2년이 지난 후, 무기중개업체에 취업해 로비스트로 활동해도 법적인 제재를 할 수 없다.

셋째, 해당 기간 동안 소속된 곳이 없다면, 공직자 시절에 했던 업무와 관련된 일을 계속할 수도 있다. 예를 들어, 퇴직 후 바로 가면 문제가 되지만, 일정 기간 동안 쉬었다 가면 문제가 되지 않는다. '일정 기간 동안'이라는 것은 누가 보아도 애매 모호한 법률 규정이다. 고위 관료들은 이러한 규정을 이용하여 퇴직 후, 공직자 시절에 했던 업무와 관련된 일을 계속할 수 있다.

금융위원장은 투기자본의 앞잡이인가

투기자본감시센터에서는 2009년부터 매년 연말마다 투기자본의 앞잡이가 누구인지를 선정하는 투표를 하였다. 후보는 단체와 개인부분 각각 10개 미만으로 주로 회원들과 일반 네티즌을 대상으로 약 1주일에서 10일 정도의 기간 동안 홈페이지에서 인터넷을 통한 투표를 통해 선정한다. 참여 인원은 적을 때는 500명, 많을 때는 1,000명 이상 이다. 참고로 2012년에 선정된 사람과 단체를 소개해 본다.

2012년도에 선정된 투기자본 앞잡이 개인부문 1위는 김석동 금융위원장, 단체부문 1위는 같은 금융위원회였다. 그 외에도 개인부문에서는 김승유 전 하나금융지주 회장(현 하나고 이사장)과 이명박 전 서울시장(전직 대통령)이, 단체부문에서는 민주노조 파괴 전문업체인 창조컨설팅과 어용노조가 큰 득표를 하였다.

투기자본감시센터는 왜 투기자본의 앞잡이 선정 투표를 실시했을까? 투기자본의 앞잡이는 누구인가? 단순하게 말해서, 투기자본의 앞잡이란 투기자본과 투기동맹을 맺고, 먹튀의 이익을 나누는 집단과 개인이다. 주요 대상은 인허가권을 지닌 국가 관료와 투기자본, 그리고 국가, 노동자, 시장을 먹튀의 빨대로 연결해 주는 전문가 집단 등이다. 전문가 집단으로는 과거 김앤장 법률사무소가 주로 지목되었다.

사실 투기자본은 누구나 인식할 수 있는 것이다. 그러나 투기자본은 바람이나 물과 같아서 손으로 움켜잡기가 쉽지 않다. 그에 비하면 투기자본의 앞잡이는 구체적으로 지목할 만하다. 또 이자들은 투기자본의 먹튀 과정에서 매우 결정적인 역할을 한다. 이자들이 없다면 먹튀는 불가능할 것이다. 굳이 비유하자면, 이자들은 일본 제국주의의 식민지 시절의 '친일파'와 비슷하다.

관료 집단, 시민의 통제 필요

관료의 파벌 형성과 민간자본과의 결탁은 결국 부정부패를 만들어 내고, 나아가 정부의 정당성, 권력의 정당성을 훼손한다. 이런 결과는 해당 정부가 민주적으로 선출되었든, 천명을 받은 황제(왕)의 조정이든, 어느 나라, 어느 시대를 가리지 않고, 모든 국가, 모든 정부, 모든 권력에 해당된다. 반드시 관료에 대한 통제가 있어야 한다. 현대 사회는 민주주의 시대이다. 앞으로 민주주의 발전을 위해서는 선출직 공직자의 확대와 비리 공직자에 대한 소환파면 제도를 전면 도입해야 한다. 대통령 한명을 시민들이 선출 한다고 해서 관료집단을 통제할 수는 없다.

이러한 상황은 누가 정권을 잡더라도 맞닥뜨릴 수밖에 없다. 이런 상항에 대해서는 여야 상관없이 정치권 모두가 힘을 합쳐 대응해야 한다. 시민사회도 자신들이 선출한 대표가 관료들에게 휘둘리는 상황에 대해 우려해야 마땅하다. 설혹 자신들이 지지한 대통령 후보가 아니라도 말이다. 과거 외환은행 매각이 2003년 정권 교체기에 경제·금융분야 관료집단에 의해 주도 되었다는 점을 상기할 필요가 있다. 정권의 인수인계가 이루어지는 어수선한 상황 속에서 론스타게이트의 불법이 관료들에 의해 저질러졌다. 관료들은 막 선출된 정치인과 퇴임을 앞둔 정치인들이 정신이 없거나 바쁜 사이 불법을 저지른 것이다.

이러한 일은 계속 반복되고 있다. 2012년 11월 초, 국회 정무위원회에서는 '자본시장통합법 개정안'을 통과시키려는 시도가 있었다. 이에 맞서 야당과 투기자본감시센터 등이 나서서 '개정안이 투기자본의 대명사인 투자은행, 헤지펀드의 도입을 포함하고 있다'는 점을 지적하고, 이 법안의 통과를 막으려 하였다. 개정법안의 통과를 주도한 자들은 경제·금융관료 집단과 3조원 이상의 자본금을 가진 대형 증권사들이었다. 자본시장통합법 개정안의 통과는 이들의 오랜 숙원 사업이었다.

법안 소위원회 공청회에 참석한 필자는 "론스타게이트 사례를 거론하며, 여야의 정치인들이 모두 대통령 선거로 정신이 없이 바쁜 중에 이런 위험한 법안을 통과시킨다면, 그 책임은 누가 질 것이냐"며 법안 통과를 반대한 바 있었다. 생각해보라. 법안을 통과시키려는 시점이 왜, 하필 대통령 선거기간일까? 관료들과 일부 정치인들이 국민의 대표기관이라는 국회의 입법권을 훼손하고, 1% 금융·투기자본을 위한 법안을 통과시키기에 이보다 더 좋은 시점은 없었을 것이다.

1948년 대한민국 정부 수립 이후, 대한민국의 모든 정권에서, 아니 유사 이래로 관료 집단은 대를 이어 국가를 좌지우지했다고 도 볼 수 있다. 이와 같은 자들을 통제하고 시민들의 지지를 받은 공약을 온전하게 실행하는 데, 대통령 혼자만의 힘으로는 역부족이다. 따라서 장관을 비롯한 주요 고위 공직자, 나아가 군 사령관과 사법부의 수장까지도 시민들에 의해 선출되어야 한다. 시민들이 관료들을 통제해야 한다.

미국은 '국가폭압기구'라는 검찰과 경찰의 수장을 시민들이 직접 투표로 뽑는다. 또한 한국도 이미 지방정부의 장과 교육감은 시민들이 선출한다. 이런 선출직 공직자의 확대가 필요하다.

관료들은 경험과 정보 면에서 선출된 정치인을 압도한다. 관료들은 선출된 정치인을 무기력하게 만들거나, 포섭을 하기도 한다. 특히 정치인이 무능하고, 심지어 같은 관료집단 출신이거나,

대형 부정부패 사건의 수괴일 경우, 해당 정치인은 관료들의 밥이나 마찬가지 일 것이다. 박근혜 정부 때, 행정부에는 관료출신 장관과 고위 공직자가 많았다. 이들은 끊임없이 문제를 일으켰고, 문제를 일으킨 정도도 매우 황당하고, 기괴하기까지 했다.

따라서 '부패 공직자에 대한 임기 내 소환파면 제도'나 '장관급 고위 공직자에 대한 인사청문회'를 넘어서 '내각 책임제'와 같은 국회기능을 강화하는 방안을 사회적으로 적극 고민해야 한다. 공직사회의 부패추방을 공개적인 목표로 삼고 있는 거대 조직이 있다. 이 조직의 회원은 수만 명이며, 전국적인 네트워크를 가지고 있다. 이 조직은 바로 '공무원노조'이다. 공무원 노조에 속한 공무원들은 주로 중하위직이다. 정권을 쥔 정치세력에게는 공무원 노조의 도움이 필요할 것이다. 공무원 노조에 대한 탄압이 아니라 연대가 필요하다. 공무원 노조가 공직사회 내부에서 부패를 감시한다면 참으로 효과적일 것이다.

투기자본화 된 국민연금과 군인공제회

자본시장에서 국민연금과 군인공제회 같은 주요 기관, 연기금, 은행 등 금융기관은 큰 손 역할을 하고 있다. 문제는 이들까지도 고수익을 내기 위해서 투기자본의 행태를 고스란히 보이고 있다는 점이다. 본질적으로는 그렇게 하도록 정책을 수립하고 강제하는 것은 국가기관에서 일하고 있는 경제와 금융 관료집단이다.

국민연금

국민연금도 마찬가지이다. 국민연금은 2012년 현재 가입자 2,000만 명에 380조 원의 거금을 보유한 세계 3대 연기금으로 성장했다. 문제는 수익을 내는 방식이다. 국민연금은 이미 자본시장의 큰 손 역할을 하고 있다. 국민연금이 지분을 보유하고 있는 국내 기업은 567개 이다. 국내 전체 상장 기업이 1,819개인 점을 감안한다면, 국민연금이 대주주로 있는 상장 기업은 전체의 30%가 넘는다. 결국 국민연금은 고수익을 내기 위해 위에서 구조조정과 기업 금융화에 적극 찬성할 수밖에 없다.

사회적으로 크게 문제가 된 이마트의 노동조합 활동가에 대한 불법적이고 반인권적인 사찰 사건에도 국민연금은 관련이 되어 있다. 국민연금은 2013년 2월 기준으로 이마트에 1,561억 원을 투자해 지분 2.24%에 해당하는 주식 62만 주를 확보하였다. 따라서 국민연금은 수익을 내야하기 때문에 이마트가 불법과 반인권 행위를 하더라도 묵인하고 방조할 수밖에 없다. 국민연금은 한진중공업(지분 3.21%, 투자금 218억 원)과 쌍용자동차(투자금 29억 원)의 주식도 보유하고 있다. 이 두 기업 모두 구조조정으로 노동자를 대량으로 해고 하였고, 나아가 인권유린과 부당 노동행위로 사회적 비판을 받고 있다. 그러나 국민연금은 이마트의 경우와 마찬가지로 쌍용자동차에서 벌어지는 부당 행위를 묵인, 방조했다.

공적 연기금, 사모펀드에 투자

국내에서 활동 중인 사모펀드 가운데 가장 규모가 큰 것은 MBK파트너스이다. 이 사모펀드의 회장 김병주는 1999년 칼라일 한국대표, 2000년 칼라일 아시아 회장, 2004년 칼라일 그룹 부회장을 역임했고, 2004년 한미은행을 대상으로 칼라일이 저지른 8천억 원의 먹튀를 진두지휘하였다. 칼라일은 이미 세계 각국에서 불법과 부정으로 유명한 사모펀드이다. 김병주의 장인은 박태준이다. 박태준은 포스코(포항제철) 회장, 민주자유당 최고위원, 김대중 정부 국무총리를 지낸 사람으로 칼라일펀드의 주요 관계자 중 하나였다. 김병주는 2005년 MBK파트너스를 설립했으며, 2015년 12월 당시 운용자금의 규모는 약 10조원 수준이 되었다. MBK파트너스는 D'LIVE 케이블방송(옛 씨앤앰), 두산 공작기계, 한미캐피탈, 네파, 홈플러스 등을 인수한 후, 무자비한 방식으로 고수익을 거두어들였다.

이러한 MBK파트너스의 운용자금 10조 원 가운데 상당한 금액은 정부가 직접 관장하는 공적 연기금 또는 금융기관이 투자한 것이다. 정부가 관장하는 공적기금은 수익을 위해 자산위탁 운용사를 선정한다. 그런데 다음의 표15에서 알 수 있듯이, 운영사는 대체로 사모펀드나 투자은행이다. 국민연금의 투자방식에서 심각한 문제는 투기자본이 자산운용을 한다는 점이다. 아래의 표

15는 바로 그 점을 정확히 보여준다.

표15) 2016년 주요기관 출자 공모 현황

기 관	출자금액	내 용	비 고
국민연금	1조 5,500억 원	라지캡 5,000억 원 미드캡 2,000억 원 벤처펀드 2,500억 원	• 5월13일 제안서 접수 -2011년 9,500억 원 -2013년 1조750억 원 -2015년 1조8,000억 원 출자
산업은행	1조 원	PE펀드 6,000억 원 VC펀드 4,000억 원 등	• 5월중 출자공고 예정
군인공제회	1,500억 원	PEF 및 VC	• 1월 운용사 선정 -스카레이크 인베스트먼트 -하나투자금융 -IMM인베스트먼트 -스틱인베스트먼트 -대신PE,SK증권 PE등
고용노동부 (고용보험기금)	1,300억 원	PEF 및 VC	• 1월 운용사 선정 -스틱인베스트먼트 -IMM인베스트먼트 -SC PE 등

*출처 : 위상호, 2016.4.27.

그뿐만 아니라, 국민연금은 일본, 미국, 유럽의 부동산시장과 사회간접시설 등에도 56조 3,000억 원을 투자했다고 한다. 하지만 미국과 일본 등 세계 주요 경제대국의 부동산 시장은 누구나 알다시피 불황인 것이 사실이다. 이런 점을 감안할 때, 국민연금의 투자는 매우 위험한 상태이다. 아니면 국민연금은 미국, 유럽, 일본의 다수 시민이 피해를 본 후에야 이익을 얻을 것이다. 바꿔 말해 국민연금은 다시 부동산이 폭등 하고, 고속도로 이용요금 같은 사회간접시설에 대해 시민들이 부담해야 하는 돈이 늘어나야 수익을 낼 수 있다.

그뿐만 아니라, 국민연금이 '주가부양'이란 이유로 주식시장을 떠받치고 있는 사실은 어제 오늘의 일이 아니다. 문제는 국민연금이 많은 수익을 내야 한다는 것이다. 그래야 가입자에게 납입한 원금 이상의 연금을 지급할 수 있다. 한마디로 국민연금은 투기를 통해 고수익을 내서 가입자인 국민들에게 나누어 주려 하는데, 이것이 올바른 것인지 심각하게 생각해봐야 할 문제이다.

군인공제회

군인공제회는 2005년 9월 12일 주식시장 개장 전, 시간 외 매매에서 금호타이어 지분 1,001만 주를 모두 매각해 620억 원의 시세차익을 올렸다. 또한 군인공제회는 2003년 7월 금호타이어 지분 1,750만 주(지분 50%)를 매입한 뒤, 금호타이어의 증시상장을 앞둔 지난 2월에 749만 주를 팔아 348억 원의 시세차익을 남겼다. 주당 1만원에 구매한 금호타이어의 주식은 매각시점에 각각 1만 4,600원, 1만 6,200원으로 뛰었다. 투자원금 2,500억 원은 2년여 만에 차익과 배당금을 합해 3,938억 원으로 불어났다. 수익률이 무려 57.2%나 된다. 이러는 동안, 금호타이어는 엄청난 구조조정과 정리해고에 시달려야 했다.

또 군인공제회는 맥쿼리인프라의 주요투자자였다. 맥쿼리인프라는 서울지하철 9호선, 우면산 터널, 인천공항 도로 등에 투기자본으로 참여하여 큰 논란을 일으켰다. 군인공제회는 2013년 1월 3일, 2012년 10~12월 맥쿼리인프라 지분 3.37%를 처분했다고 공시했다. 군인공제회가 2003년부터 2012년 말까지 맥쿼리인프라로부터 받은 누적배당금은 약 1,242억 원으로 집계됐다. 군인공제회가 지난해 10월부터 4차례에 걸친 주식 처분으로 얻은 지분매각금액은 1,964억 원이다. 배당금과 주식 매도로 3,206억 원을 회수한 것에 남아있는 지분 2.51%의 가치인 565억 원을 더하면 수익률은 엄청나게 올라간다. 군인공제회는 총 투자금 2,000억 원 대비, 88.6%의 수익률을 올렸다. 군인공제회는 군인 및 군무원에 대한 효율적인 공제제도를 확립하여 군인 및 군무원의 생활안정과 복지증진을 도모하고 국군의 전력향상에 이바지함을 목적으로 설립되었다. 분명히 좋은 목적의 공적기금이다. 그러나 군인공제회는 공적인 기금과 투기자본이라는 두 가지 얼굴을 한 몸에 지닌 야누스와 동일하다. 이것은 사실이다.

표16) 군인공제회의 맥쿼리인프라에 대한 투자내역

투자금액	2,000억원
총 배당 수익	1,242억원
지분매도 금액	1964억원
회수금액	3,206억원
잔여지분 가치	565억원
원금대비 수익률	88.60%
총 투자 기간	9년

*오은정 기자, '군인공제회, 맥쿼리인프라 9년 투자로 89% 수익', 2013년 1월3일

금융기관

공공성이 사라진 은행 등 금융기관도 수익 창출에 몰두하고 있다. 문제는 금융기관이 수익 창출을 위해 사모펀드 등 투기자본에도 투자를 한다는 점이다. 맥쿼리인프라는 국내에서 사회간접자본(SOC) 사업 투자로 고수익을 내는 투자은행이다. 2001년 신한은행은 지분 51%를 소유하는 조건으로 호주의 맥쿼리와 합작투자로 맥쿼리인프라를 설립하였다. 맥쿼리인프라는 지하철 9호선 등 사회 간접자본 사업 투자로 시민들의 혈세를 도둑질했다'는 비난을 받았다. 따라서 이러한 비난의 절반 이상은 신한은행이 받아야 한다.

한편 은행 등 금융기관은 앞에서 거론한 MBK파트너스에도 투자를 하였다. 사모펀드는 고수익을 올리지만 상대적으로 고위험의 영업을 하기 때문에 실패를 하면 손실액이 커진다. 따라서 은행이 고액을 투자한 사모펀드가 자금운용(투기)에 실패를 하면,

한국의 약탈자본과 공범자들

해당 은행은 부실의 위험성에 빠질 가능성이 높다.

D'LIVE(옛 씨앤앰)의 대주주단은 신한은행, KEB하나은행 등 시중은행뿐 아니라 국민연금, 한화생명, 새마을금고중앙회 등 국내 22개 금융기관이다. 이들 금융기관은 D'LIVE(옛 씨앤앰)이 최대한 빨리, 고가로 재매각 되기를 원한다. 그래야 22개 금융기관은 투자에 따른 수익을 크고 빠르게 확보할 수 있을 것이다. 그러나 이것은 D'LIVE(옛 씨앤앰)의 노동자에게는 큰 재앙이 될 가능성이 높다. 사회적으로 투기자본이라는 비난을 받고 있는 맥쿼리나 론스타는 이렇게 말할 수 있다.

"왜, 나만 가지고 그래? 너희 나라 정부와 주요 공적기금들도 나랑 같이 수익을 내고 있어!"

만약 맥쿼리와 론스타가 이렇게 말한다면 필자는 솔직히 할 말이 없다.

금융·투기자본을 보는 두 시선

누가 투기자본을 옹호하는가

'금융·투기자본을 보는 두 시선' 이 글은 오래전 '인권연대'라는 단체 기관지에 기고했던 글이다. 이 글을 읽으면, 투기자본이 독버섯 임에도 불구하고, 어떻게 살아남아 번창하는지 알 수 있다. 또한 일부 지식인들이 진보라는 외피를 두르고, 어떻게 기만적인 행동을 하고 있는지도 알 수 있다.

금융 관료, 변양호 신드롬과 가려진 진실

한국에서 금융·투기자본의 폐해가 본격화 된지 이미 10년이 넘는다. 그 중 대표적으로 대중에게 널리 알려진 사건이 '론스타게이트'이다. 론스타게이트란 2003년 투기자본 론스타와 인허가권을 지닌 경제관료, 김앤장 법률사무소 등의 전문가 집단이 공모해서 외환은행을 불법적으로 인수한 사건이다. 이미 드라마나 영화의 소재로도 이 사건은 널리 쓰인다. 이 투기자본 론스타의 외환은행 재매각을 두고 우리사회에는 극단적인 두 가지 시각이 존재하는데, 이 두 시각을 대표하는 두 가지 단어도 있다. 하나는 '먹튀'이고, 다른 하나는 '변양호 신드롬(노무현 정부의 재경부 금융정책 국장으로서 론스타의 외환은행 인수승인의 책임이 있어 검찰에 기소된 바 있음)' 이다. 이 단어들의 생성기원을 보면, 전자(먹튀)는 필자가 활동했던 투기자본감시센터에서, 후자(변양호 신드롬)는 삼성재벌의 신문

한국의 약탈자본과 공범자들

인 중앙일보가 만든 조어이다.

먹튀는 '금융·투기자본이 단기간에 무자비한 방법으로 고수익을 챙겨 시장에서 떠난다'는 의미를 담은 분노의 목소리이다. 반면 변양호 신드롬은 '인허가권을 가진 고위 관료가 세상의 비난이 두려워 지닌 권한을 사용하지 않아(직무유기) 시장에서 수익을 남기지 못했다'는 의미가 담긴 안타까움의 목소리 또는 다른 한편의 분노의 목소리이다. 상식적으로 볼 때, 전자(먹튀)는 금융·투기자본의 무자비한 고수익 축적으로 피해를 입은 대중들이 주로 사용할 것이고, 후자(변양호 신드롬)는 고수익의 기회를 놓친 소수의 자본, 금융투기자본들이 주로 사용할 것이다.

투기 투자자 보호! 법보다 우선

론스타가 5조 원이라는 천문학적인 먹튀 수익을 챙겨 떠나려는 순간, 기적과 같은 일이 일어났다. 그동안 론스타게이트의 불법성에 언제나 면죄부를 내리던 대법원이 이전과는 다른 판결을 낸 것이다.

지난 2011년 3월 대법원(주심 안대희)은 2003년 론스타가 외환카드 주가조작 범죄를 저질렀음을 명확히 밝히고 유죄판결을 내렸다. 그 순간 모든 것은 명확해 졌다. 은행법 등 관련법에 불법을 저지른 자가 대주주 자격이 없다고 명시되어 있어서, 론스타의 대주주 자격 박탈은 명백한 진실이 된 것이다. 금융위원회는 대주주 자격박탈과 강제매각에 대한 승인을 내릴 주체이다. 당시

위원장은 김석동, 위원 중 1명은 심인숙이었다. 아무리 김석동과 심인숙이 론스타게이트의 주요 책임자 또는 법률 대리인 출신이라도, 상황이 이쯤 되자 그들은 론스타의 먹튀를 승인할 수가 없었다.

그러자 재미있는 일이 생겼다. 한국 사회 대부분의 언론과 방송은 일제히 '변양호 신드롬'을 말하며, 금융위원회를 질타하고 나섰다. MBC, 조선일보, 한국일보, 매일경제, 머니투데이, 서울경제, 이데일리, 연합뉴스, 국민일보, 이투데이, 아시아경제, 서울신문, 아주경제 등 헤아리기도 힘들다. 모두들 금융위원회의 관료들이 대법원 판결을 무시하고 능동적으로 외환은행의 재매각(론스타 먹튀)을 승인하지 않아 안타깝다고 말했다.

그렇다면 주가조작을 위해 '사제폭탄'을 대중이 다니는 거리에 투척해도 투자자만 보호되면 된다는 소리인가! 소수의 자본, 금융·투기자본이 먹튀로 큰 돈을 버는 것이 대한민국 대법원의 판결보다 우선해야 하는지 밝혀야 한다. 아울러 이완용은 자신이 지닌 '애국의 소신'이 한일합방이었다는데, 그의 정책결정을 가속화 시킨 일진회 100만 회원의 여론 조작과 이들 언론과 방송이 보여주는 행태와 다른 것이 무엇인가? 다른 무엇보다, 다수 대중이 아닌 고수익을 챙기려는 소수 자본(론스타, 론스타에 투자한 한국인, 하나금융 등)을 대변하는 그들은 대중을 위한 언론인지, 아니면 금융·투기자본을 대변하는 언론인지, 답을 해야 한다!

나찌에 부역한 세력을 청산하는 과정에서 드골 대통령이 가중

228

처벌을 내린 대상은 언론과 지식인이었다. 이것은 널리 알려진 사실이다. 그 이유는 세상 그 어떤 침략자의 압제보다 민중에게 가장 큰 해악은 정신을 오염시키는 것이기 때문이다. '변양호 신드롬' 운운하는 언론과 방송은 이 세상 그 어떤 오염물질 보다 강력한 독이라는 사실을 강조하고 싶다.

펀드 매니저 장하성, 론스타 먹튀 옹호 김상조

또 하나의 재미있는 일을 소개해 본다. 김상조 교수(대통령 비서실 정책실장, 전 공정거래위원회 위원장, 전 경제개혁연대 소장)는 개혁적인 성향을 가지고 있다. 그러나 김상조 교수는 최소한 금융분야만큼은 개혁가가 아니다. 그는 오래전부터 투기자본 론스타의 먹튀를 옹호했던 사람이다. 그는 과거 조선비즈(조선일보)와의 인터뷰를 통해 그의 '소신'을 밝히기도 했다. 그는 언제나 처럼, "론스타가 팔고 나가게 하는 게 국익에 도움"이라고 했고, "론스타의 먹튀를 잠시 중단시킨 금융위원회를 비겁하다"고 맹비난했다.

김상조 교수의 이런 소신은 솔직히 놀랍지도 않다. 이것이 그와 그의 단체의 일관된 주장이기 때문이다. 그들이 참여연대에 있을 때인 2006년도부터, 그들은 론스타가 천문학적인 먹튀 수익을 챙기기 위해 벌인 재매각 협상이 있을 때마다 그렇게 말했다. 그 뿐만이 아니다. 론스타게이트와 마찬가지로 쌍용자동차 사태에서도 같은 입장을 밝혔다. 기술유출 방지방안을 마련하는 것이 외국인 투자를 막는다고 반대 했다. 이것은 시민사회의 주장에 찬물을 끼얹는 행위이며, 지금까지 모두 15명의 무고한 생명을 죽음에 이르게 한 쌍용자동차 사태를 외면하는 행태이다. 그들은 SK소버린 사태에서도 투기자본인 소버린을 대변했다. 현 경제개혁연대의 김석연 변호사는 법률적으로 소버린의 대리인 역할을 하였다. 이들이 론스타게이트와 쌍용자동차 사태 때 했던 말이나 행동과 비슷한 사례는 찾아보면, 많이 있다. 김상조 교수의 론스타 먹튀 옹호는 시민단체와 시민운동가의 금도를 이미 넘어선 것이다.

그럼에도 김상조 교수와 그의 단체는 전문가로 유명세를 타게 되었고, 마침내 김상조 교수는 문재인 정부의 경제철학의 실행자라 할 수 있는 공정거래위원장이 되었다. 김상조 교수와 그가 속한 단체가 진보로 인식된 원인은 금융·투기자본의 문제를 미국 월스트리트만의 일로 치부하는 우리사회의 무지 때문이다. 특히 진보진영이라고 불리는 단체와 개인 명망가들의 책임이 크다. 김상조 교수와 그의 단체의 본질은 그냥 신자유주의 금융화로 무장하고, 주주자본주의를 옹호하는 것에 있다. 김상조 교수는 삼성재벌을 비판하고 있지만, 그는 삼성 노동자들의 권리나 원하청 관계를 통해 불합리하게 펼쳐지는 문제에 대응해 고민하고 실제 싸운 적이 사실상 없다.

그들이 싸우는 이유는 간단하다. 그들은 이건희와 이재용의 불법상속으로 손해를 입은 주주(삼성전자의 외국인 주주 비율은 50%에 육박)를 위해 싸운다. 우리는 이런 점에 주목해야 한다. 필자의 기억

한국의 약탈자본과 공범자들

에 따르면, 그들은 '소액주주운동'을 전개하면서 실제로 재벌의 지배구조 개선 외에 노동탄압의 문제, 반사회적 영업의 부당성에 대해 문제를 제기한 적이 없다. 오히려 그들은 은근 슬쩍 기존의 대주주와 그들의 이익을 위해 야합했다고 평가하고 싶다.

김상조 교수와 함께 '경제민주화'를 주창하는 대표적인 인사가 고려대 장하성 교수(전 대통령 비서실 정책실장)이다. 장하성 교수에게는 또 다른 직업이 있다. 그는 라자드 펀드의 주요 임원(한국 대표였다는 주장도 있음)이다. 라자드 펀드는 기업의 '구조조정'을 전문으로 하여 수익을 내는 사모펀드이다. 구조조정이라니! 그가 언론의 화려한 스포트라이트를 받으며 주주총회장에 나타나 전개하는 소액주주운동이라는 것의 실상은 외국계 금융·투기자본을 대리하는 '총회꾼'에 불과한 것으로 보인다. 더하여 현직 대학 교수가 사모펀드 매니저로서 고수익을 챙기는 것은 직업윤리 문제를 넘어 불법이라는 의심도 든다. 아무튼 김상조, 장하성 등이 주장하는 경제민주화를 위한 소액주주운동은 결국 노동자를 공격하고, 기업의 재산을 먹튀하는 것이다.

그럼에도 많은 사람들이 진실을 외면하고 있다. 오히려 진보 정치인들은 그들과 함께 사진 찍는 것을 즐겼고, 진보 언론매체는 그들에게 지면을 아낌없이 할애하였고, 진보정당은 그들을 정책위원회의 간부로 임명한 것을 자랑하였다.

정말 몰라서 그랬다면 묻고 배우기 바란다. 하지만 몰라서 묻고 배우려고 하는데, 피해 대중을 제외한다면 오만한 엘리트주의

일 뿐이다. 필자의 기억으로는 쌍용자동차 사태를 다룬 PD수첩 같은 진보적인 방송프로그램도 투기자본인 상하이자동차와 관련된 문제를 다룬 것을 거의 본적이 없다. 방송은 그냥 쌍용자동차의 노동자가 불쌍하다는 인식만을 보여주었다.

경제 전문가들은 누구인가? 아마도 지금의 경제체제 하에서 존재하는 이데올로그들이 대부분일 것이다. 그들은 대안을 말한다. 그러나 그것은 특별하지 않다. 그들이 주장하는 법제도는 현 경제체제 아래에서 다른 나라에서 이미 시행하고 있거나, 현행 대주주 체제를 다른 방식의 대주주 체제로 바꾸자는 수준에 불과하다.

현재의 경제체제와 금융·투기자본의 폐해는 경제학 교과서에 나와 있지 않다. 투기자본의 폐해는 피해 대중이 가장 잘 알고 있다. 실제로 론스타와 김앤장, 그리고 경제 관료들의 투기동맹을 조사하고 책까지 출간한 사람은 외환카드의 해고 노동자였다. 상하이자동차가 먹튀 방식으로 회계를 조작하고 정리해고를 한 것을 최초로 밝힌 사람은 77일 파업으로 감옥에 있었던 50대의 고졸 학력을 가진 쌍용자동차 생산직 노동자였다. 이들은 결코 많은 것을 배운 교수나 TV출연이 잦은 전문가가 아니었다. 자칭 진보라는 사람들 중에 일부가 투기자본에게 피해를 당한 사람들을 과격하기만 할 뿐, 매우 조야(거칠고 조잡스런)한 사람으로 몰아붙이는 경우가 있다. 그러나 이들은 과격하고 조야한 사람들이 아니다. 자칭 진보라는 사람들은 이들 피해자들의 경험과 소망에서

　　　　　　　　　　　　　　　한국의 약탈자본과 공범자들

많은 것을 배우기 바란다. 이러한 자세를 가지고 있지 않는다면, 그 진보는 혹세무민(惑世誣民)일 뿐이다.

5장 기업을 약탈하는 공식 3단계

"자본은 흡혈귀같이 오로지 살아있는 노동을 빨아먹으면서 사는, 죽은 노동이고 더 많은 노동을 빨아먹을수록 더 풍족하게 산다."

_ 칼 맑스(Karl Marx)

자신이 소유, 지배하는 기업에서 자본가가 저지른 범죄 가운데 널리 알려진 유형은 다음과 같은 두 가지이다.

　첫째, 기업 자체를 범죄의 대상으로 삼는 것이다. 자신의 이익을 위해 기업의 재산을 '도둑질'하는 경우이다. 이런 경우 배임, 횡령, 탈세 등의 범죄가 성립된다. 이때 동원되는 구체적인 범죄 수법은 회계조작, 비자금 조성, 법인 카드의 사적인 유용, 계열사 지원, 이전 가격 조작 등등 매우 많다. 때로는 별도의 금융회사(대개 사채업 수준)를 만들어 산하의 기업들을 대상으로 고리채에 시달리게 만드는 방법도 있고, 자신이 전일적으로 지배하는 지주회사를 세워 고가의 로열티, 브랜드 사용료, 경영 자문료 등의 형식으로 기업을 약탈하기도 한다.

　둘째, 기업을 범죄 수단으로 삼는 것이다. 일차적으로 자본가는 고용된 노동자에 대한 '약탈'을 진행한다. 마른 수건에서 물을 짜내듯이 저임금과 장시간 노동을 강요하고, 주가상승을 노린 대규모 정리해고와 사내 복지 축소를 호시탐탐 노린다. 만약 노동자들이 제대로 된 저항을 하지 않고 이에 복종한다면, 일반적인 노동통제를 넘어서 인격말살적인 언어폭력과 신체폭력을 통해 폭군처럼 군림할 수도 있다. 언제나 민주주의는 공장 담벼락 바깥에나 있고 회사에는 법조차 없다. 또한 소비자와 지역사회에 대한 교활하고 잔인한 약탈도 기업을 통해 저지른다. 불량한 제품이나 사기성 금융상품의 판매, 환경오염 유발 등이 그런 사례일 것이다. 그중에서 이 책이 특별히 문제를 삼고 있는 투기자본의 사례를 좀 더 심화해서 볼 필요가 있다. 기업과 금융기관의 이름, 등장하는 투기자본의 이름 등에서 약간의 차이를 보인다. 그러나 이들의 약탈 방식은 매우 유사하다. 공통된 흐름을 3단계 공식으로 정리해 본다.

투기자본의 약탈 공식 3단계

1단계 은행 또는 기업 인수. 헐값 또는 불법으로

2단계 투자자금 회수. 경영권 인수 후, 비상식적 고배당과 소비자에 대한 사기

3단계 재매각. 은행 또는 기업을 매각

지금부터 위에서 언급한 각각의 단계에 대해 자세히 살펴보자.

238

1단계 은행 또는 기업 인수_헐값 또는 불법으로

투기자본의 먹잇감으로 노출되는 기업은 몇 가지 특징을 가지고 있다.

첫째, 유보된 현금이 많거나, 현금화 할 수 있는 자산이 많다.
둘째, 지배주주의 장악력이 낮다. 그 결과 경영권이 불안하다
셋째, 대부분의 직원이 정규직이다.
넷째, 금융기업의 경우, 정치적인 뒷거래 등의 불법성이 있다.

투기자본은 위와 같은 조건을 가진 기업을 헐값에 인수하여, 정리해고, 자산 매각 등을 통해 고율의 이익을 취하려 한다. 그러나 여론과 시민 사회의 감시 등으로 정상적인 방법으로 이익을 취하기가 힘들다. 따라서 1단계에서는 불법 로비를 통해 인허가권을 지닌 고위 관료들과 협작, 공모를 할 개연성이 많다.

투기자본이 이렇게 하는 이유는 2가지이다. 첫째, 투기자본은 적법한 인수조건을 갖추고 있지 않다. 둘째, 투기자본이 먹튀 대상으로 선정한 기업은 공공기업 또는 은행으로 시장 논리에 따라 매각되어서는 곤란한 것이다.

경우에 따라서는 인수과정에 노동조합이 참여하여 고용승계와 보장, 노조 및 단협 승계 등을 담은 각종 이름의 협약서를 체결한다. 그러나 인수 작업이 끝나고 나면 이 협약서는 한낱 휴지

조각이 되고 만다.

정부와 지배언론은 이때 발생하는 수많은 불법과 탈법을 외면한다. 그들은 이런 상황에 대해 '투자활성화' 또는 '외자도입'이라며 두둔을 한다. 때로는 '불가피한 해외매각'이라고 한다. 앞서 거론한 외환은행 등 금융기관과 쌍용자동차의 해외매각 과정에서 그 실상을 잘 알 수 있다.

특정기업 부실의 원인을 산업계 불황과 같은 것에서 찾는다. 이는 일부 맞을 수도 있지만 전적으로 맞는 의견은 아니다. 엄청난 불황 속에서도, '기업혁신'을 성취하며 성장한 기업은 세계 자본주의의 역사에서나 한국의 사례에서도 많이 찾을 수 있기 때문이다. 그럼에도 해당 산업의 불황을 원인으로 꼽는 행위는 대개 외자 도입이나 해외매각을 주장하기 위한 위장된 근거로 보인다. 이런 근거는 최근 들어 산업은행이 GM대우, 조선업종, 해운업종, 금호 타이어 등에 대한 해외매각을 노동자들에게 강요할 때 나타난다. 심지어 관련 경제부처 장관들이 TV에 총 출현하여 노동조합에게 "당신들이 고집을 피우고 있기 때문에 회사가 망한다"는 협박과 위협 수준의 담화문을 발표하기도 한다. 법으로 보장된 고용안정과 임금지급 등은 당연히 노동자의 생존권에 해당하는 것일뿐 노동자는 '억지'를 부리고 있는 것이 아니다. 거기에 더하여, 자유한국당 등 우익 정치인, 우익 언론의 주장이 더해진다. 그들은 "노동생산성이 낮아 기업이 부실해졌다"고 말한다. 뿐만 아니라 경영실패의 책임을 노동자에게 전가하는 거짓말과 '가

짜뉴스'들이 횡행하게 된다.

우리는 경험적으로 특정기업의 부실은 대개 경영자(대주주)의 무능과 부패와 같은 내부 원인에 있는 경우를 많이 보아왔다. 그 것이 아니라면, 외부에서 강력한 금융·투기자본의 공격이 있었 다. 거기에 더하여 정부 정책(관료)의 실패가 있다. 때로는 이 3가 지가 서로 긴밀하게 연결되어 있기도 하다. 그리고 언제나 그렇 듯이 처음부터 김앤장 법률사무소 같은 강력한 대정부 로비 실력 을 가진 집단이 나타난다. 이들은 처음부터 투기자본과 공모하고 법률 지도를 해준다. 또한 대형 회계법인도 회계조작을 하며 동 참을 하기도 한다.

2단계 투자자금 회수_경영권 인수 후, 비상식적 고배당과
소비자에 대한 사기

기업을 인수한 투기자본은 최대한 빠른 시일 내에 투자금을 회수하려고 한다. 특히 투기자본의 외적유형이 사모펀드이거나, 인수방식이 차입매수(LBO Lveraged BuyOut)인 경우에는 더욱 심하 다. LBO방식이란, 인수 하고자 하는 기업의 자산을 담보로 자금 을 조달하고, 그 자금으로 기업을 인수하는 방식을 말한다. 이 방 식은 소유권이 없는 담보를 이용하는 제3자 담보제공 금융으로 법리적 다툼의 소지가 많다. 이러한 방식으로 인수된 기업은 결국 차입자금 상환에 목을 메달게 된다. LBO방식으로 기업이나 은행을 인수할 경우, 강도 높은 구조조정은 사실상 불가피하다.

투기자본은 유상감자를 하여 자본금을 감소시키고, 보유주식의 가치를 올리거나 회사자산을 매각한다. 그다음 투기자본은 매각한 것을 현금화해서 주주들과 함께 고배당으로 나누어 가진다. 이때 투기자본은 주가를 조작하여 시장질서를 파괴하기도 하며, 불법적으로 자금운용을 하기도 한다. 심지어 공장기계를 해외로 팔아 버리고 해당 기업을 청산해 버리기도 한다. 기업이 망하든 말든 어떻게 해서라도 현금을 최대한 챙긴다. 여기에 갖가지 방법을 동원해서 탈세도 한다.

또 투기자본은 이 과정에서 가혹한 '구조조정'을 한다. 투기자본은 정리해고와 조기퇴직을 실시, 비정규직을 양산하고, 이를 통해 인건비를 줄인다. 이때 반드시 기존의 노사관계를 파괴하고 노동조합을 무력화시킨다. 그것은 노동조합이 자신들의 고수익 창출에 반대되는 세력으로 움직이기 때문이다. 투기자본은 노조와의 합의각서 파기, 노조 탈퇴 강요, 노조 해산 등 온갖 부당한 노동행위를 저지른다. 특히 투기자본은 철수 위협을 하며, 노조가 무릎을 꿇도록 만든다. 이외에 투기자본은 스톡옵션 등으로 노조를 매수 하여 저항하지 못하게 한다. 노조에 대한 이런 방식의 탄압은 투기자본의 입장에서 비용의 문제이지 경영철학의 문제는 아니다. 또 이때도 예외 없이 등장하는 것이 김앤장 등에 속

한국의 약탈자본과 공범자들

한 변호사들이다. 이들은 노동탄압을 위한 온갖 아이디어를 제공하고 법적으로 자문을 해준다. 이들이 개입하면, 많은 경우 해당 사업장의 투쟁은 반드시 장기화 된다.

이와 같이 노동자 해고, 노조 파괴, 각종 불법을 자행하는 목적은 무엇일까?

답은 '현금'이다. 투기자본은 기업의 이사회를 통해 통상적인 영업이익 보다 더 높은 수준의 고액 배당을 결의하고 주주총회를 소집해 결정을 한다. 영업이익이 적을 경우, 기업의 자산을 서둘러 매각하여 현금을 확보한 다음 고액 배당을 한다. 이 모든 경우를 '주주 보상', '주주가치 제고'라고도 한다. 이것도 부족하면 기업의 자본금을 감소시키고, 그것을 배당하여 나누어 가진다. 이를 '유상감자'라고 한다. 원래는 경영실패에 대한 책임으로 행해지는 '무상감자'만 있었다. 그럼에도 유상감자를 하는 이유로 설명하는 것은 주주가치 제고, 주주보상, 그리고 '자본적정성 유지' 때문이다. 자본규모가 커야 경영위기가 부딪혔을 때, 보험이 되는 것이 상식일 것인데, 무슨 헛소리인지 모르겠다. 그 외에도 기업의 자산을 현금화하여 유출하는 방법은 많다. 부동산 매각, 고급 기술유출, 고가의 로열티 지급, 회의비 등이 이에 해당한다.

다수의 소비자를 상대하는 기업과 은행 등의 금융기관의 경우, 소비자에 대한 약탈을 직접적으로 진행한다. 흔한 방법은 주가조작, 금융사기, 소비자 정보유출, 위험하거나 불량한 상품을 판매하는 등 불법적인 수단을 사용하는 것이다. 이런 범죄행위를 하는 기업(은행)을 보면, 그 기업을 장악한 대주주가 범죄자인 경우가 많다. 그들은 기업을 범죄의 대상, 범죄의 수단으로 삼는다.

한편 이시기 정부와 지배언론은 이러한 투기자본의 경영행태를 '선진 경영기법'이라고 칭하며 환영 의사를 밝힌다. 또 대개의 경우 이러한 사태가 발생하는 기업은 '구조조정 성공'이라는 시장과 언론의 평가 속에 주가가 상승한다. 더불어 이런 종류의 기업에 투자하면 한몫 잡을 수 있다는 투기에 대한 환상이 사회적으로 커져간다. 그러나 상식적으로 자본금이 축소되고, 재산은 유출되고, 노동자들이 대량 해고되고 있다면, 해당 기업은 망하고 있는 것이다.

3단계 재매각_은행 또는 기업을 매각

가혹한 구조조정과 주가상승으로 이미 몸값을 부풀린 기업은 인기 높은 M&A 상품이 되어 시장에 나온다. 그리고 이 기업은 다시 고액으로, 대개는 또 다른 투기자본에게 팔린다. 물론 이 과정에서도 매각차익에 대한 탈세가 이루어진다. 가끔은 사회공헌기금이라는 것을 내놓는데, 그 금액은 탈세한 세금에 비하면, '새발의 피'에 불과하다.

그런데도 정부당국과 언론은 이런 행위에 대해 일말의 비판

한국의 약탈자본과 공범자들

도 하지 않는다. 오히려 정부와 지배언론은 이를 두고 '성공한 M&A'라고 추켜세우고, 매각차익을 많이 남긴 투기자본의 성공을 부러워하기도 한다. 이때에도 조력자로 나서는 것은 강력한 대정부 로비력을 갖춘 김앤장 등에 속한 변호사들이다.

한편 미국이나 중국 등 한국보다 힘이 강한 나라의 투기자본이 먹튀를 하게되면, 한국 정부와 정치권은 더욱더 순응한다. 이 점에 착안해서 투기자본감시센터는 지난 2010년 'G20 서울 정상회담' 기간 중 여러 노동조합과 해고노동자, 개인파산자, 시민단체들과 함께 'G20 정상의 책임을 묻는 금융투기자본 피해자모임'을 결성해서 활동한 바 있었다. 주된 입장과 행동방향은 이런 것이었다.

"너희들(G20 정상들)이 전지구적 금융위기 해결을 위해 서울에서 모인다는 것은 참 고무적인 일이다. 하지만 먼저 전지구적 금융위기의 주범이며, 한국에서 우리에게 막대한 피해를 입힌 금융·투기자본을 육성해서 전지구적(한국 포함)으로 먹튀를 하도록 도운 것은 너희들이다. 따라서, 우리 피해자들에게 사과와 배상을 먼저 해라!"

이 요구는 매우 상식적이고 당연한 것이다. 그러나 당연하게도 G20 정상들은 이에 대해 한마디 말도 없었다.

표17) G20 정상의 책임을 묻는 금융투기자본 피해자 증언대회 자료집

피해자	금융 · 투기자본 (가해자)	해당 국가
SC제일은행 노동자, 해고노동자	뉴브릿지캐피탈, 스탠다드챠타드은행 (회장 비즈니스 써밋 참석)	미국, 영국, 기타
HSBC한국지사 노동자	HSBC (회장 비즈니스 써밋 참석)	영국
외환카드 노동자	론스타	미국, 기타
쌍용자동차 해고 노동자	상하이자동차	중국
발레오공조코리아 노동자, 해고자	발레오	프랑스
위니아만도 해고 노동자	로스차일드, 씨티그룹	영국, EU, 미국, 기타
씨앤엠 케이블방송 노동자	맥쿼리, MBK 파트너스	호주, 미국, 한국
개인 파산자	한국·일본계 사채업자	한국, 일본

*2010년 11월 4일.

투기자본의 먹튀 3단계를 당한 기업과 노동자들은 어떻게 될
까? 투기자본이 기업이나 은행을 인수한 후, 먹튀를 실행하는 기
간은 보통 2~3년 정도라고 한다. 2~3년 동안 이루어지는 일은
기업 또는 은행의 회생이 아니라 상시적인 구조조정과 살아남기

한국의 약탈자본과 공범자들

위한 살벌한 인간관계 형성, 해고자 복직투쟁, 피해소비자의 소
송뿐이다. 투기자본에게 먹튀 당한 기업과 노동자들이 넘쳐나는
한국경제에서 정상적인 경제성장과 그에 따른 설비투자나 고용
같은 것은 더 이상 바랄 수 없을 것이다. 아마도 이런 말들은 경
제학 교과서에만 있을 것이다. 투기자본의 먹튀를 거치면, 기업
의 가치, 주주의 가치는 천정부지로 뛰어오른다. 그러나 노동자
의 고용불안은 가중되고 생산시설은 해외로 빠져나가는 등 사회
적으로 경제 성장률은 낮아진다. 최근의 불황도 여기에 기인한
바 크다.

제조업이 쉽게 투기자본의 먹잇감이 되는 이유

제조업이 쉽게 투기자본의 먹잇감으로 노출되는 이유는 무엇
일까?

첫째, 고용된 정규직 노동자가 많으니 정리해고를 할 때마다
인건비 비중이 낮아져, 주가상승 등 수익이 발생한다. 둘째, 공장
부지 등 보유 부동산이 많으니 매각할 때마다 현금이 쌓인다. 세
째, 생산량에 딱 맞는 소비시장이 안정적으로 보장되어 있으니
그에 따른 수익과 주식가치는 보장된다. 넷째, 해외시장까지 확
보하고 있는 상태에서 정부(중앙 또는 지방)의 세제나 보조금 지원

이 더 이상 이루어지지 않는다면, 투기자본은 뒤도 돌아보지 않고 그대로 다른 나라로 먹튀를 할 수 있다. 구체적으로 투기자본은 국내 사업장을 청산하고, 인건비가 싸고, 구조조정이나 투기자본적 경영행태에 반대하는 '민주노조'가 없는 해외로 생산 공장을 이전한다. 다섯째, 이미 시장에서 기술적 우위를 확보한 경우가 많아 생산기술의 불법유출시 엄청난 추가 수익을 얻을 수 있다.

기업은 자본가의 것만이 아니라 노동자, 소비자, 지원해준 정부, 모두의 것이다. 따라서 이런 불법과 편법은 반드시 규제되고 처벌되어야 한다.

지금의 금융시스템은 시민을 두 번 죽인다

저축은행사태 피해자들의 경우, 평균 나이 63세, 평균소득 115만 원에 불과한 가난한 시민들이다. 그러나 이들은 저축은행 사태로 노년의 삶을 통째로 강탈당했다. 예금자보호 한도 금액은 5,000만 원이다. 저축은행 사태 당시, 피해자 1인당 피해금액은 평균 540만 원 정도이다.

피해자들의 재산을 강탈한 자들은 누구인지 명확히 알 수 있다. 그들은 저축은행의 대주주들과 금융관료들이다. 또한 피해자들의 재산을 강탈한 자들 중에는 대통령의 친형이면서 국회의원

한국의 약탈자본과 공범자들

인 이상득 같은 한국의 최고의 권력자가 있다. 금융시스템은 단지 금융 피해만을 주지 않는다. 금융시스템은 먼저 금전적으로 피해를 주고, 다음으로 피해자들을 부정적인 사람으로 매도한다. 한마디로 현재의 금융시스템은 시민을 두 번 죽이는 것이다. 이 두 번의 과정을 자세하게 살펴보자.

첫째, 투기자본이 운영하는 금융시스템은 사기나 강탈 같은 방식으로 금융 피해를 줘서 시민을 죽인다. 금융 피해는 개인별 피해로 그치는 경우도 있지만, 대개의 경우 시민 다수에게 피해를 준다. 금융시스템은 다수의 시민이 이용하는 시스템이다. 사실상 우리 모두가 금융소비자라고 볼 수 있다. 그럼에도 현재의 금융시스템은 애초부터 금융자본(특히, 거대 금융자본)에게 일방적으로 유리하게 설계되어 있다. 애초의 설계단계부터 다수의 금융소비자는 배제하고 소수의 금융관료와 금융자본만이 논의에 참여하고, 이들이 금융시스템을 설계한다. 금융상품도 사실상 금융시스템과 동일한 방식으로 설계된다. 금융상품은 소비자(다수 시민)가 아닌 공급자(금융자본)를 위한 수익상품일 뿐이다. 즉 애초부터 금융자본과 금융관료는 결탁을 해서 그들만의 사익 추구를 위해 금융시스템과 금융상품을 설계한다.

이는 단순히 금융소비자가 금융자본 보다 금융에 대한 정보량이 적어서 생기는 문제가 아니다. 바꿔 말해 정보의 비대칭성만의 문제가 아니다. 혹자들은 "금융소비자에게 단지 지금보다 금융상품에 대한 정보를 더 많이 제공하면, 금융소비자를 보호할 수 있다"는 식의 주장을 하는데, 이는 사실과 다르다.

솥에 물이 끓어 넘칠 때 잠깐 뚜껑을 여는 임시방편은 해결책이 아니다. 솥 밑의 불을 꺼야 하는 것이다. 그래서 금융소비자에게 정보를 충분하게 제공하지 못한 금융권 노동자를 '불완전 판매'라는 규정을 이용해서 처벌하는 것은 말이 안 된다. 이런 방식으로는 금융피해 발생을 막지 못한다. 주범인 금융자본과 금융관료는 뒤로 싹 빠져있다. 바꿔 말해 주범은 뒤로 빠진 채, 금융사 영업장에서 두 약자가 만나 피터지게 싸우는 꼴이다. 택시와 버스의 공공운수 요금을 인상하면, 회사는 뒤로 빠진 채 차안에서 만난 운전기사와 손님이 감정을 상해가며 싸우는 것과 같다. 이 순간 운수회사 사장은 돈 세기에 바쁘고, 담당 공무원은 뒷돈을 챙길 수 있어서 즐겁다. 금융소비자와 금융권 노동자가 싸우는 모습은 버스기사와 손님, 택시 기사와 손님이 싸우는 것과 구조가 동일하다.

둘째, 금융시스템은 피해를 본 시민을 무섭게 매도한다. 금융피해자들이 피해구제, 사과, 배상을 요구할 경우에 반드시 듣는 말이 있다. 첫째는 '투자 실패'이고, 둘째는 '도덕적 해이'이다. 금융시스템은 실패한 투자자들이 도덕적으로 문제가 있는 사람이라고 매도하면서 그들의 '도덕적 해이'를 지적한다. 어떤 사건이 명백하게 사기로 판결이 나면, 그에 맞춰 피해보상이 이루어진다. 그러나 금융시스템은 금융자본의 사기 행각이 명백하게 들어났음에도 사죄하는 마음으로 보상을 해주는 것이 아니라, 시끄러

한국의 약탈자본과 공범자들

우니까 몇 푼을 주겠다는 식으로 대응을 한다. 이래서 시민은 금융자본에게 두 번 죽임을 당한다.

금융자본이 시민을 죽이는 두 번째 목소리는 주로 언론, 정치권, 그리고 법원에서 나온다. 특히 법원의 판사가 이렇게 할 경우, 금융피해자는 진짜 죽을 수도 있다. 이는 마치 '주주자본주의'로 무장한 한국사회가 정리해고 당한 노동자들을 진짜 죽게 만드는 경우와 같다. 특히 법원은 피해구제를 위해 금융피해자들이 마지막에 호소하는 곳인데, 법원은 오로지 기업의 편만을 든다. 법원은 기업의 주인은 당연히 주주라고 생각한다. 그래서 법원은 기업을 주주 마음대로 하는 것이 당연하다고 말한다. 따라서 법원의 판결에 따르면 정리해고는 합법이고, 정리해고를 반대하는 파업은 불법이다. 다음과 같은 법원의 2가지 판결은 실제로 피해자들을 죽음에 이르게 할 수 있다.

첫째, 투자에 실패를 한 것이니, 원금을 돌려주어야할 이유가 없다.
둘째, 불완전한 방식으로 금융상품을 판매했으니, 피해금액의 일부만 돌려주라.

이와 같은 판결이 난무한다면, 언젠가 판사들도 그 댓가를 치를 것이다. 정리해고 당한 노동자들이나 금융피해자들이 법원으로 전부 몰려가 판사들을 단죄하는 날이 올 것이다. 금융 피해자들이 입은 피해는 남은 인생의 전부기도 하다. 판사들에게 다음과 같은 역사적 사실을 말해주고 싶다. 프랑스 대혁명이 일어났을 때, 분노한 민중이 제일 먼저 처단한 한 것은 판사 등 '법조귀족'이었다.

6장 지금 시작할 수 있는 약탈 대응책

"슬퍼하느라고 시간을 낭비하지 말라, 조직하라."_ 조 힐(Joe Hill)

투기자본의 먹튀에 맞서, 단계별로 싸우기

　기업의 인수·합병, 매각 등 경영권 변화에 대해 노동조합이 법률적 권한을 가진 당사자 지위를 확보하는 것은 현실적으로 거의 불가능하다. 그렇다고 해서 노동자 본인들의 사업장이 투기자본에게 넘어가고 있는데, 방관만 할 수는 없다. 사업장의 경영권이 투기자본에게 넘어가면 그 이후 불어닥칠 후폭풍은 상상이상이다. 약탈행위와 불법적 투기 경영이 횡횡하고, 심한 경우 일터의 존립 자체가 위협받을 수 있기 때문이다.

　이번 장에서는 투기자본이 기업을 약탈할 때, 단계별로 노동자와 노동조합이 어떻게 대응을 해야 하는지 알아보자. 이 책에서는 편의상 이 과정을 3단계로 나누어 보았다.

1단계 인수 과정. 투기자본이 당신의 사업장을 인수하려 한다

2단계 자본유출 및 경영 감시. 회사자산을 빼먹고 노조를 '무력화' 시키려 한다

3단계 재매각, 먹튀. 사업장을 빠른 시간 내에 팔아치우려 한다

1단계 인수 과정_투기자본이 당신의 사업장을 인수하려 한다.

이 단계에서는 노조가 협상 당사자 지위를 확보하고, 동시에 사회 공론화 활동을 벌여야 한다.

사회 공론화 선전 활동 전개하기

사용자(자본)들은 기업의 경영권은 노동조합이 감히 침범할 수 없는 '불가침 신성 영역'이며 인사권은 '전가의 보도'라고 여기고 있다. 이에 대한 노동조합의 도전은 불법이며 일체의 투쟁 대상이 될 수 없다고 생각하고 있다. 실제 기업의 경영권은 노동조합이 접근하기에는 법률적으로 매우 어렵다. 따라서 노동조합은 기업의 경영권 변화와 관련된 고급정보에 접근하기가 어렵다. 대개의 경우 노동조합은 언론 보도, 떠도는 소문 등에 의지해 자신이 속한 기업의 경영권 변화 상황을 인지하는 경우가 많다.

그러다보니 노동조합이 자신이 속한 기업의 인수 사실을 알아을 때는 이미 늦어버리는 경우가 많다. 실제로 대부분의 경우, 사전 협상이 끝나고 양해각서(MOU)를 체결하는 단계이거나 자산 실사단이 구성되어 현장 또는 제3의 장소에서 기업 실사에 착수한 상황이다. 이 단계에서 노동조합은 언론사, 시민단체, 상급단체(산별노조, 총연맹) 등을 통해 인수 자본에 대한 정보수집 활동에 최대한 집중해야 한다. 그러나 더 중요한 것은 해당 사업장의 기업가치를 명확하게 인식하는 것이다.

여기서 말하는 기업가치란 '공공성이 높은 기업인지', '시장에서 경쟁력이 있는 전문적 기술력을 보유한 기업인지', '공적자금이 투입되어 있는지', '기업 매각 승인권은 어떤 국가(정부)기관에서 보유하고, 행사하는지' 등에 관한 것이다. 여기에 더하여, 인수자로 거론되는 자본이 어떤 성격을 가지고 있는지 파악해야 한다. 또 인수자본을 조력하는 외부 전문가 세력에 대한 정보 파악도 중요하다.

이를 통해 인수 자본이 과거 투기자본으로서의 경력을 가진 것으로 확인이 된다면, '선제적'으로 '투기자본'으로 규정해야 한다. 그리고 투기자본에 대한 관련 정보를 공유하고, 다른 노동조합, 소속된 상급단체, 시민단체, 전문가 등의 조력도 얻어야 한다. 1개 사업장 노조의 역량만으로는 문제를 풀어가는 것이 어렵다.

이를 기반으로 정부 당국, 금융기관, 언론기관을 대상으로 인수 자본의 투기성을 알려내고, 왜 매각을 하면 안 되는지, 예상되는 폐해사례들이 무엇인지를 공론화해야 한다. 한마디로 여론전을 펼쳐야 한다. 노동조합은 '사회적 연대전선'을 앞장서서 구축해야 한다. 연대의 대상은 투기자본에 반대하고 피해를 볼 것으로 예상되는 단체나 사람들 모두이다. 노동조합의 상급 단체는 물론 시민단체, 전문가, 정치권, 소비자, 소액주주, 주민 등이 이에 해당한다. 이들과 '상설적인 연대기구'를 구성하는 것이 좋다. 이를 통해 투기자본을 사회적으로 '고립'시켜야 한다. 이것은 이후 투기자본을 반대하는 과정에서 일관되게 관철되어야 한다.

실제 오래전 쌍용자동차의 경우에는 처음부터 상하이자동차라는 인수자본의 실체를 파악하고 대국회 연대 촉구 활동으로 국회에서 공개 논의하는 과정이 있었다. 골든브릿지 증권의 경우에도 브릿지증권의 기업 청산 시도를 사전에 저지하고, 당시만 해도 노동운동 경험이 있었던 이상준 회장 중심으로 골든브릿지 증권 매각되는 데 노동조합이 상당한 역할을 하였다. 하지만 이상준 회장은 인수 후 노동조합의 이러한 노력과 신의를 배신하였다. 그러나 결과적으로 지금까지의 사례에서는 대개의 경우 투기자본의 기업인수에 대해 원천적인 봉쇄나 저지하기가 쉽지 않은 것이 사실이지만, 또 한편으로는 노동조합이 사회 공론화를 위한 선전 활동을 효과적으로 실행하지 못한 책임에서도 자유롭지 못하다고 할 수 있다.

실제 '종업원지주제'를 시행하고 있는 기업이거나, 자사주를 보유하고 있는 종업원들이 많은 기업의 경우에는 종업원들 스스로가 당장 기업가치 하락으로 인한 개인자산 가치 하락을 우려하여 노동조합의 투쟁방향에 대해 의견을 달리하는 경우도 있다. 이런 경우 내부의 의견 차이로 인한 갈등으로 노동조합도 과감하게 나서지 못하는 어려움을 겪는다. 이러한 이견과 상황은 명확한 대의명분으로 돌파해야 하는 것이 노동조합의 기본적인 책무라고 하겠다.

협상 당사자 지위 확보하기

노동조합이 기업 매각의 협상 당사자가 된다는 것은 자칫 자기모순에 빠질 수도 있다. 하지만 인수자본이 투기자본인 경우에는 '노동자들의 노동조건에 영향을 미치는 경영상의 행위'에 대해 노동조합이 협상 당사자로서의 지위를 주장하는 것은 당연한 것이라고 본다. 일부 사업장에서는 '근로자 참여 및 협력증진에 관한 법률조항'을 원용하여 노사 합의에 의해 '회사발전협의회에 관한 협약'이라는 형식의 경영협의체를 구성한 사례도 있으나, 구속력이 약한 법적 근거로 인하여 실질적인 효력은 없다는 점이 한계이다. 그럼에도 이러한 법은 노동조합이 경영권에 접근할 수 있는 방법 중의 하나이다. 실제 뉴브리지캐피탈이 제일은행을 인수하는 협상 단계에서 노동조합과 인수 당사자 간 노동조건에 대해 직접적인 대화가 있었다. 심지어 노동조합에게 원활한 매각을 위한 협조요청까지 하였다. 당시 노조 위원장이 공식 회의에서 밝힌 내용이다. 특히 자산 실사단의 경우에는 기존 사용자들 보

다 노동조합의 협조가 필요한 경우도 종종 있어 노동조합이 당사
자 지위를 확보할 수 있는 교두보로 활용할 수도 있다.

2단계 자본유출 및 경영 감시_회사자산을 빼먹고
노조를 '무력화' 시키려 한다

　투기자본의 기업 인수단계에서 노동조합이 나서서 원천봉쇄
무력화시키는 경우는 현실적으로 불가능하다고 할 수 있다. 만일
그러한 사례가 있었다면 자본들 간의 협상과정에서 가격의 불일
치, 또는 시장변화에 따른 당사자들 간의 결정이 그 주요 원인이
었을 경우가 많다. 그러나 인수단계에서의 노동조합의 저항과 투
쟁 여하에 따라, 인수 후 투기자본의 자본유출 경영과정, 나아가
재매각 단계까지 막대한 영향을 미치는 것은 분명하다.
　투기자본은 대개의 경우 기업 인수단계에서부터 여러 세력들
과 결탁을 해야 했고, 또 차입매수의 경우에는 향후 지불해야 할
금융비용의 부담, 특히 주주와 투자자들에 대한 수익보장 등으로
인하여 경영의 목적이 오로지 자본수익을 극대화하는 것에 집착
할 수밖에 없다. 따라서 '기업의 계속가치'를 생각할 겨를도 없으
며, 속칭 기업 내에 '돈 되는 방법'이 있으면 전방위적으로 투기적
경영을 할 수밖에 없다. 이로 인해 노동조합과 투기자본은 불가

　　　　　　　　　한국의 약탈자본과 공범자들

피하게 대립적인 관계를 형성하게 된다.

그러나 시간이 지남에 따라 투기자본들의 자본유출 방식이 더욱 정교하고 은밀하게 행해지고 있어서 노동조합의 평소 경영 감시역할이 더욱 강조되어 진다. 자본유출 방식은 앞서 이미 거론한 고액 배당 등이 있다. 이를 통해 투기자본의 자본유출이 확인되거나 예상이 되면, 노동조합은 반드시 사회 공론화를 통해 투기자본을 고립시키는 전략을 구사해야 한다. 사회 공론화 방식은 단순히 보도자료를 언론에 배포하는 것부터, 투기자본에 반대하는 여러 연대세력과 함께 기자회견, 관련 정부 당국에 진정서 제출, 법적 고소 고발 등이 있다.

통상 노동조합이 매분기마다 개최되는 노사협의회에서 복지후생, 조합원 고충 처리 위주의 안건들이 주를 이루는 것이 현실이며 경영권, 재무상황에 대해서는 공시자료나 사용자측의 공식 발표 문건을 통해 대체하고 있는 것이 대부분이다. 그러나 노동조합도 간부회의 석상에서 소속 사업장의 사측 동향, 외부 시장 정보 등에 대해서도 항상 모니터링을 해야 하며, 상장기업의 경우에는 주가변동에 대해서 관심을 갖고 예의주시해야 할 것이며, 소비자들의 불만사항 제보는 물론 내부 재무정보 담당부서 또는 종업원과의 별도 협의회 구성 및 정기적인 회의개최가 필요하다.

어떤 사업장 노동조합은, 경영진들이 순방하거나, 회의, 각종 모임이 있었던 단위 사업장에 대해서는 즉각적인 노동조합 간부를 투입시켜서 발언 또는 회의 내용을 확인하며 피드백하고, 수

시로 경영진들의 발언과 지시사항을 현장에서 점검하기도 했다. 이러한 노동조합의 활동은 조합원들로 하여금 노동조합에 대한 신뢰도를 높이기도 했지만, 경영진들에게는 심리적으로 큰 압박을 가하는 경영감시활동이 되기도 했다. 또한 노동조합이 법적 수단을 사용하는 것에 대해 너무 민감하게 고민을 하지 않아야 한다. 기업의 불법적 경영행태로 인하여 외부와 법적 분쟁이 발생되거나, 내부의 불법적인 행위가 노출되어 노동조합이 인지하게 되었을 때, 많은 경우 종업원들과 노동조합은 본능적으로 기업의 평판 리스크를 우선 생각하여 신속한 대응을 망설이거나, 내부 사용자측을 통한 협의를 거치는 경우가 더러 있다.

이런 경우 투기자본은 재빨리 노동조합의 명분을 위해 조합원들의 노동조건 개선에 대한 약간의 제안을 통하여 노동조합의 대외투쟁을 무력화 하려 한다. 그러나 노동조합의 투쟁은 투쟁시기를 놓치면 대의명분에서도 설득력이 약화되고 내부 조직 동력이 무너질 수 있다는 점을 유의해야 한다. 또한 사용자를 대상으로 하는 고소·고발이라는 법적투쟁이 자칫 잘못해서 판례로 남으면 그 구속력으로 인해 향후 투쟁이 어려워 질 수 있으니 신중해야 한다는 의견들도 있다. 하지만 노동조합의 투쟁 조직력 확대, 법적 투쟁을 기반으로 한 정당성 확보, 사회 공론화를 위한 여론전 확산 등은 오히려 평판 리스크를 가장 두려워하는 투기자본에 대한 투쟁방식 중의 하나로 지나치게 주저할 이유가 없다.

3단계 재매각, 먹튀_사업장을 빠른 시간 내에 팔아치우려 한다

　노동조합의 입장에서 재매각은 기업의 인수단계와 별반 다르지 않다. 또다시 새로운 자본에 매각이 되는 상황은 동일하다. 그러나 투기자본의 지배를 받아온 이후의 매각상황이라 노동조합의 역할과 대응은 자연스럽게 매우 중요한 당사자로서의 지위를 가지게 된다. 재매각을 추진하는 투기자본의 경우에는 최대의 매각 차익을 위하여 기업의 자산가치를 포장해야 하기 때문에 노동조합에게 '선심성', '선의적' 노사관계 개선(KEB외환은행의 경우 론스타 지배기간동안 임금 및 후생복지에 대해 괄목할 만한 개선이 있었다고 한다.)을 요구하거나, 아니면 오히려 더욱 강도 높은 공세로 아예 노동조합을 '무력화'시켜 버리려고 한다.

　따라서 노동조합은 재매각의 기미가 포착되면, 내부보다 대외적인 사회적 연대전선을 먼저 구축한다. 그리고 사회 공론화에 만반의 태세를 갖추어 먹튀를 원하는 투기자본의 노동조합 공세에 대비하고, 정부에게도 정당한 법적 절차 준수와 적법한 과세 촉구하여 노동조합의 공공적 기능을 가동하여야 한다. 특히 지나친 고가매각의 경우에는 또다시 투기자본 회수를 위한 가혹한 구조조정에 직면할 수밖에 없으므로, 노동조합의 입장을 분명히 밝혀야 한다. '일부 이사만을 파견하는 수준'의 재무적 투자라 하더라도 그 자본의 성격이 투기자본이라면 반드시 고배당을 위한 투기자본의 본성을 드러낼 것이기 때문에 확고한 반대저지 투쟁을 해야 한다.

　재매각 단계에서 노동조합이 보여줄 수 있는 대응과 투쟁의 위력은 사실상 투기자본의 경영지배기간 동안의 노사관계 대립 수준에 따라 결정된다. 앞선 자본 유출 및 경영 감시 단계에서 단체협약 및 각종 노사 합의서, 노사간 협의체 구성, 나아가 제한적이나마 경영권에 대한 공동 결정 구조 등을 쟁취해 낸다면, 또다시 투기자본에 의한 지배를 허용하지는 않을 것이다.

알아 두면 유익한, 투기자본 감시표

　무엇을 해야 하는지 명확하다. 눈앞에 존재하는 투기자본을 감시하는 것이다. 투기자본은 먼 나라, 본적이 없는 낯선 자들의 이야기가 아니다. 투기자본은 지금 이 순간 우리가 호흡하는 공기처럼 나와 우리 옆에 있으며, 나아가 나와 우리를 일상적으로 지배하고 있는 것이다.

　일단 내가 일하는 회사(사업장)부터 살펴보라! "곁에서 웃는 자가 바로 배신자"라는 말이 있다. 처음부터 그들을 믿지 마라. 피해를 당한 후에 싸우면 늦는다. 지금 나의 회사 사장부터 감시하라! 그런데 이왕 감시할 것이라면 좀 더 구체적인 자료로 정리해서 모두에게 알려라. 그렇게 되면 그것이 시민사회를 위한 공익 자산이 될 것이다. 나는 사무실로 상담을 오는 노조 간부들에게 아래와 같은 투기자본 감시표를 알려준다.

　이런 표를 작성하는 것은 '전문가'의 몫이라 여기고, 미리 포기하지 말아야 한다. 앞서 거론했듯이, 투기자본은 투기자본에게 피해를 본 대중이 더 잘 알지 경제학 교과서에 따로 정리되어 있는 것이 아니다.

표18) 투기자본 감시표

현황				먹튀 진행도											
				인수과정			회사자산 빼먹기						재매각 (분할매각, 청산 포함)		
OO	경영자 (약력)	대주주 성격 / 이사회 구성	법률대리 로펌(개인포함). 투자자문사 / 회계법인	유산상속 (탈세여부)	관청인허가 (매각승인 등)	인수자금 (LBO / 산업은행 / 주채권은행)	생산기술강탈	하청업체 이전(외주화와 별도로 표시바람)	유상감자	배당성향 (고배당여부)	부동산 등 자산매각	정리해고. 외주(스톡옵션등 노조 매수도 포함)	매각과정(인수자 / 인수조건 / 인허가 등)	납세(위로금 / 공헌기금 포함)	해고자 보상 등	특기사항

*작성시 해당사항이 없으면 그냥 없다고 한다.

*혐의는 있지만 증거를 못 찾았으면 못 찾았다고 표시한다.

이탈리아의 유명한 혁명가 안토니오 그람시(Antonio Gramsci)가 명명한 '유기적 지식인'이라는 말이 있다. 그람시에 따르면 '전통적인 지식인'은 현존하는 사회계급의 발전 과정과 상관없이 기존의 지식과 전통 속에서 그것을 옹호하며, 존재감을 형성하고 있는 사람이다. 그러나 유기적 지식인은 피억압대중들 속에서 나타나며, 피억압 대중을 위해 존재하는 지식인이다. '유기적 지식인'은 대중들 속에서 오랜 동안 해방투쟁을 함께한 사람이며, 그 과정에서 다양한 지식과 경험을 습득(학교가 아닌)하고, 그것을 바탕으로 대중투쟁을 새롭게 조직한다. 또한 유기적 지식인은 해방의 봄이 멀리 있다고 하더라도, 이에 굴하지 않고, 투쟁의 씨앗을 온 세상에 퍼트리려고 노력하는 사람이다.

투기자본 감시는 경영자의 이력을 추적하거나 공장의 부동산 등기부를 열람하는 것부터 시작한다. 그러나 증권거래소 공시자료나 금융감독원 자료를 찾는 것이 쉽지 않을 것이다. 필요하다면 우리사주를 들고 주주총회장이라도 가야 한다. 그래서 내가 일하는 사업장을 장악한 대주주의 정체를 알아내고, 그들의 먹튀 진행단계가 어디에 이르렀는지 알아냈다면, 당신은 이제 '전문가'이다. 이로써 자격은 충분하다. 그리고 찾은 자료를 시민사회에 공개하고, 모두가 알게 하는 것이다.

이 단계가 되면, 당신은 투기자본 전문가에서 투기자본의 폐해와 싸우는 '시민운동가'로 거듭날 수 있다. 투기자본이 어떤 것인지 아는 것이 중요한 것이 아니라 투기자본의 먹튀를 막는 것이 중요하다. 그런데 투기자본의 먹튀를 막는 데에는 노조, 그것도 '민주노조'가 필요하다. 민주노조란 꼭 민주노총 소속의 노조만을 말하는 것은 아니다.

민주노조는 현장 노동자들을 배신하지 않고 끈질기게 투쟁을 하기 때문에 투기자본이 두려워한다. 특히 투기자본이 무서워하는 것은 '투기자본'이라는 '사회적 낙인'이다. 그러기 위해서는 양심적이지만 상대적으로 미약한 개인보다는 조직의 힘 또는 사회 연대의 힘으로 사회적 투쟁을 만들어 가는 것이 중요하다.

당신의 사업장을 장악하고 있는 자가 투기자본이라는 것을 알았다면, 그리고 이에 분노한다면 찾은 자료를 들고 먼저 노조를 찾아가라. 정상적인 민주노조라면 당신의 방문을 크게 환영을 할 것이다. 만약 노조가 없다면 노조를 만들어라. 그러나 노조가 이미 사측에 매수되어 있어서 당신의 방문을 외면한다면 낙심하지 말고 산별노조나 관련 시민단체를 찾는 것이 좋다.

금융피해 회복은 자력에서 시작해야

앞장에서 든 사례는 그나마 금융피해자들이 제대로 대응한 것들이다. 대부분은 그렇지 못하다. 처음에는 언론도, 정치권도 모두 도와줄 것처럼, 억울한 피해자들의 사정을 잘 이해하는 것처럼 애정 어린 태도를 보여주기도 한다. 하지만 길어야 한 달이다. 더욱이 규모가 크지 않다면 아무도 돌아보지 않을 것이다. 언론과 정치권에 의존하지 마라.

필자가 피해자들에게 제일 먼저 하는 말은 "피해자 자신의 '조직'을 건설하라"는 것이다. 조직을 건설하지 못하면 피해자의 분노는 공허한 것이 되고 말 것이다. 가해자들도, 정부당국도 무시할 것이다. 앞서 거론한 금융피해 사례는 대부분 피해자 조직이 있어서 그들이 앞장서서 피해구제를 위한 방안을 모색하고, 실천을 주도했다. 다시 말하지만 피해자 조직 건설이 가장 먼저다.

조직의 기본은 의사결정 구조회의체(전체총회와 회장, 총무 등 임원진)를 결정하고, 재원회비 납부를 마련하는 것이다. 함께 힘을 모아 어떻게 대응할 것인지를 결정해야 한다. 기본적으로 대표와 간부를 선출해야 한다. 중요한 것은 능력이다. 피해자 집단 내에는 반드시 다양한 재능을 가진 사람들이 있다. 그 재능에 따른 인선을 해야 한다. 그리고 규칙을 세워야 한다. 규칙이 있어야 가해자와 정부당국, 언론을 향해 집단의 의사를 전달 할 수 있다. 규칙의 주된 부분은 회의와 집회참석, 회비납부이다. 피해자 중에는 조직의 규칙은 외면하고, '과실'만 탐하는 사람이 반드시 있다. 또 가해자에게 회유를 당하여 피해자 모임을 배신하거나, 자신의 경험만 믿고 실력이 있다는 변호사, 힘 있는 관료, 정치인을 따라다니는 경우도 있다. 문제는 이런 사람들은 반드시 있으며, 이들이 피해구제 대응을 하는 과정에서 큰 변수로 작용한다는 점이다. 이런 이유 때문에 내부 분란이 발생하고 대응할 수 있는 힘을 낭비하는 경우가 매우 많다. 비록 불안해하는 피해자가 많고, 결성된 단체를 외면하는 피해자가 다수일지라도 낙담할 필요는 없다. 단 2명만 있어도 조직이기 때문이다. 정당성을 가진 강력한 소수가 일관되게 행동을 한다면, 무지(무능)한 다수도 변할 것이다. 그리고 마침내 원하는 성과를 거둘 가능성이 높다.

정부 당국과 사법 당국 찾아가기

대응 방법은 크게 두 가지이다. 먼저 해당 상품을 인허가 해준 정부 당국에 찾아가야 한다. 가령 금융상품이라면 금융위원회와 금융감독원을 찾아가야 한다. 판매한 회사를 무턱대고 찾아갈 필요성은 많지 않다. 그리고 정부 당국을 찾아가 '민원'을 제기할 때는 반드시 피해자 개인이 아닌, 피해자 단체를 바탕으로 집단적으로 대응해야 한다. 그 사람들은 '제도적 절차'를 들먹이면서 피해자 단체를 쉽게 인정하려 하지 않을 것이다. 아마도 그 속내는 개별 피해자는 쉽게 요리할 수 있다는, 일종의 무사안일 아니면 그냥 '개무시'일 가능성이 높다. 그럴 때는 언론과 국회에 호소해야 한다. 기자회견, 집회 등을 조직적이고 효과적으로 전개해야 한다. 명분은 금융피해 구제의 책임이 정부 당국에 있다는 것이다. 만약 책임을 망각한 당국이 이를 외면한다면, 언론과 국회를 통해 당국의 담당 관료에게 직접 압력을 가해야 한다. 여기서 꼭 필요한 것은 시민사회가 공감할 수 있는 보편타당한 '명분'이다. 즉 시민사회 〉 국회·언론 〉 정부(관료)의 순서로 힘이 작용하는 것이다.

또 다른 방법은 사법 당국을 찾아가는 것이다. 그런데 금융피해 사건이 발생하면 탐욕스러운 변호사들이 분주해진다. 피해자를 밥벌이 수단으로 여기기 때문이다. 그들이 제안하는 것은 대개 민사소송이고, 고율의 성공보수를 요구할 것이다. 그런데 한국의 금융피해 사건은 가해자가 아닌 피해자가 범죄피해를 스스로 입증해야 한다. 금융정보를 독점하고 있는 금융회사를 상대로 승소하기란 하늘의 별따기가 될 가능성이 높다. 승소를 해도 전체 피해액의 일부를 보상받는 정도에 불과하다. 이것은 피해 배상이 아니다. 금융피해 뿐이 아니라 다른 경우에도 같은 처지로 내몰린 금융 소비자의 피해가 많다. 그래서 범죄피해 입증 책임을 가해자에게 묻는 것으로의 전환을 많은 시민단체들이 요구하고 있다.

그래서 먼저 검찰이나 경찰에 형사고발을 해야 한다. 가해자가 형사처벌을 받은 이후, 민사소송을 제기하는 것이 옳은 것이다. 비용과 시간 면에서 특히 그렇다. 그런데 중요한 것은 피해자 개인이 아니라 피해자 단체가 되어야 한다. 그리고 조직적인 고발임을 언론과 시민사회에 알려야 한다. 기자회견, 집회 등이 필요하다. 고발장 접수 후에는 수사촉구, 수사 개시 후에는 구속과 기소를 계속해서 주장해야 한다. 담당 검찰이나 경찰에게 말이다. 추가 피해사실과 증거가 나오면 추가 고발장이나 증거물을 제출해야 한다. 그래서 재판이 개시된다면, 검찰과 경찰이 아닌 법원 판사가 다음 차례이다. 개정일이 되면 마찬가지로 기자회견, 집회 그리고 집단으로 재판 방청이 필요하다. 엄벌 탄원서는 매일

270

매일 제출해도 좋다. 재판정에서 배상명령 촉구도 하라. 아마도 검찰, 경찰, 판사는 많이 귀찮아 할 것이다. 화를 내며 법을 들어서 위협도 할 것이다. 그래도 멈추지 말아야 한다.

비호세력 고발하고 은닉재산 찾아내기

마지막은 앞의 두 번째 방법에서 연장선에 있는 것이다. 금융피해의 가해자인 기업과 금융기관만을 고발해서는 안 된다. 보다 중요한 것은 비호세력을 찾아 고발하고 처벌을 촉구하는 것이다. 비호세력이 없다면, 그 사람들이 사기범죄를 저지를 수 없다. 또한 피해규모가 클수록 비호세력도 거대할 것이다. 담당 관료만이 아니라 검찰 등 사법당국, 정치 권력자들이 있을 것이고, 그들을 추적해야 한다. 그래서 비호세력이 더는 비호하지 못하도록 만들어야 한다. 그래야 가해자들을 제대로 처벌을 할 수 있고, 가해자들이 제대로 처벌을 받아야 그들은 손해배상의 필요성을 강하게 체감하게 된다. 이렇게 되면 가해자는 감형이라도 받기위해 피해자에게 손해배상을 하고, 용서를 받아 합의각서라도 재판부에 제출하기 위해 노려할 것이다.

한편 은닉재산을 확보해야 한다. 검찰이 그냥 찾아주지 않는다. 일단 매일 검찰에게 은닉재산 환수를 촉구해야 한다. 그리고 범죄수익의 최종 수혜자인 임원과 리더급 인사 주변을 계속 뒤져야 한다. 마지막으로 뇌물 등의 형태로 비호세력에게 범죄수익이 흘러간 정황을 찾아내야 한다. 피해구제 대응 과정에서 궁극의 목적은 가해자들의 범죄수익 전부를 환수하여, 모든 피해자의 피해를 보전하는 것이다. 이 점이 가장 중요하며, 이 점을 중심으로 대응방법을 고민해야 한다. 모든 사례가 그런 것은 아니지만, 가해자의 범주에 기업과 금융기관에서 일하는 노동자를 포함하지 않는 것이 좋다. 그러나 IDS홀딩스와 같은 다단계 피라미드 조직인 경우는 모집책인 중간 간부까지는 가해자로 간주해야 한다. 고발도 '범죄단체조직죄'이어야 할 것이다.

다음은 시민사회와 연대를 하는 것이다. 중요한 것은 언론이다. 피해자 단체를 만들게 되면, 언론을 상대하는 담당자를 반드시 임명해야 한다. 또한 항의 집회, 대응 세미나 등을 할 때는 반드시 단체의 입장을 발표해야 한다. 그 이유는 피해자들은 소수이고, 가해자에게는 늘 우호적인 여론과 비호세력이 있기 때문이다. 그래서 시민사회의 지지를 얻어야 하는데, 그 길은 언론이다. 이 과정을 통해 사회적으로 연대할 수 있는 세력을 확보해야 한다. 앞서 말한 것처럼, 의존하는 것이 아니라 연대를 하는 것이다.

시민단체 및 노동운동과 연대하기

노동운동 세력과 연대하는 것이 중요하다. 기업과 금융기관 노동자들은 어쩔수 없이 불법적인 금융상품의 판매를 강요받는다. 어떤 금융산업 노동자들은 영업수당으로 생계를 유지하기도 한다. 결국 금융산업 노동자들은 금융상품 판매실적 경쟁에 내몰리게 된다. 거기에 경영진의 압박도 있을 것이다. KIKO 사건에서 은행의 경영진들은 자본의 이익을 창출하기위해 노동자들을 실적 경쟁으로 내몰았다.

이런 경영방침에 대해 노동조합이 나서서 막았어야 했다. 그러나 이 정도의 사회인식과 연대의식을 가진 노동조합은 한국에 많지 않다. 아직까지 한국의 노동운동 수준은 개별기업 노동자의 고용과 임금을 중심으로 활동한다. 물론 이것도 고난의 길이다. 그러나 이런 분위기 속에서도 실적경쟁을 거부했던 노동조합이 있었다. 과거 장기파업을 일으켰던 SC노동조합이 그렇다. 그들은 임단협을 통해 1년 중 판매할 금융상품의 수와 판매기간을 정하는 협상을 하였다. 또 박근혜 정권이 강력하게 추진하던 성과연봉제를 반대하며, 금융노조(은행권 노조)는 파업을 하였다. 성과연봉제의 확산은 노동자는 물론 금융소비자들에게도 불리한 것이기 때문이다. 금융피해자 단체를 이와 같은 금융 노동자들과 연대해야 한다.

마지막으로 시민단체와의 연대를 하는 것이 필요하다. 하지만 한국에는 경제문제를 전문적으로 다루는 시민단체가 많지 않다. 대개는 많은 상근자와 전문가(일명. 명망가)를 두고, 백화점식으로 다양한 사업을 하며, 정책적 입장을 가지고 정치권과 협력하는 방향을 지향하는 시민단체가 많다. 더욱이 피해자를 직접 조직하고, 그들과 함께 직접 행동에 나서는 시민단체는 거의 없다. 이런 현실에서 피해자 단체는 갑자기 찾아오는 시민단체를 의심해야 한다. 그러나 적극적으로 전문적인 역량을 갖춘 시민단체를 찾아

연대를 하여야 한다. 역량을 갖춘 시민단체는 경험이 축적되어 있어 함께할 수 있는 것이 많이 있다.

99%를 위해 금융자본 규제하기

2011년 튀니지의 한 청년이 가난에 항의하며 분신한 사건이 있었다. 이 사건은 '아랍의 봄'이라는 대중 행동을 촉발시켰다. 이를 본 미국의 대중들은 월스트리트 점령시위를 전개했고, 이걸 또 다시 유럽의 대중들이 보면서 자신들의 나라, 금융가를 점령하였다. 월스트리트 점령시위대는 10월 15일에 국제공동행동에 나선 전세계의 시민들에게 호소했다. 시민들은 전세계 1,500개 도시를 점령했다. 이 운동이 바로 '점령운동(occupy)'이다.

같은 시기, 한국도 이에 동참해 2011년 10월 15일부터 이듬해 2월 20일까지 '여의도 점령운동'을 전개했다. 이 운동에는 투기자본감시센터, 금융소비자협회, KIKO피해기업공동대책위원회, 전국저축은행피해자대책위원회, 사회당, 대학생 사람연대 등 다수 시민사회 단체와 쌍용자동차 등의 해고 노동자들이 참가하였으며, 매주 1회, 20여회 공동행동을 실천하였다.

"여의도를 점령하라" 운동은 전세계의 점령운동과 마찬가지로 금융피해 대중과 함께 직접행동에 나섰다는 것이 중요하다. 또한

한국의 약탈자본과 공범자들

금융관료 처벌, 금융피해 구제, 금융소비자 보호 등에 대한 필요성을 사회적으로 널리 각인 시켰다고 평가할 수 있다.

그러나 미국이든 한국이든 '점령운동'이라는 문제제기는 훌륭했지만, 정치의제를 선정해서 '금융시스템'을 실질적으로 개혁하는 것에는 실패했다는 평가가 있었다. 특히 아쉬웠던 것은 점령운동의 메시지를 온전히 수용할 수 있는 진보정당이 부재하다는 사실이었다. 그것이 점령운동의 후퇴를 가져왔다.

• 금융가, "여의도를 점령하라"

"여의도를 점령하라" 운동의 첫날 이었던 10월 15일, 국제행동의 날 메시지가 채택되었다. 이날은 비가 쏟아지는 날이었다. 그러나 300여명의 시민들과 금융 피해자들이 우리나라의 금융1번지, 여의도의 금융위원회 앞에 모였다. 그날 참가자들은 "금융 자본 규제!", "부패한 금융관료 처벌!", "금융 피해자 구제!"를 한목소리로 외쳤다. 이 날 채택된 '국제공동행동의 날 선언문'를 소개해 본다.

《국제행동의 날, 선언문》

한국의 99%가 미국의 99%에게

안녕하십니까. 우리는 한국 증권거래소가 위치한 여의도를 점령한 한국의 99%입니다. 월스트리트를 완전히 장악한 미국의 99% 서민 여러분께 진심으로 감사와 연대의 인사말을 올립니다. 지금 미국의 보통 사람들은 인구의 1%에 불과한 금융 부자들의 불룩한 배를 더 불려주기 위해서 살던 집에서 쫓겨나기도 하고, 직장을 잃고, 은행의 터무니없는 횡포로 갈수록 빚더미에 앉고 있다고 들었습니다. 우리 한국의 보통 사람들도 전혀 다르지 않습니다. 이곳에서도 지금 등록금 때문에 자살하는 대학생들, 금융 기관의 범죄 때문에 일생 모은 저축을 한꺼번에 날린 노인들,

기업을 장난감처럼 사고 팔아버리는 투기 자본 때문에 직장을 잃어버린 노동자들이 사방에 넘쳐나고 있습니다. 하지만 이들을 감독하고 책임을 물어야 할 정부 기관은 아무 것도 하지 않고 되려 이들과 한 배를 타고 이들을 옹호하고 있습니다.

오늘 우리는 함께 모여서 금융 정의를 외쳤습니다. 범죄를 저지른 금융가들은 감옥으로 가야 합니다. 부정한 이익을 거둔 금융가들은 세금을 내야 합니다. 이들의 횡포로 일자리를 잃은 이들은 일하던 작업장을 되찾아야 합니다. 우리에게 이렇게 행동하라고 용기를 불어넣어준 미국의 친구들에게 뜨거운 감사를 드립니다.

우리는 정의를 원합니다. 우리는 일자리를 원합니다. 우리는 서로 사랑하며 함께 행복하게 살 수 있는 평화로운 사회를 원합니다. 지구 위 어디에 살고 있든 이러한 소망을 공유하는 이들이라면 우리의 소중한 형제자매입니다. 우리 이제 힘을 합쳐서 한 목소리로 외쳐봅시다. 자기들 욕심으로 온 지구를 망쳐버린 저 범죄 금융 집단에게 말입니다. 우리는 하나다. 우리는 99%다!

2011. 10. 15.(토)

• 금융시스템 정상화를 위한 제안

2012년 2월 9일 "여의도를 점령하라" 제18차 공동행동 차원에서 정리했던 정책 요구안이 있다. 이것은 현 단계에서 우리사회에 꼭 필요한 금융, 경제 분야에 대한 개혁 방향을 제시하고 있다. 그런 의미에서 아래에 소개해 본다. 이 내용은 지난 19대 총선에 요구사항으로 제출한바 있다.

"여의도를 점령하라"
《제18차 공동행동 차원에서 정리했던 정책 요구안》
(19대 총선에 요구사항으로 제출)

우리는 다가오는 국회의원 총선거에서 다음의 요구를 각 정당에게 하는 바 이다. 우리사회와 전세계는 '신자유주의 금융세계화'의 결과 극심한 '사회 양극화'로 고통을 받고 있다. 그 결과 전세계는 "탐욕스러운 1%에 맞서 99%의 점령하라!" 운동이 한창이다. 이러한 사실은 국회의원 총선거에 임하는 각 정당이 잘 알고 있을 것이다. 그리고 각 정당들은 서로에게 그 책임을 떠넘기고 있지만, 현재의 주요 거대 정당 새누리당, 민주통합당 등에 가장 큰 책임이 있음을 결코 부인할 수 없을 것이다.

이에 우리는 지난 십수년간 당신들이 돌아가며 정권을 잡고 추진했던 '신자유주의 금융세계화' 관련 정책에 대한 반성과 사과를 요구한다. 그런 과정이 없이 "99%를 대변한다"는 주장이나 '경제민주화'와 '복지'를 공약하는 것은 국민에 대한 우롱이다.

당신들이 보여줄 반성은 두 가지이다.

첫째, 자신들이 추진했던 '신자유주의 금융세계화' 관련 정책에 대한 대국민 사과와 당선 후 즉각적인 폐기를 선언하라.

둘째, 관련 정책을 추진했던 주요 책임자들을 당신들 당에서 제명하라. 최소한 공천하지 마라.

아래의 명단은 관련 정책추진의 책임자이거나 탐욕스러운 1%와 결탁을 해서 사익을 저지른 자들 중 최소한이다. 누구나 인정할 수 있는 혐의와 권력기관 밖의 시민단체가 파악할 수 있는 최대한의 정보를 가지고 거론한 것이다. 이 정도도 부인하거나 무시한다면, 당신들의 당은 여전히 탐욕스러운 1%를 위한 집단으로 남아 국민과 역사의 심판을 받을 것이다.

새누리당

• **김종훈** : 경제관료로서 국회와 국민을 속이고 투기자본을 위한 한미FTA 등을 날치기 처리

• **김현철** : 2005년 국정감사에서 밝혀진 것처럼, 이석채 정보통신부 장관(현 Kt사장)과 공모해 한국통신 민영화 과정(PCS사업자 선정)에서 정치 비자금 조성 혐의

• **허태열** : 국회 정무위원장으로서 투기자본 론스타에 대한 국정

조사와 감사원 감사를 거부

민주통합당

• **김진표** : 2003년 외환은행 불법매각 당시 경제 부총리로 재직하면서 6월 15일 제프리 존스(주한상공회의소 소장, 김앤장 고문)의 로비를 받았다는 검찰 수사(2006년에는 감사원 조사)도 있고, 매각의 주무 장관으로서의 혐의

• **정세균** : 상하이자동차의 쌍용자동차 기술 강탈이 본격화되고 숙련 노동자에 대한 대대적인 정리해고가 진행되었던, 2006년 2월부터 2007년 1월 사이 주무부서인 산업자원부 장관으로 재직하며, 중국 보시라이 상무부 부장과 만나 투자협력 가속화와 반발하는 노동조합 무마를 약속하는 등 상하이자동차의 먹튀에 방조한 혐의

• **임종석** : 삼화저축은행으로부터 금품 수수 혐의로 1심에서 징역 6개월, 집행유예 1년의 유죄를 선고를 받음.

《금융수탈 1%에 맞선 99%를 위한 공약》 (정책 요구안)

한편 우리는 지난 2011년 10월 15일부터 "금융수탈 1%에 맞선 99%의 여의도를 점령하라!" 운동을 주도적으로 해온 단체들이다. 그 동안 운동에서 요구된 것을 아래 사항으로 정리하여 다

가오는 국회의원 총선거에서 99% 대표하는 모든 선량들과 공약
을 맺고자 한다.

〈금융자본규제〉

1.은행과 금융기관, 주요 기간산업에서 외국인, 사모펀드 등
투기자본이 대주주가 되는 것을 원천 금지한다.

1-1.더 이상 공기업과 은행의 민영화를 중단하고, 이미 민영
화가 완료된 것은 재평가하여 (재)국유화 또는 (재)사회화를 추진
한다.

1-2.기업 M&A에 동원되는 투자금은 조성과정, 조성자, 조성
목적, 투자금 회수기간과 조건 등을 시장에 반드시 공개한다.

1-3.미국식 투자은행을 모델로 진행 중인 은행 대형화 추진을
중단한다.

2.은행은 예대마진 이외의 수익이용 수수료 등을 금지한다.

2-1.은행의 BIS비율은 시장 상황과 반대로 운용하여 은행의
고유기능인 자본중계를 전체 시장과 사회 안정을 위해 기능하도
록 강제 한다.

2-2.대학생 학자금 대출 같은 정책금융은 사유화된 은행이 아
닌 해당 국가기관이 직접 운용한다.

2-3.이미 화폐처럼 사용되는 신용카드의 영업은 국가가 관장
하고 일체의 이용료는 저가로 한다.

2-4.파생금융상품에 중과세 한다.

3.자본이득세 및 파생금융상품 거래세를 도입한다.
3-1.양도세를 기준으로 자본이득세를 도입한다.
3-2.파생금융상품에 대해 0.15%의 거래세를 부과한다.

4.과도한 배당과 성과급을 금지한다.

5.생산, 고용, 납세 등 사회가 기업에 요구하는 가치훼손은 물론 형사처벌을 받은 대주주는 그 경영권을 즉시 박탈한다.

〈금융정책을 실패한 관료 처벌과 금융감독 기구의 민주적 재편〉
　1.특정 금융자본에게 편파적인 정책결정을 하였거나 그들과 공모해서 금융소비자에게 피해를 입힌 금융관료의 처벌은 물론 공직에서 영구히 배제를 한다.
　1-1.회전문 인사의 폐단을 막기 위한 취업제한 강화와 공직 재임용에서 이해집단 대리 혐의자는 무조건 제척한다.
　1-2.금융소비자 피해 발생 시 먼저 구제한 후 국가는 해당 관료에게 구상권을 발동하여 피해보전을 한다.

　2.금융감독원을 철폐하고, 기존의 관료를 배제한 금융소비자

보호기구를 신설한다.

2-1.신설될 금융소비자 보호기구의 주요 임무는 금융자본 규제, 국가 경제정책 감시, 금융소비자 교육, 피해자에 대한 신속한 구제로 한다.

3.현 금융위원회는 국회 동의로 위원장을 임명하고, 위원의 다수는 국회의 추천으로 노동자 대표, 소비자 대표, 관련 전문가로 구성한다.

〈금융피해자 구제〉

1.특별법을 국회에서 마련해 저축은행사태 피해자, KIKO사태 피해자, 외환카드 주가조작사건 피해자를 우선 구제한다.

2.상기의 금융소비자 보호기구에서 금융자본 또는 '금융화' 된 거대자본으로부터 입은 피해 접수와 조사, 판정을 통해 피해자를 구제한다.

2012. 2. 9.(목)

금융수탈 1%에 저항하는 99%, 여의도를 점령하라

김기준 국회의원에게 제출한 정책안

필자와 필자가 속한 단체는 2012년 19대 총선이 끝난 후, 그해 가을에 법률 초안 두 가지를 만들어 김기준 국회의원에게 제출하였다. 하나는 '금융소비자위원회의 설치 및 운영에 관한 법률 제정안'이고, 다른 하나는 '금융감독기구 설치 등에 관한 법률'이다. 핵심 골자는 금융소비자위원회를 금융관료(모피아)의 손아귀에서 벗어나게 하고, 금융소비자들이 만들게 하자는 것이다. 바꿔 말해 현 금융위원회는 독재이므로 민주적으로 개혁을 하자는 것이다.

우리 모두는 자본주의 금융시스템의 이용자다. 즉 금융소비자이다. 지금의 상황은 그 금융시스템이 오작동을 일으켜 이미 고통을 받고 있거나, 언제인가 닥칠 금융피해에 대한 공포를 가지고 있다는 것이다. 그리고 점점 더 명확해지는 것은 오작동을 일으키는 지금의 금융시스템은 설계자체부터가 오류라는 것이고, 설계부터 고치지 않는 한 지금의 상황은 끝나지 않을 것이라는 점이다. 그것은 금융시스템을 둘러싼 집단을 보면 좀 더 명확해진다. 금융시스템으로부터 천문학적인 수익을 내는 금융자본과 그런 금융시스템을 설계 한 금융관료와 금융자본을 대리하는 전문가, 그리고 어쩔 수 없이 금융시스템을 이용 하고 있지만 수탈당하고 있다는 생각을 떨칠 수 없는 금융소비자, 이미 모든 것을 잃고 금융시스템 바깥으로 내쫓긴 금융피해자가 있다.

한국의 약탈자본과 공범자들

한국과 세계는 지금 탐욕스러운 금융자본을 규제하고 부패한 금융관료를 척결해야하는 과제를 안고 있다. 작금에 진행 중인 글로벌 경제위기의 책임자들이 그들이며, 한국에서도 예외 없이 금융자본과 금융관료에 의한 금융피해가 끊임없이 발생하고 있다. 이 기묘한 법률안은 바로 이런 상황을, 금융시스템을 개혁하고자 내놓은 것이다.

법률안 준비주체

먼저 말하고 싶은 것은 법률안 준비주체가 지금까지의 경우와는 전혀 다르다. 준비주체가 지니는 보편성과 정당성에 있다. 그 면면을 보면, 한국사회의 대표적인 금융피해자들인 KiKO 사태 피해자나 저축은행 피해자들이 준비에 참가했다. 또 오랫동안 금융회사에 종사하면서 탐욕스러운 금융자본과 부패한 금융관료의 부패에 분노하여 싸워온 금융노동자들이 민주노총, 한국노총이란 소속조직을 넘어서 참여하였다. 마지막으로 여의도 점령운동 등 관련 금융자본과 관료에 맞서 오랫동안 싸워온 시민단체(필자가 속한 투기자본감시센터 포함)가 참여하였다.

이 법률안을 준비하면서 참여한 사람들에게 금융자본의 더 많은 수익, 이윤축적을 위해 규제완화와 같은 내용을 담은 기존의 금융관련 법률안은 처음부터 고민대상이 아니었다. 또 부패한 금융관료집단이 원하는 기득권 사수 또는 영향력 확대를 위한 법률안도 당연히 아니다. 이른바 우리 사회의 99% 입장에서 고민하고 토론하여 준비한 법률안이었다.

법률안의 주요 내용

이 법률안에는 금융피해자, 금융노동자, 금융관련 시민단체가 그동안 겪었던 경험과 원통함, 그리고 문제를 풀어가는 과정에서 생겨난 지혜가 고스란히 실려 있다. 핵심 결론은 최소한 국가의 두 기관에, 금융소비자라는 이름으로 시민들이 침투해서 금융자본 및 금융관료와 싸우겠다는 것이다.

'금융소비자위원회의 설치 및 운영에 관한 법률 제정안'의 경우, 국가인권위원회를 모델로 독립적인 헌법기관으로 그 위상을 정하고 있다. 철저하게 금융관료의 손아귀, 더 나아가 정부권력으로부터 예산, 인사, 운영에서 독립적인 기관을 신설해야 한다. 그렇게 해야 '금융소비자 보호기능'에 충실할 것이라는 사실은 그동안의 경험이 반영된 것이다. 금융소비자위원회 위원장을 포함 11인을 정부, 국회, 대법원 추천(금융공공성운동과 금융소비자운동 출신 경력자 포함 노동자 대표, 소비자 대표)으로 구성하자는 것이다. 현 국가인권위원회의 실패사례를 참고하여, 설립 안으로 제출된 금융소비자위원회에 보다 강력한 대정부 시정 권고와 시정 요구권을 부여했고, 이를 위한 사무처 설치를 담았다.

'금융감독기구 설치 등에 관한 법률안'의 경우, 방송통신위원회를 모델로 하여 현 금융위원회를 개혁하자는 것이다. 현 금융위원회는 다수의 금융관료와 약간의 금융자본 대리인으로 구성되어 있어 권한은 막강하다. 그러나 현 금융위원회는 구성절차와 권한행사에서 비민주적이다. 아니 독재적이다! 현 금융위원회는 너무 많은 권한을 가지고 있다. 따라서 금융위원회의 사무국을 없애고, 금융위원회는 의결기구로 바꿔야 한다.

특히 금융감독위원장의 국회 인사청문회를 실시하고, 금융감독위원 9인 중 2인은 반드시 야당 추천(금융공공성운동과 금융소비자운동 출신의 경력자 포함를 포함해 노동자 대표, 소비자 대표)으로 구성해야 한다. 또한 상기의 금융소비자위원회 추천인사 포함해서 금융분쟁조정위원회 구성을 담고 있다. 한편 금감원 직원의 금융사 재취업금지를 명문화 하여 부패의 소지를 차단하고자 했다.

그럼에도 몇 가지 아쉬운 것이 있다. 금융소비자위원회와 금융감독위원회의 위원자격을 철저하게 제한하는 것까지 합의하지 못했다. '전문성'이란 미명 또는 허명으로 특정자본 또는 그들을 대리하는 민간전문가(변호사, 교수 등)가 정부가 구성하는 OOO위원회에 위원으로 참여하여 낳은 부작용을 우리 시민사회는 여러 차례 보아 왔다. 그들은 '회전문 인사'로 특정 자본과 결탁해 있다. 특히 현 금융위원회와 금융감독원에 대한 대중적 불신 중에 여기서 기인한 바 매우 크다는 점을 상기해야 한다. 따라서 금융소비자보호와 금융감독기구 개편이 목표인 두 법률안으로써 지금까지 늘 보아온 그런 민간 전문가를 철저하게 배제해야 옳다. 그래서 두 위원회의 위원을 금융소비자 대표와 금융노동자 대표만으로 철저하게 한정해야 한다. 특히 현병철 국가인권위원장의 무자격논란을 보았을 때, 자격 조건은 반드시 금융공공성운동과 금융소비자운동 출신으로 제한해야 한다.

만약 변호사나 교수 중에 해당 위원회 위원이 되고자 한다면, 먼저 금융공공성운동과 금융소비자운동에 종사하면 된다. 관련 시민단체도 많고, 금융권은 산별노조 형태라 가입이 쉽다. 또 실제로 금융권노조와 금융관련 시민단체에서 직함을 가지고 성실한 활동을 하는 교수 혹은 변호사를 찾으면 많다. 즉 이 문제는 당사자의 의지와 선택의 문제이지 결코 차별을 하려고 하는 것이 아니다. 그 외에도 금융소비자위원회와 현재 금융감독원과의 관계를 보다 명확하게 못한 것, 금융소비자위원회의 권한에 징벌적 손해배상 명령 등의 구제조치를 구체화하지 못한 것이 아쉽다. 이 부분은 나중에 국가권력이 국가인권위원회의 권한(시정권고 등)을 우습게 여기는 폐단을 알기에 더욱 아쉽다.

위에서 국가인권위원회를 거론했는데, 우리는 그 창설과정을 기억한다. 국가인권위원회는 오랜 군부독재 하에서 만연된 인권탄압, 국제인권기구의 권고, 김대중 대통령의 공약이라는 객관적인 조건 하에서 국내 유수의 인권단체들과 기라성 같은 인권운동가들이 약 3년여를 싸워 쟁취한 것이다. 그럼에도 국가인원위원회는 때때로 심각한 왜곡의 위협을 겪고 있다.

앞으로 금융소비자인 시민은 막강한 힘을 가진 금융자본 및 금융관료에 맞서 싸울 수 있는 국가기관을 쟁취해야 한다. 이러한 요구를 할 때, 예상되는 금융자본과 금융관료의 온갖 로비와 압력을 생각하면, 미리부터 두려움이 든다. 이러한 두려움을 극복하고, 금융소비자인 시민이 자신의 권리를 쟁취할 수 있는 방법은 오직 하나, 시민사회의 역량결집이다.

7장 누가, 어떻게 자본을 통제해야 하는가

"최후의 자본가의 창자로 최후의 관료를 목매다는 날까지 인류에게 행복은 없다"_ 기 디보르(Guy Debord)

마음만 먹으면 바로 도입 가능한 해외사례

　개혁을 말하면, 흔히들 '실현 가능한지', '재원은 있는지' 등의 시비를 거는 주장부터 나온다. 아무 생각이 없이 들으면, 타당하고 합리적인 주장 같다. 그러나 그런 비판은 개혁을 열망하는 시민들의 욕구를 한낱 몽상으로 치부하려는 의도가 많다. 그런데 정말로 우스운 것은 그런 자들이 직접 시민들을 만나면 늘 유럽과 선진 자본주의 국가의 법과 제도를 거론하며 폼을 잡는 것이다. 유명한 정치인, 학자, 언론인들이 주로 그렇다. 그러나 그들이 진짜 말하지 않는 것은 따로 있다고 생각한다.

　높은 수준의 민주주의와 사회 복지를 이룩한 유럽 및 선진 자본주의 국가와 한국의 차이는 무엇일까? 분명한 것은 합리적인 개혁방안이 있고, 없고의 차이는 분명히 아니다. 그런 것은 애초에 없다고 생각한다. 시민들의 단호한 행동, 직접행동의 여부가 민주주의와 복지의 차이를 만들었다고 생각한다. 선거 때, 착한 정치인을 뽑는 것으로 만족하면 안 된다. 시민단체와 노조가 알아서 할 일이라고 생각해서는 우리 사회는 앞으로도 지금과 별반 다르지 않을 것이다.

한 직장에서 월급이 오르고, 해고를 막고, 복지가 확대되는 것은 노조의 교섭력이거나, 사장의 지불 의사와 능력이 아니라는 말이 있다. 대부분 노동자들의 단호한 행동이 임금 등을 결정한다는 것이다. 1천 원어치 싸우면 1천 원이 오르고, 아예 싸우지도 않는다면 임금 인상은 커녕 회사를 나가라고 할 것이다. 이러한 사례는 한국은 물론 외국에서도 많이 찾을 수 있을 것이다.

유럽의 왕과 대통령, 자본가가 한국의 그것들보다 더 착한 것이 아니다. 유럽의 노동자, 시민 대중들이 직접 목숨을 걸고 싸워서 민주주의와 복지를 쟁취한 것이다. 그자들의 목에 총 뿌리를 들이 대고, 네놈들이 모두 가지고 있는 권력과 빵, 집과 보험, 건강과 문화를 내놓으라고 협박을 해서 쟁취한 것이다. 거저 생긴 것이 아니며, 권력자와 부자가 선의로 베푼 것은 절대 아니다. 그자들이 겁을 먹고 내준 것이다. 그것이 민주주의이고, 역사이다. 얼마나 우리가 더 단호한 행동에 나서느냐가 지금보다 높은 수준의 민주주의와 사회로 진보할 수 있는지를 결정할 것이다.

따라서 아래에 주장한 개혁방안들을 두고 '실현 가능한지', '재

한국의 약탈자본과 공범자들

원은 있는지' 등의 시비를 걸 생각은 하지 마라. 권력자와 부자들이 동의할 만한 내용은 아예 없기 때문이다. "태초에 행동이 있었다!"는 말이 있다. 이 말은 아래에 소개한 '독일식 노사공동결제'와 관련 있는 독일혁명에서 산화해간 로자 룩셈부르크(Rosalia Luxemburg)의 말로써 유명하다. 읽고 함께 싸울 의사가 있는 사람만 비판하기 바란다. 중요한 것은 행동이지, 방안이 아니다.

• 영국_정부와 독립된 기관이 기업의 인수, 합병 관리
　　　노조대표 등 이해 관계자 참여 보장

　영국 금융시장에서의 기업 인수합병관리는 매수 패널위원회, 금융서비스 기구(FSA: FinancialService Authority), 중앙은행, 비즈니스기업규제 개혁성(BERR)의 감독 관리를 받고 있으며, 2007년 말 일본노총이 영국의 금융관련 규제기관들을 방문하여 투자펀드에 대한 규제 및 규율에 대한 정책을 수립하는데 참고한 바 있다.(일본노동조합총연합회, 2008년)

표19) 영국의 투기자본 규제 방안

규제기관	근거법	내 용
매수패널위원회 (정부와는 독립적인 기관으로 기업매수와 이해관계 있는 사람, 주주, 은행, 노동조합 대표자 등으로 구성)	회사법 (City Code)	•City Code는 매수 방어기제는 아님. •기업매수의 옳고 그름을 판단하는 것이 아니라 주주 보호가 목적임. •기업매수와 관련하여 주식취득 과정에서 투명성과 주주에게 정보제공의 기회를 확보해 주는 역할. •부정을 적발하는 경우 FSA(금융 서비스 기구)와 협력하여 처벌할 수 있도록 조치. •City Code 규정을 개정 및 보완하여 펀드투자에 의한 부정적 영향을 최소화하기 위해 노력.
금융서비스 기구(FSA) (정부로부터 독립된 기관으로 약 2,600명 근무)	금융서비스 시장법	•매수패널 위원회와 협력하여 시장에서 부정이 발생하는 경우 직접 개입하여 처벌.(제재금 부과, 형사소송 제기 등) •시장의 신뢰확보, 금융제도의 이해증진, 소비자 보호, 금융범죄를 줄이는 것이 목표. •규제대상 사업자로부터 가맹비를 통해 수입 조달. •헤지펀드나 사모펀드는 FSA규제 대상이 아님.
재무성, 중앙은행		•금융서비스 시장법 제정, 중앙은행과의 역할 조정. •재무성은 규제의 기본골조를 만들고, 각 규제기관은 기본 골조 안에서 재량권을 가지고 감독.
비즈니스, 기업규제 개혁성	회사법	•2006년 회사법을 개정하여 회사의 성공과 지속적인 성장을 위해 이사의 의무를 규정하고 있음. •주주가 중심이지만, 종업원, 환경, 지역사회의 중요성이 규정에 삽입되었음. •회사의 실제주주가 누구인지 알 권리에 대해 규정하고 있음. 과거 3년간 주식을 보유한 주주를 조사할 수 있는 권리가 포함.

*출처 : 일본노동조합총연합회, 2008년

한국의 약탈자본과 공범자들

한계는 있지만, 인수자본이 매수패널위원회를 통해 노동자 등 다양한 이해관계자에게 정보를 제공한다는 것이 장점이다. 그리고, 금융서비스 기구(FSA)라는 독립적인 금융소비자 보호기구도 많은 시사점이 있다.

• **미국_외국 자본의 인수합병 시도, 대통령이 금지 시키는 것 가능**
  2008년 금융위기 이후, 금융자본에 대한 감독 강화

엑슨플로리어법(ExonFlorio Act)

1988년 미국에서 제정한 외국인 투자제한법이다. 이 법은 국가 안보와 직결된 기술 유출을 막겠다는 취지로 만들어 졌다. 그러나 실제 이법은 일본, 중국 등 외국 자본이 미국 기업을 인수, 합병하는 것을 막는 데 활용되고 있다. 외국인 투자가 이 법에 저촉되는지 여부는 재무성, 상무성, 통상대표부(USTR), 국방성의 대표로 구성되는 대미외국투자위원회(CFIUS)가 조사한다. 대미외국투자위원회의 조사 결과, 외국자본의 인수, 합병이 법에 위반된다고 판단될 경우, 대통령이 직접 인수, 합병을 금지 시킬 수 있다. 최근에도 중국자본의 미국 진출을 대통령이 막아 나선 바 있다.

현재 론스타, 맥쿼리 등 외국 투기자본이 단기 차익 실현과 고배당 등을 목적으로 기업을 인수, 합병하고, 이 과정에서 노동자 대량 해고 등이 발생하고 있다. 따라서 이러한 사태를 막기 위해

엑슨 플로리어법에 대한 사회적 논의가 필요하다. 그러나 이 법은 해외자본의 투자를 위축시켜 경제성장에 악영향을 미칠 수 있다는 주장도 있다. 한국에서 이 법을 도입했을 때, 우려되는 점은 '재벌'이다. 재벌들은 외국 자본의 공격적인 인수합병 과정에서 경영권 방어에 관심이 많다. 그 직접적인 계기가 된 몇몇 사건이 있다.

2002년 골드만 삭스는 진로에서 1조 원 이상 먹튀에 성공했다. 1997년 부도와 화의신청 등으로 위기에 몰린 진로가 1998년 구조조정 컨설팅을 위해 미국의 투자은행 골드만삭스를 찾은 것이 사건의 발단인데, 그런 상황에서 진로의 구조조정계획, 자산, 재정상태, 현금흐름 등 내부 미공개 정보 등 핵심 기밀정보를 골드만삭스가 챙긴 것이다. 특히 진로가 채무 변제능력이 충분한 회사라는 점을 알아챘다. 이후 골드만삭스는 자산관리공사와 국내 금융기관 채권자들에게서 진로 채권을 매집했다. 또한 진로재팬과 홍콩법인을 장악하기 위해 진로홍콩 변동금리부채권(FRN) 2천 8백만 달러어치도 매입했다. 진로홍콩은 고수익을 내고 있던 진로재팬의 모회사였다. 이렇게 해서 골드만삭스가 매입한 진로채권은 3천5백억~4천억 원 정도였다. 진로채권을 충분히 확보한 골드만삭스는 진로의 자산 매각을 막아 자산을 묶어두기 시작했다. 2001년 1월 진로재팬 매각을 막았고, 2002년에는 진로재팬 상표권도 압류했다. 채권과 자산확보가 끝나자 골드만삭스는 2003년 4월 진로에 대한 법정관리를 전격 신청했다. 골드만삭스는 진로채권 이자로 투자금액을 거의 회수한 상태였고, 진로를 매각해 더 많은 투자이익을 챙겼다. 그리고, 한국 소주 업계 1위의 진로 장진호 회장은 한국에서 파산하고 중국으로 피신해 살다가 죽었다.(고기완 기자, 前진로 변호사 "진로 농락 당해", 한국경제신문 2004년 10월 9일) 이후, 김영민 주연의 드라마 〈개과천선〉에서 주요 소재로 등장하기도 했다.

2004년 'SK 소버린 사태'가 있었다. 소버린은 네델란드의 사모펀드이다. 1,768억 원의 돈으로 SK㈜ 주식 약 1,900여만 주(당시 14.99%)를 매입한 후 최태원 회장의 교체를 주장, 경영권 분쟁을 일으켰다. 당시 최태원은 경영비리가 드러나 검찰 수사를 받고 있었다. 당시에도 거대 시민단체들은 '재벌 개혁'이라는 이유로 사모펀드 소버린을 지지했었다. 6,100원대에 불과했던 SK㈜의 주가는 2년여에 걸친 경영권 분쟁을 통한 주식 가격 부풀리기로 6만 9,000원대까지 치솟기도 했다. 그 후 소버린이 SK㈜에 대한 '경영 참여' 포기를 선언하고, 주식 매각과 배당 등을 통해 총 8,500억 원 가량의 돈을 챙겼다.(최흡/김종호 기자, SK, 경영권 방어… 소버린은 8000억 차익, 조선닷컴 2005년 7월 18일)

2006년 'KT&G칼 아이칸 사태'도 비슷한 사건이다. 다만, 다른 점은 민영화된 기업에 대한 금융자본의 공격이었다. 칼 아이칸(Carl Celian Icahn)은 "탐욕은 선(善)"이라 말하는 궤변으로도 유명하고, 영화 〈프리티 우먼〉에서 '기업사냥꾼'인 남자 주인공 리처드 기어의 실제 모델이라는 주장이 있다. 또, 트럼프 미국 대통령과 '절친'이라고도 한다.

　이만한 사건들이라면 재벌들이 관심을 넘어 '공포'를 느낄 만할 것이다. 그래서 한동안 전국경제인연합회(약칭, 전경련)라는 재벌 그룹들의 단체가 액슨 플로리어 법을 입법하고자 정부와 국회에 많은 '로비' 활동을 했었다. 2007년 4월경, 내가 투기자본감시센터에 신임 사무국장으로서 출근한 지 얼마 되지 않았던 어느 날 아침, 전경련의 간부들이 사무실로 들이닥쳤었다. 시민단체를 앞세워 입법하는 것이 사회적 정당성을 얻는다고 생각했을 것으로 추측된다. 결국 '거절'하고 돌려보냈다. 재벌 산하의 대기업에서 자신들의 경영권을 방어하는 것과 외국계 투기자본으로부터 그 기업을 보호하는 것은 다른 차원의 문제이다. 또한 상습적인 '경제사범'들의 단체인 전경련도 '청산'의 대상에 불과한 것이다. 그 이후 그자들의 입법 로비활동도 전과 같지 않고 한산해 보인다. 아마도 외국계 투기자본과 재벌 일가는 공존하며 잘 지내고 있다고 보이기 때문이다. 대개의 경우, 그자들은 함께 기업을 장악하고 장기적인 약탈하는 방식이 합리적인 선택일 것이라 추측한다.

은행법(National Banking Act) 72조

　"미국의 은행법 72조는 '모든 은행의 이사는 재직 중 미국시민이어야 하고, 이사의 과반수는 은행이 소재한 주(州), 혹은 본점으로부터 100마일 이내에 1년 전부터 거주해야 한다'고 돼있다. 뉴욕주법의 경우 이사의 과반수 이상이 선임 및 재임기간 중 미국

시민권을 보유해야 한다는 국적제한규정을 갖고 있다."(김준형, 금
감위, 국내은행 외국인 이사 국적 또는 검토 필요하다, 머니투데이, 2004년 12월 2일)

금융개혁법(DoddFrank Wall Street Reform and Consumer Protection Act)
　2008년 금융위기 이후 미국은 금융위기의 재발을 방지하기
위해 금융기관에 대한 규제를 강화하는 금융개혁법을 시행하여
투기자본 규제 방안을 마련하였다.

　가. 은행 등 금융기관의 고위험 영업행위 규제(Volker Rule): 단기 차익을
　목적으로 고유자산을 금융상품 등에 투자하는 자기자본 거래를 금지,
　헤지펀드, 사모펀드 운영을 금지, 투자규모 엄격한 제한함.
　나. 금융 지주회사 등에 대한 감독 강화: 투자은행 지주회사에 대한 감
　독권을 연준으로 이관, 은행 등 예금취급기관의 대형화를 막기 위해
　예금취급기관의 M&A 승인 시 예금점유율 외에 자산 및 부채 등을
　고려하도록 함.
　다. 헤지펀드와 사모펀드에 대한 감독 강화: 운용 규모가 1억 달러가 넘
　은 헤지펀드와 운용규모 1억 5,000만 달러 이상의 사모펀드는 증권
　거래위원회(Securities and Exchange Commission)에 투자자문사로
　등록, 운용자산 규모, 레버리지 비율, 보유자산의 종류, 가치평가 방
　식 등 주요 정보 보고하도록 함.

　이 법은 트럼프 정권이 들어선 이후 무력화 과정을 겪고 있다.

• 독일_노사 동수 공동 결정제 도입

대기업 내부, 감독위원회 이사의 절반, 노동조합이 추천

　독일은 1947년부터 노사 동수의 공동결정제가 도입되었으며, 독일 기업구조법 상 2,000명 이상 고용하는 대기업의 경우(1994년 이전 등기된 기업 포함) 감사회(감독위원회)는 이사의 절반, 중견기업은 3/1의 이사를 노동조합이 추천하도록 하여, 여기서 기업 경영의 주요한 결정을 하게 하였다. 그리고 사업장 위원회의 경우에도, 노동조합이 추천한 이사가 사측과 공동으로 노동조건을 결정한다. 유럽은 이러한 독일식 노사공동결정제도를 19개 국가가 도입했다.

　"노동자 경영 참여가 활발한 유럽식 이해관계자 자본주의가 영미식 주주자본주의에 비해 사회적 불평등이 상대적으로 덜하다"는 평가를 받고 있다. (곽정수, 한겨레신문, 유럽 선진경제·노사관계 뒤엔 노동자 경영 참여, 2017년 2월14일) 한국도 서울시와 성남시에서 공공기관에 한해 부분적으로 시행 중이다. 하지만 신자유주의 금융세계화, 미국식 주주자본주의, 노동유연화의 확산으로 위협을 받고 있다고도 한다.

• OECD_다국적 기업 모범 행동 가이드라인 제정

소비자, 노동, 환경 보호, 정보제공, 탈세 방지 등 사회적 책임 부여

"다국적 기업은 진출국의 시장, 노동, 환경, 소비자, 정보제공, 탈세 등 광범위한 분야에 영향을 미친다. OECD는 모범적인 행동 규범을 2011년 제정하였고, 한국 등 34개 OECD 회원국과 비회원국 10개국을 포함 총 44개국이 수락하였다. 이 수락국 공동의 명의로 다국적기업에게 사회적 책임을 부여하는 국제규범이 되었다."(한국인권재단블로그, OECD 다국적 기업 가이드라인)

이 규범은 법적 규제력은 없다. 다만 수락국마다 사무국 국가 연락사무소(NCP: National Contact Point)을 두고 이 규범을 준수하고 이행할 수 있도록 조사와 중재하도록 권고하고 있다.

국내법 개정과 제도적 개혁 방향

앞의 '여의도 점령 운동'과 이후 총선에서 정책제안 등에서 다룬 부분은 대부분 빼고, 약탈경제반대행동이 최근 강력하게 주장하고 있는 것들을 중심으로 정리하였다.

자본 규제(통제)는 개헌의 핵심 주제로

우리 사회에서 최근 중요한 이슈 중의 하나는 '개헌'이다. 나와 내가 활동하는 단체는 '자본 통제(규제)'가 헌법 조항으로 신설되길 바란다. 그보다 먼저 이 책의 주제와 직접 관련은 적지만, 지금의 개헌논의가 너무도 이상하고 동의하기 어려워 먼저 몇 마디를 더한다.

첫째, 국회는 개헌을 논의할 자격이 없다. 현재의 개헌 논의는 2016년, 2017년 겨울 '촛불집회'로 드러난 '시민의 의지'로 열린 국면이다. 즉 1987년 현행 헌법에서 부족한 것에 대한 논의의 연장이 아니라, '최순실박근혜 국정농단 사건'에 대한 집단적인 시민의 분노가 담긴 헌법 개정이어야 한다. 지금의 국회는 결코 촛불집회로 드러난 시민의 의지를 대표하는 것이 아니라, 그보다 전인 2016년 봄 5월 선출된 의원으로 구성된 자들이다. 오히려 그중의 상당수는 소위 '적폐세력'으로 규정할 만하다. 그 자들이 주체가 되는 개헌을 누가 용납하겠는가.

하지만 문재인 대통령은 그 촛불집회 결과로 선출된 자이고,

그의 개헌안도 약 500만 시민의 광범위한 의견을 수집해서 만든 것이다. 따라서 국회가 과거의 헌법 상 권리를 들어서 대통령의 개헌안을 무시한다면, 그해 겨울 전국의 광장과 거리를 가득 메운 시민들을 '개·돼지'로 간주하는 것이다.

둘째, 국회의 쟁점도 틀렸다. 국회 주류의 논의는 현행 헌법이 '제왕적 대통령제'이니 '분권형 대통령제'로 바꾸자는 것이다. 과연 그것이 그해 겨울 '촛불집회'에서 드러난 시민들의 의지에 부합되는 것일까? 상식적으로 볼 때, 시민의 직접적인 감시와 통제를 벗어난 국가(권력)기관은 필연적으로 부패와 타락, 그리고 권력자의 사유물이 된다는 것이다. 그 국가기관의 수장이 선출직이던, 선한 의지를 지닌 자이던, 그것에 관계없이 모두 의심을 받아야 한다. '주권자'라면 참지도 말아야 한다. 오히려 국회가 지금 논의해야할 법제도는 '국회의원 소환·파면제'이어야 한다. 시민을 대표하는 진정한 국회의원이라면, 부당한 권력에 대항기제로써 보유한 의원의 '면책특권' 중 어느 부분을 어디까지 내려놓을지를 고민할 때가 아니다. 본질적으로 스스로에게 먼저 '족쇄'를 채우는 것을 주권자인 시민에게 물어야 한다.

그런 족쇄를 거부하는 대통령과 국회의 여러 정치세력들이 국가 권력기관을 '분점'하는 것은 오히려 민주주의 후퇴이고, 부패와 타락을 확산하게 만든다는 것이 과거 우리 역사의 교훈일 것이다. 따라서 분권형 대통령제가 '협치'를 통한 개헌이라는 것은 단지 양두구육(羊頭狗肉)에 불과하다.

셋째, 현 개헌 논의에서 정당이 핵심의 문제이다. 사실 오늘날 개헌의 시발점은 널리 만연된 '정치 허무'는 모두 한국의 정당 정치 난맥상에서 출발한다. 한국의 정당은 '정책과 이념에 따라 결사결의'한 자들의 단체가 아니라, 단지 탐욕스러운 자들이 자신의 인맥을 통해 결집한 '이권단체'에 불과하다. 그런 수준의 자들이 국정을 책임을 질 수 없는 것은 명백하며, 오직 '만악의 근원'일 뿐이다. 일례로, 국회의 주류 정당, 현재의 여·야당에서 배출한 대통령들은 모두 '도둑놈', '말만 요란하고 무능한 놈'들이었다. 단지, 선거 때는 대중의 기호를 그때그때에 따라서 '서로의 공약을 베끼는 수준'의 '변형주의'가 난무했다. 이런 수준의 무책임하고 무능한 정당들이 난무하는 한국에서, 그들끼리 모여 개헌을 '골백번'을 해도 주권자인 시민들은 늘 괴로울 수밖에 없다. 제발 한국의 모든 정당은 그 동안 누린 것에 만족하고, 이제는 해산해 '역사의 쓰레기통'으로 사라지길 바랄 뿐이다.

그럼에도 필자는 문재인 대통령의 개헌안에도 모두 동의하지 않는다. 거기에는 "자본 통제(규제)가 없기 때문이다. 이 책에서 누누이 강조한 것이 자본의 약탈로 시민들이 고통을 받고 있다는 것이다. 국가는 당연히 자본을 통제하여 시민을 보호해야 할 의무가 있어야 한다. 그것이 헌법상 명문화되었을 때 더욱 효과적일 것이다. 그럼에도 대통령과 국회, 정치권 어디에서도 같은 주장을 하는 정치인은 없다. 오히려 자본을 더 많이 보호하고, 육성하는 것이 대통령과 모든 국가기관의 의무라고 인식하는 경향이

한국의 약탈자본과 공범자들

매우 크다. 솔직한 심정으로는 대한민국은 자본가들의 1당 독재 국가라고 느낄 때가 많다.

"모든 국민은 자신에게 걸맞는 정부를 가진다.(Every nation gets the government it deserves)" 라는 말이 있다. 선출된 정치인들이 모두 그런 태도를 지닌 이유는 그것이 시민사회의 주류이기 때문이다. 최근 내가 활동하는 단체도 시민사회의 개헌운동에 동참하고자 다른 시민단체들에게 연대를 타진하였다. 대체로 대형 시민단체들의 연합체와 군소 규모의 시민단체들의 연합체가 개헌운동을 하고 있다. 아마도 주도권 문제인 듯하다. 그들의 주장은 대체로 비슷한데 헌법상 기본권 문제나 지방자치, 권력구조 등에 대한 주장이 많아 보인다. 그 중 필자가 있는 단체와 규모가 비슷한 단체들의 연합체에 가입 타진을 했었지만 당황스러운 답변을 들었다. 가입은 허용하겠지만 "너희 단체의 '국가에 의한 자본 통제'는 수용할 수 없다. 그 이유는 국가주의와 같다"는 것이다. 심한 모욕감도 들었지만, 나와 우리 단체가 이 한국에서 지금까지 평가받고 있는 수준과 실상을 참담하게 느꼈다. 하긴 그들 중에 먼저 우리 단체에게 연대요청을 한 곳은 처음부터 없었다.

평소 한국의 '진보'라는 담론체계에서 늘 나는 소외감을 느낀다. 한국의 진보는 솔직히 '자유주의'이거나 '민족주의'이다. 겉으로는 '사회주의'적인 가치나 '국제주의'를 표방을 해도 말이다. "귤이 회수를 건너면 탱자가 된다'라는 말처럼, 해외에서는 보수주의적인 가치가 한국에서는 상당히 진보적인 가치로 둔갑을 하는 것이다. 반면에 제도권 정치에서도, 시민사회에서도, '자본 규제(통제)'라는 주장은 늘 왜곡되고 멸시된다.

그런 한국에서도 나와 내가 활동하는 단체는 주요 현안에 대해 목소리를 내지 않은 적이 없었다. 그리고 우리의 길을 뚜벅뚜벅 걸어 왔다. 다음은 그간 이 세상을 향해 우리가 자본통제를 위한 법제도 개혁방안으로써 제시한 것들이다.

대주주와 임원에 대한 규제

'금융회사의 지배구조에 관한 법률' 등 금융기관 관련 법률에는 은행 등 금융기관의 임원에 대한 자격요건과 대주주 적격성 심사, 경영 건전성 유지 등에 대한 규정을 명문화 해 놓았다. 은행 등 금융기관은 고도의 공공성이 요구되는 업종이기에 당연한 조치이다.

이러한 현행의 금융관련 법을 참고하여, 방송통신업, 운수교통, 에너지, 제조업, 서비스업 등 다른 모든 산업에서도 대주주의 자격제한, 임원에 대한 자격요건, 경영 건전성 유지 등을 담은 자본규제 법안 마련이 필요하다. 이러한 법 적용 기업의 범위는 사회적 합의를 거쳐 정할 수 있을 것이다. 그러나 증권거래소 상장기업은 반드시 시행되어야 할 것이다. 생산과 고용, 소비자 후생과 납세 등의 방면에서 '한국경제에 미치는 영향'이 크거나, '공적인 성격의 서비스'를 제공하는 기업, 더 하여 국가안보와 직접 관련이 큰 방위산업이 주된 대상이 되어야 할 것이다.

한국의 약탈자본과 공범자들

반드시 규제 또는 '금지'되어야 하는 것들_대표, 임원 등의 경력(범죄이력 포함), 임금, 납세, 주거지 등의 공개 의무화와 금지 대상

상습범죄자가 '돈'이 있다고 함부로 기업을 인수하여 경영진이 되는 경우는 매우 위험한 일이 발생할 가능성이 높다. 그런 경우들은 결국 그 기업을 상대로 약탈 등의 범죄를 저지르거나, 아니면 기업을 범죄 수단으로 삼아 다수 소비자를 상대로 하는 사기 범죄가 많다. 범죄자가 기업의 대표, 임원, 주요 간부가 되는 것을 원천 금지하여야 한다.

그리고 외국자본 투자기업의 경우, 대표와 임원의 '현지화'가 여러 이유에서 중요하다. '계속기업 가치'의 훼손이라는 측면, 한국의 법과 관행을 무시하는 오만한 제국주의 유산이라는 측면, 자유무역 협정을 이용한 탈세라는 측면 등이 있기 때문이다. 요즘의 개방경제 하에서 전면 금지할 수는 없을 것이다. 따라서 한시적으로 기업 별로 공공성이 요구되는 사항을 지수화하고, 그것에 따른 외국인 임원의 비율을 법으로 정할 수 있다. 이미 비슷한 취지의 법들은 있다. 과거 맥쿼리 펀드가 씨앤앰(현 딜라이브)을 인수 할 때, '전기통신사업법' 상에서 외국인 지분비율을 둘러싸고 위법성 논란이 있었다. 또한 SC은행, 시티은행, HSBC 등은 물론, 우리은행을 제외한 국민은행과 신한은행 등 시중은행이 실질적으로는 '외국계' 은행임은 앞서 밝힌 바 있고, 그것에 따른 여러 폐해도 서술했다. 얼마 전 대한항공 조씨 일가의 조현민 난동 사건에서도 조현민이 미국인이면서 항공사 임원인 것은 관련 법

위반 논란이 있었다. 반드시 대표와 이사회 다수는 한국인이어야 한다. 모든 외자기업 또한 궁극적으로 '현지 법인화'하도록 강제하는 것이 옳다. 그자들의 한국투자 이유가 약탈과 불법일 수는 없는 것이다. 21세기 한국은 식민지가 아니다.

출자자본의 투자자 공개 의무화와 금지 대상

사모펀드의 기업 인수와 경영에서 많은 불법성이 드러나는데, 그 책임을 묻기 어려운 것이 바로 투자자의 '익명성' 때문이었기 때문이다. 또한 외부에서 차입해 기업을 인수할 경우도 차입금 상환을 위해 고배당이나 기업재산 매각, 정리해고와 생산 외주화 등에 더욱 열중하여 기업의 성장 동력을 훼손하기도 한다. 마지막으로, 재벌 총수가 불법적으로 자금을 조성(비자금)하여 기업을 새로 인수하거나 자사주를 매집하는 경우, 자본시장의 건전성, 책임 경영에 위배되는 것이며, 비자금 조성자체가 횡령 등의 불법인 경우가 많다. 이상의 사항은 금지대상이어야 하며, 이를 확인할 수 있도록 출자자본의 실제 투자자에 대한 공개를 의무화해야 한다.

한국의 약탈자본과 공범자들

수시로 재심사

최초로 등록, 허가, 승인 받을 때만 정부 당국이 심사를 하는 것이 아니라, 매년 하는 세금신고를 하듯이 수시로 재심사를 해야 한다. 처음 등록 등의 심사를 받을 때에만 심사 통과를 목적으로 허위 신고를 하고, 실제 기업의 경영 실태와 지배구조는 다를 경우가 있었다. 과거 론스타게이트 사건의 사례가 대표적일 것이다. 최근 삼부토건이라는 건설전문회사에서도 유사한 사례가 발견되어 법적 소송으로 치달았다. 따라서 수시 재심사에 따른 기업 부담, 행정비용 등이 소요된다고 말할 수 있지만, 수시 재심사를 하지 않아 발생할 범죄와 그것에 따른 갈등 치유 비용이 오히려 더 크다. 재심사에서 부적격, 허위가 발견 되면 엄중한 벌칙과 시한을 제시하고 시정조치 명령을 해야 한다. 이후에는 처음의 심사를 취소시켜 주식매각 명령(또는 청산)과 징벌적 손해배상 등의 강력한 조치를 정부 당국이 해야 한다.

아무리 이 세상이 자본가의 천국이지만 우리 노동자와 시민들도 숨은 쉬면서 살고 싶다. 국가가 이 정도의 '자본통제'조차도 하지 않는다면 대한민국은 민주주의가 아니다.

독일식 노사공동 결정제 도입

노동자 대표가 기업경영의 핵심(투자, 재무, 인사 등) 부문에서 자본가와 공동으로 의사결정을 하는 제도이다. 늘 공장(기업) 문 앞에서 멈춘 시민의 민주주의를 공장 담장 너머로 확산 시키는 것,

산업민주주의(industrial democracy)의 오랜 과제에 대해 세계가 찾아 낸 현재까지 최상의 답이기도 하다.

독일의 노사 공동결정제는 19세기 중반 통일제국 이후의 급속한 산업화와 1918년 혁명의 실패, 두 차례의 세계대전에서 패배라는 역사 속에서 등장한 제도이다. 특히 2차 세계대전 이후 전쟁책임 논쟁과 전후 처리과정에서 승전국 연합국을 상대로 노사가 공동 대응을 하는 과정에서 만들어졌다는 것이 특이하다.

1947년부터 노사 동수의 공동결정제가 도입되었다. 그 연원은 1차 세계대전 후 1919년 「바이마르헌법」에서 헌법기구로 인정되었고, 독일 혁명에서 등장했던 노동자평의회(Arbeiterräte)이다. 서독정부가 수립된 후 1951년에 석탄철강 산업에서의 노사 공동결정제에 관한 입법 논의가 진행되자 다시 갈등이 일었으나, 아데나워 수상의 중재로 타협됨에 따라 '석탄철강 산업 공동결정법'이 통과되었다. 1952년 10월에는 석탄철강 산업 이외에 적용되는 '기업구조법'이 제정되었다. 이후 경제구조의 변화에 맞추어 1956년 '공동결정 보완법'이 제정되었고, 1972년에는 '기업구조법'이 개정되면서 공동결정제가 더욱 확대되었다. 그리고 1976년 '근로자 공동결정에 관한 법'이 제정되면서 공동결정제가 다시 확대되었고, 헌법재판소는 1976년에 이 법뿐만아니라 공동결정제 자체를 합헌으로 판결했다. 2001년 독일 정부는 세계화와 노동세계의 변화 등에 부응하여 근로자의 고용안정과 직능향상, 사업장평의회 설립요건 완화를 목표로 공동결정제를 강화하는 방향으로 '공동결정법'을 개정했다.

독일에서 공동결정제는 사업장 차원과 기업차원에서 시행된다. 헌법기구로 인정된 독일 기업구조법 상 2,000명 이상 고용하는 대기업의 경우(1994년 이전 등기된 기업 포함) 감사회(감독위원회)는 이사의 절반, 중견기업은 3/1의 이사를 노동조합이 추천하도록 하였다. 여기서 기업 경영의 주요한 결정을 하게 하였다. 노동자의 이해관계를 대변하는 감사는 주주 대표와 동일한 권리와 의무를 가질 뿐만 아니라, 감사회 활동으로 인해 어떠한 불이익도 당하지 않도록 특별한 보호를 받는다.

그리고 종업원 5인 이상의 기업에 적용되는 사업장 위원회의 경우에도, 노동조합의 추천한 이사가 사측과 공동으로 노동조건을 결정한다. 하나의 기업이 복수의 사업장을 운영할 경우에는 전체사업장평의회가 구성되며 각 평의회가 대표를 파견한다. 콘체른(concern: 기업 그룹)에는 콘체른사업장평의회가 구성된다. 평의회의 가장 중요한 임무는 노동자에게 유리하게 제정된 법률, 조례, 산재방지규정, 단체협약, 사업장 합의사항이 준수되는지를 감시하는 것이다. 사용자에 대하여 노동자의 이익을 대변하고 개별 노동자의 제안을 검토하여 사용자에게 전달한다. 장애인 및 노인의 고용과 외국인의 통합을 촉진하고 양성평등을 관철하며 노동 및 환경보호 조치를 취한다.

현재 유럽은 독일식 노사공동결정제도를 19개 국가가 도입했다. 이에 대해, "노동자 경영 참여가 활발한 유럽식 이해관계자

자본주의가 영미식 주주자본주의에 비해 사회적 불평등이 상대적으로 덜하다"는 평가도 받고 있다.

그러나 한국에 도입되기에는 어려움이 많을 것이다. 다만 서울시와 성남시에서 공공기관에 한해 '노동이사제'를 부분적으로 시행 중이다. 정치권도, 시민사회도 그 주류는 기업의 주인은 주주이고, 기업은 주주 이익 극대화를 위해 경영을 해야 한다고 믿는다. 관련 입법과 시민운동도 활발하다.

결국 이 상황을 돌파할 세력은 당사자인 노동조합일 것이다. 주주자본주의, 또는 자유주의에 경도된 정치권과 시민운동에 기대어 자신들의 이해를 관철하려는 태도는 버려야 할 것이다. 독일과 유럽의 노동운동은 그런 자들과 연대, 연합을 한 적이 없고, 스스로의 투쟁으로 돌파해 왔다.(영국은 예외) 그 결과, 다른 지역 자본주의 국가와 현격한 차이를 보이는 독일과 유럽의 노동권과 복지가 있는 것이다.

끝으로 노사공동결정제도는 초국적 금융자본과 다국적 기업에서 무력하다는 주장이 있다. 자본철수나 공장의 해외이전 등의 현상만 보면 맞다. 하지만 이 제도의 한계로 주장하는 것은 부당하다. 그 이유는 '노동자 국제연대'라는 관점에서 분석과 해법을 찾아야 하는 것이다.

종업원지주제

  종업원지주제(ESOP : employee stock ownership plan)는 노동자들
이 자기가 일하는 기업의 주식을 일부 보유하여 경영에 참여하
나, 기업 경영권 전체를 인수하는 것이다. 19세기 말부터 등장하
였는데, 확산된 배경에는 대공황 같은 경제위기 때문이었다. 경
제위기를 맞아 경영실패를 한 자본가는 기업을 포기할 수 있지
만, 노동자는 자신의 노동력을 제공하고 임금으로만 살아야함으
로 직장을 포기하기는 어렵다. 그렇다면 노동자들이 기업을 인수
하여 자신의 고용을 스스로 지킬 수 있는 방안으로써, 종업원지
주제는 확산될 수밖에 없다.

  이미 외국의 경우 세계자본주의 중심부라는 미국은 물론 독
일 등의 유럽, 그리고 중국에서 주요한 기업의 형태로 자리를
잡은 지 이미 오래다. 미국의 경우는 민간 기업의 10%정도인
10,900개의 기업(2011년 기준)이 종업원지주제로 운영되고 있고,
약 1,300만 명의 노동자가 고용되어 있다. 미국의 경우, '차입형'
종업원지주제가 있어서 종업원지주제를 확산시킬 수 있었다. 자
사주를 살 수 있을 만큼 부유하지 못한 노동자들은 기업의 신용
을 담보로 외부에서 차입을 하여 자사주를 사게 하고, 차차 그 차
입금을 상환하는 방식이다. 미국의 대표적인 종업원 지주제 회사
인, SAIC(Science Application International Corporration)가 스스로 이
제도를 채택하고 노동자들이 기업의 주인이 된 이유에 대해 다음
과 같이 주장을 한다.

"우리가 외부 투자자들의 자산을 빌려 단순히 임금만 받고 일한다면 지금과 같은 기업성과를 낼 수가 없다고 본다. 차를 랜트한 사람이 결코 세차를 하지 않는 것처럼 종업원들이 회사의 주인이 아니면 회사발전을 위해 적극 노력하겠는가. 우리는 우리 스스로에게 통제당하고 싶다. 매일 아침 조간신문에 나온 주가를 바라보며 우리가 무슨 일을 하는지도 잘 모르면서 궁극적으로 투자수익에만 관심이 있는 외부투자자들의 간섭을 받을 수는 없다."

한편 종업원지주제는 주기적으로 반복되는 경제위기 속에서 더욱 주목해야 한다. 이에 대해 "기업도산에 따른 대량실업을 막을 수 있고 지분을 넘겨받은 기업에서는 종업원들의 창의성과 자발적인 생산성 증가 노력을 촉발시켜 경기회복의 발판이 될 수 있다"는 평가가 있다. 이처럼 종업원지주제가 기업의 지속적인 성장을 이끌어 내기 때문이다. 최근 토목 건설의 설계 전문회사인 한국종합기술의 노동자와 연대하여 한국종합기술에 종업원지주제가 도입되도록 노력하였다. 부디 한국의 노동자들에게 새로운 희망이 되길 바란다.

사법개혁, 시민들이 국가기관에 직접 침투하기

자본의 불법, 비상식적인 경영으로 노동자들은 해고 등의 피해를 입었고, 소비자들은 다양한 금융피해를 보았다. 또한 사회적으로 생산적인 부문에 쓰여야할 금융자원이 금융 투기에 사용되고 있다. 자본이 이런 불법과 횡포를 저지르고, 이런 행위를 합법화하는 데 법은 큰 역할을 하였다. 따라서 사법개혁이 반드시 이루어져야 한다.

자본과 결탁한 세력은 광범위한 범위에 펼쳐져 있다. 그들은 힘이 있으며, 다양한 형태로 조직화 되어 있다. 특히 법조계 출신의 전문가 집단은 앞에서 밝혔듯이 자본의 주된 '결탁세력'이었다. 이러한 이유로 무자격 자본에 대한 편법 승인, 매각 차익에 대한 비과세, 기업 불법매각에 연루되었던 관료들에 대한 무죄방면 등 사회통념상 용납될 수 없는 일들이 계속 벌어지고 있다. 자본 규제를 위한 사법 제도 개혁방안을 제시해 본다.

현재 국회와 대통령의 사법개혁안을 보면, '고위공직자비리수사처 신설'과 '검찰·경찰의 수사권 조정'이 주요한 내용이다. 그것에 반대하지 않으며 그 필요성은 인정한다. 시민의 입장에서 보면 고위공직자의 비리를 전문적으로 수사하는 것도 필요하고, 소수의 검찰이 모든 사건을 수사하는 것은 불가능할 수밖에 없다는 것을 인정한다.

그러나 그것이 본질적 문제일까? '고위공직자비리수사처'에서 일할 검사도 지금의 검사 집단의 일부일 뿐이다. 여전히 부패하고 무능하며, 현실 권력자에게 아부하고 아첨하는 것은 마찬가지일 것이다. 현재의 검사 집단, 사법체계에 대한 전면적인 개혁이 있어야 할 것이다. 또한 검찰만큼 불신을 받고 있는 경찰이 수사를 한다고 새로워질 것은 없을 것이다.

첫째, 시민의 적극적인 참여를 보장할 필요가 있다. 시민이 직접 사법당국, 행정당국 등 국가 기관의 의사 결정 과정에 참여하여 할 수 있다면, 이것보다 더 좋은 국가권력 감시 통제 방안은 없을 것이다. 이런 방식은 자본의 약탈을 방지할 수 있는 하나의 처방이 될 수 있을 것이다.

국가 권력기관의 장을 시민이 직접 선출하고 통제하는 사례는 주로 해외에 있다. 미국의 경우 대부분의 경찰과 검사, 판사를 주(州) 단위로 시민들이 선출한다. 경찰은 중앙정부 법무부 소속의 연방수사국(Federal Bureau of Investigation: FBI) 등과 재무부 소속 국세청 등등에도 있지만 주(State), 카운티(County), 시(City)별로 다양한 경찰조직을 갖고 있다. 주목 할만 것은 County Sheriff(보안관)로서 대개 주 헌법에 의하여 설치되고, 주민선거에 의하여 선출되는데 임기는 4년에서 6년이다. 이러한 자치제 수준의 경찰은 그 수가 약 36,700개로 미국 전체 경찰조직 40,000여 개 중 대부분을 차지하고 있다.

검사도 중앙정부 소속 연방검찰청(U.S. Attorney's Office)에도 있지만, 2001년을 기준으로 각 주의 County 단위로 설치된 District Attorney's Office에는 검사 79,000명을 포함하여, 수

한국의 약탈자본과 공범자들

사관, 보조인력 등이 있다. 특히 백만 명 이상 인구를 관할하는 34개의 검찰청에는 총 14,000명의 검사들이 있다. 45개 주에서는 이들 지방검사를 주민들의 선거로 선출하며, 2개주만 주지사 등이 임명하는데, 선거직의 경우 대략 임기는 4년으로 연임이 가능하다.

미국의 판사도 대부분 선출직이다. 파산 판사(Bankruptcy Judges)와 치안 판사(Magistrate Judges)가 그들이다. 연방법원 판사들은 대통령과 상원에 의해 임명되는 종신직이지만, 파산·치안 판사는 지방 변호사들과 시민대표로 구성되는 추천위원회의 심사를 거쳐 연방법원 판사들에 의해 임명되며 종신직이 아닌 임기제이다. 임기는 파산 판사 14년, 치안 판사 8년이다. 한편 주 법원의 판사는 각주의 헌법과 법령에 따라 임명절차가 각기 다르지만, 대부분 시민의 선거에 의해 선출된다.

이처럼 미국의 사법체제는 그 대부분이 시민들의 선출직에 의해 운영되고 있다. 여기에 더하여, 배심제(jury system)를 통하여 미국시민들은 직접 재판과 평결에 참여하고 있다. 이러한 사법체계는 수사, 기소, 재판에서 자신을 선출한 시민들의 입장을 대변하게 된다. 예를 들어 흑인 유권자가 많은 지역이라면, 흑인 인권보호에 보다 더 노력을 할 것이고, 파산한 노동자 밀집 지구에서는 다른 지역보다 금융 자본에게 엄정한 법 집행을 하려 할 것이다. 만약 한국도 미국식의 사법체계였다면, 용산 참사나 백남기 농민 사망 사건의 경우처럼 중앙정부가 시민을 잔인하게 진압하라는 명령을 거부하는 경찰서장이 출현했을 수도 있었을 것이다.

물론 미국은 역사, 문화적 배경이 한국과 다르기 때문에 서로 다른 사법 체제를 운영하는 것은 어느 정도 이해한다. 하지만 일본은 다르다. 일본의 사법 체제는 일반적으로 한국의 원류로 이해되고 있지만, 매우 특이한 '재판원' 제도를 운영하고 있다. 일본도 한국처럼, 수사기관에 대한 자백이 조서에 기재되어 공판정에 유죄의 증거로 제출되게 되면, 공판정에서 피고인의 무죄진술이 사실상 무의미할 정도로 유죄판결이 손쉽게 내려지게 된다. 이러한 편리함 때문에 다시 수사기관이 피의자의 '자백을 강요'하는 악순환이 되풀이 된다. 이에 대한 반성으로 이 재판원 제도가 2009년 도입된 것이다.

형사재판에서 시민 참여는 미국의 배심제와 독일의 참심제가 대표적이지만, 일본의 재판원제는 법원 판사와 함께 시민이 책임을 분담하며, 유·무죄의 판단을 넘어 '양형의 결정에 주체적이고 실질적으로 관여'하는 제도이다. 여기서 판사와 함께 재판을 하는 시민은 선거권을 가진 보통의 일본인이다. 재판원은 각 사건마다 선거인 명부 중에서 무작위로 추출되고, 일정한 제외사유가 없는 한 그 직무는 의무적이다. 재판부 구성은 직업법관 3명에 재판원 6명이고, 소규모 합의체인 경우는 직업법관 1명과 재판원 4명으로 구성된다. 이처럼 시민이 직접 판사가 되어 재판을 한다면, 한국처럼 '간첩 조작사건'을 공안당국이 주기적으로 저지르지 못할 것이다.

이외에도 검사가 아닌 피해자가 직접 소를 제기하는 독일과 프랑스의 '사인소추제'도 시민이 직접 사법체제 일부를 담당하는 의의가 있다고 말할 수 있다. 한국의 검사는 수사권과 기소권을 독점하면서도, 제대로 수사하지도 기소하지도 않는다는 비판이 많다. '전관예우'의 의혹도 늘 따른다. 만약에 세월호 참사나 IDS 홀딩스 다단계 사기사건처럼, 대규모 피해자가 양산되는 사건에서 피해자가 직접 수사와 기소를 할 수 있다면, 사법적 정의 구현과 피해구제가 가능 할 것이라는 기대한다.

미국식 '검사장 선출제'에 대해 일부의 비판이 있는 것을 안다. 지금보다 더한 '정치 검사'의 출현을 우려하는 것이다. 하지만 그런 비판은 늘 있어왔던 우파들의 수사(rhetoric)에 불과하다. 지방자치제가 확산하면서, 교육자치가 강조되고, 교육감을 시민들의 선거로 선출하였다. 그 교육감들에 의해 불과 몇 년 사이 '무상급식'이 확대되었고, '학생인권조례'가 속속 제정되었다. 오로지 개혁을 반대하는 우파들이 '교육현장의 정치색'운운하며 반대하는 것과 같은 수사일 뿐이다. 그런 이유에서, 지금도 기초자치단체 의원의 정당공천을 배제하고 있다. 현실은 모든 기초의원이 정당 소속임에도 이를 외면하고 있다. 오히려 정당 소속임을 밝히고, 정치적 책임을 명백히 묻는 것이 현실적이며, 민주주의에 부합하는 것이다. 필자가 과문한 탓인지 모르겠지만 미국의 검사가, 경찰이, 판사가 특정 정치색을 가졌다고 문제된 사건을 알지 못한다.

둘째는 현재의 '형량 가중주의'를 미국 등이 시행하고 있는 '형량 합산주의'로 전환할 필요가 있다. 투기자본의 경우 저지른 피해규모에 비해 형편없이 적은 형량 판결로 이어지고 있다. 이러한 원인에는 우리나라가 '형량 가중주의'를 채택하고 있기 때문이다. 한국에서 재벌들의 경제범죄에 대한 형량은 범죄 금액에 상관없이 '징역 3년에 집행유예 5년'이 절대 공식처럼 내려오고 있다. 하지만 미국의 경우는 다르다. '돌려막기'식의 '폰지 사기' 금융 사기범 찰스 폰지에 대해서는 징역 330년, 유사한 금융 범죄자인 메이도프에 대해서는 징역 160년을 선고한 사례가 있다. 폰지 사기는 신규 투자자들이 투자한 돈을 이용해 기존 투자자들에게 수익을 지급하는 방식이다. 이러한 방식은 소위 아랫돌 빼어 윗돌 괴는 식이라 근본적으로 수익 창출이 불가능하다. 메이도프는 전직 미국의 증권 중개인, 투자 상담사로 나스닥 외부 이사를 역임했으며, 역사상 최대 규모의 폰지 사기 주동자로 알려져 있다.

셋째는 '경제인들(자본가)에 대한 무분별한 사면'을 막아야 한다. 이러한 관행은 경제인들이 상습적인 경제 범죄행위를 '반복적'으로 저지르는 원인이 되고 있다. 한국에만 있는 말이 '오너 리스크(owner risk)'이다. 따라서 사면권은 반드시 제한되어야 한다. 사면받은 자본가가 경제성장에 기여한다는 주장은, 자주 사면을 받았던 자본가들이 소속된 범죄 상습범들의 집단인 전국경제인연합회를 중심으로 만든 '가짜 뉴스'에 불과하다.

한국의 약탈자본과 공범자들

금융당국 개혁

2010년 미국에서 시작된 'Occupy Wall Street'는 같은 해 한국에서 '여의도 점령(Occupy)운동'으로 이어졌다. 당시 이 운동에 참여했던 조직은 투기자본감시센터 등 시민단체, 금융 피해기업, 금융 피해 소비자들, 해고 노동자이었다. 이 운동의 참여자들과 전문가들, 금융감독원 노조 등이 참여하여, 자본에 대한 감독 강화와 금융 소비자들에 대한 보호를 목적으로 6개월여 간의 숙의 끝에 관련 입법 제안을 국회에 제출하였다. 그러나 이 법안은 19대 국회 폐회로 인해 자동 폐기되었다. 이런 법안은 투기자본을 규제하고, 피해 발생 시 효율적으로 대처할 수 있는 방안의 하나로 지속적으로 요구하고 관철시켜야 한다.

금융위원회 개혁

현재 금융위원장은 대통령이 일방적으로 임명하며, 금융위원회 다수는 관료출신의 금융 비전문가들(Mofia)이 장악하고 있고 나머지 소수도 금융자본을 대리하는 인사로 구성되었다고 알려져 있으며, 의결 내용도 제대로 공개되고 있지 않고 있다. 더욱이 산하에 사무국을 두어 정책결정과 감독기능이 과도하게 집중되어 있다는 비판을 받고 있는 실정이다. 따라서 개혁 방안은 다음과 같다.

①금융위원회 명칭을 금융감독위원회로 변경하고, 성격은 금융

정책과 금융 감독에 관한한 순수한 최고 의결기구로 설립 당시 취지로 환원.

②금융관료의 과도한 권한이 집중되어 있는 현재 금융위원회 사무국은 폐지.

③금융감독위원장은 대통령이 지명하되 국회는 인사청문회를 거쳐 국회 임명, 동의과정이 필요.

④금융감독위원장 1인을 대통령이 지명하고, 나머지 금융감독위원은 국회가 지명.

⑤국회 지명 금융위원은 금융소비자 대표와 금융노동자 대표로 하여, 시민사회가 참여하여 금융감독위원회가 민주적 대표성과 투명한 전문성을 확보하여야 한다.

(김기준의원 대표발의, 금융위원회의 설치 등에 관한 법률 일부개정법률안, 2012.)

금융소비자 기구 신설 강화

세계 각국은 2008년 금융위기 이후 금융기관을 일시적으로 국유화하거나, 금융소비자 보호기구를 설립 또는 강화하고 있는 추세이다. 그러나 아직도 한국에서는 규제 완화를 주장하며 피해 금융 노동자 및 소비자들에 대한 보호제도는 미약하며, 특히 금융소비자 보호 기구를 금융당국 산하에 두고 있어, 자본과 노동자 양측을 모두 대리하고 있는 자기모순을 안고 있다.

따라서 금융소비자 기구의 법적 위상은 예산, 인사, 업무에서 독립적 국가기구 또는 준헌법적 기관으로 신설해야 한다. 또 이 기구는 이미 여러 차례 정책 실패와 오류를 반복한 금융·경제 관료의 영향력에서 벗어나, 금융당국의 부당한 행태를 감시하고, 금융소비자 보호라는 신설 목적에 부합한 활동을 해야 한다. 그리고 역으로 금융소비자 보호에 어긋나는 정부의 경제정책과 금융관료의 행태가 발견된다면 이에 대해 시정할 수 있어야 하며, 금융피해 사건 발생 때마다 드러나는 결탁 자본과의 수뢰, 소위 전관예우, 회전문 인사를 통한 정치적 압력 등을 일소할 수 있는, 오염되지 않는 새로운 기관으로서 위상을 제고해야 한다.

여기에 더욱 중요한 것은 금융소비자위원회의 대표와 임원, 간부의 선임기준이다. 금융소비자 보호운동과 금융공공성 운동에 종사한 경력이 있는 시민운동가, 노동조합운동가로 한정하여 선임기준을 법률로 명시한다. 이와 비슷한 개념으로 국가기관이 된 것이 국가인권위원회이다. 국가인권위원회는 위원장과 임원들이 '파리협약'이라는 기준에 따라 '인권운동 종사 경험자'로 한정하고 있다. 미국도 2011년 월스트리트에 대한 연방 감독 기구로 출범한 미국 금융소비자보호국(CFPB; Consumer Financial Protection Bureau)도 독립적인 활동이 보장되게 설립한 선례가 있다. 그렇게 했을 때만이 독립적으로 금융소비자 보호업무에 충실할 수 있다. 아울러 투기적 금융자본으로부터의 부패유혹에서도 자유로울 것이다.

구체적인 자격조건은 금융소비자위원회 위원장 관련 운동경력 10년, 위원은 5년, 사무처 요원은 3년을 한 자로 제한하고, 임명절차는 금융소비자위원회 위원장은 대통령의 제청으로 국회의 동의, 인사청문회 등의 절차가 필요하며, 위원은 대통령이 4명, 국회가 4명, 대법원이 4명을 지명한다. 부여 권한은 금융회사의 영업, 금융상품, 서비스에 대한 민원접수와 강제 조사권, 시정명령(판매중지, 보상 명령), 징벌적 과징금 부과, 분쟁조정(집단소송), 정부 금융·경제정책 감시와 비판, 관련 법률 및 정책 입안제출, 직접적으로 금융감독원 지도와 감독 등이 되어야 한다. 또한 구조는 현재의 국가인권위원회를 참고할 필요가 있으며, 수사권을 부여해야 기관의 목적을 달성할 수 있을 것이다.

'금융소비자 기구 신설 강화'와 관련된 위의 내용은 2012년 김기준 의원이 대표 발의한 〈금융소비자위원회 설치 및 운영에 관한 법률안〉의 내용을 요약한 것이다.

노사 관계법 위반에 대한 벌칙 강화

〈노동조합 및 노동관계 조정법〉, 〈근로자 참여 및 협력증진에 관한 법률〉 그리고 단체협약 위반에 대한 솜방망이식 사용자 처벌 제도는 전혀 제재 수단으로 작동하지 못하고 있다. 따라서 법에 근거한 노동조합의 적법한 투쟁은 전문가 집단들을 내세워 대응하고 있는 투기자본에게는 타격을 줄만큼 위력적이지 못하다. 특히 〈근로자 참여 및 협력증진에 관한 법률〉(이하 약칭 : 근참법)에는 분명히 사용자의 '사전 보고 사항', '협의 사항', '의결 사항' 등을 명시하고 있다. 그러나 사용자측이 이를 위반하였을 때, 이에 대한 제재는 기껏해야 최고 벌금 '1천만 원'에 그치고 있다.

투기자본이 기업을 인수, 약탈, 재매각 하는 과정에서 노동조합의 대응력을 높이기 위해서는 전적으로 경영 정보에 대한 확보와 공유가 최우선 되어야 한다. 이에 대해 〈근참법〉에 법적 근거가 제시되어 있다. 그러나 투기자본이 노골적으로 거부를 할 경우, 이를 강제할 방법이 없다. 따라서 현행 〈근참법〉은 사실상 사문화된 조항이나 다를 바 없다. 따라서 더욱 엄격한 제재 조항으로 사용자의 의무를 강화해야 할 것이다. 또한 의결, 보고, 협의 사항에 대한 범위를 확대하고, 그에 필요한 세부사항까지 보완해야 한다.

기업 도산 과정에 노동자 의사반영

대주주나 채권은행에 의해 실행되는 구조조정과 기업청산은 수많은 노동조합을 쉽게 무력화시켜 적절한 대응을 못하도록 만들었다. 이러한 문제는 앞에서 거론한 쌍용자동차 사태에서도 발견된다. 따라서 현 도산절차(통합 도산법과 기업구조조정촉진법)에 노동자, 협력 업체 등 다양한 이해관계자가 직접 참여하여 회생계획을 마련하도록 해야 한다. 또한 객관적이고 공정한 기업가치 평가, 기업의 규모와 업종에 따른 도산 절차, 관련 전문가 양성이 필요하다. 공정한 기업 도산과정은 소액주주, 금융피해자, 협력 업체 등에도 필요하다.

기업평가 방법의 개선

앞의 주장과 비슷한 문제이다. M&A와 기업 구조조정 과정에서, 해당 기업의 '자산 가치'를 종합적으로 평가해야 한다. 그러나 '특정 시점의 주가'를 기준으로 기업을 평가하고 거래하는 것이 현재의 방식이다. 이 방식은 잘못된 것이다. 대주주가 불법적이고 고의적인 방법을 동원해 해당 기업의 주가를 일시에 하락시킬 경우, 다수의 주식 거래자는 속수무책으로 큰 손실을 입게 된다. 심지어, 불법과 경영실패 등의 책임을 져야할 재벌이 다시 '주가 조작'을 하기도 하고, 자본시장법과 대통령령 등을 근거로 액면가 이하의 '신주'를 발행하기도 한다. 그렇게 진행된 M&A는 늘 불법과 특혜 시비를 낳고 법적 고소고발 사태로 이어진다.

동양증권이 터무니없이 저평가된 가격으로 정체불명의 유안타 아시아에 매각이 되어, 일반 주주(채권자) 즉 '동양그룹 사태' 피해자들에게 과중한 손실을 입힌 경우가 있었다. 또 과거 브릿지증권 사태에서도 그런 불법 사례가 발견된다. 이재용의 3세 세습 과정에서 갑자기 주가하락이 일어나 불공정한 합병이 진행되자, 삼성물산의 소액주주들이 분노하여 투기자본 엘리엇에게 위임장을 보내 버린 것이다.

그래서 기업의 평가를 특정시점의 주가로 하지 말고 다양한 방법이 동원되어야 한다. 일시적인 주가 보다는 '계속기업의 가치'를 중심으로 평가해야 공정성을 가지며, 나아가 자본시장에 과도하게 의존하는 경영방식도 개선될 것이다.

자본시장통합법 재개정

〈자본시장통합법〉은 금융 자본 규제, 공정한 금융 시스템 마련을 목적으로 재개정 되어야 한다. 많은 증권사의 경우, 대주주의 전횡과 경영 실패가 반복적으로 나난다. 그러나 기업의 핵심 주체인 노동조합은 이에 적절하게 대응하고 있지 못하다.

골든브릿지투자증권 노동조합을 살펴보면, 자본시장통합법을 왜 개혁해야 하는지 알 수 있다. 특히 자본규제에 대한 벌칙이 부족하다. 금융기관의 공공성, 건전성을 해치는 대주주에게 해당 자격의 박탈하고, 금융당국이 '징벌적 주식매각 명령'을 시장가 이하로 내리는 등 강력한 벌칙을 줄 필요가 있다. 투기자본감시센터는 과거 외환은행의 노동조합과 공동으로 주가조작 사건을 저지른 외환은행의 대주주 론스타에게 강력한 징벌적 주식매각 명령을 내릴 것을 금융위원회에 촉구한 바 있다.

공정한 금융 시스템은 금융소비자 보호차원에서만 필요한 것이 아니다. 공정한 금융 시스템은 강요된 금융상품 판매실적 경쟁 하에서 '불완전 판매'를 할 수밖에 없는 금융노동자를 보호하고, 경영진과 대주주의 책임이 무엇인지를 명확하게 하는 데도 필요하다.

필요한 경우, 산업 국유화 추진

영화가 광범위하게 진행되면서 공공성이 매우 높은 서비스를 제공하는 기업이 많아 졌다. 그 결과 비용은 상승하였지만 서비스의 질이 하락하는 경우도 많다. 더욱이 민영화된 공기업이 투기자본의 소유일 경우 폐해는 광범위하게 발생한다. 부담해야 할 비용을 기업이 외부와 사회적 약자에게 전가하면서 산업안전 후퇴, 비정규직 노동자 양산 등 사회적 폐해가 끝없이 양산된다. 이제 국가는 공공 서비스의 주체여야 한다는 점을 확인하고, 필요한 경우 '재국유화'를 추진해야 한다. 현재 kt가 여기에 해당한다 할 수 있을 것이다. 한편, 역대 정부가 고가의 통신요금 인하에 실패한 이유도 여기에 해당한다고 할 수 있다. 통신이라는 공공 서비스에서 '공급자로서의 정부 역할'이 없기 때문에 시장을 장악한 거대 통신자본을 규제할 수 없는 것이다.

평소 충실한 납세를 해온 기업과 노동자를 국가는 보호해야 한다. 부실 경영 또는 공황으로 기업 파산, 대량해고 상황에 이른 경우, 산업은행은 국가의 산업정책이라는 관점에서 공적자금을 투입해 '일시적(한시적)으로 해당 기업을 국유화'하고 회생시켜야 한다. 더욱이 산업정책의 실패로 기업 파산, 대량해고 상황에 이른 경우 산업은행이 회생의 책임이 크다. 결코 시장논리에 기업과 노동자를 맡겨서는 않된다. 이 일시적 국유화 과정에서 '부실 경영을 저지른 자본에 대한 책임 추궁'과 '숙련된 산업노동자 보호'라는 두 가지 원칙을 반드시 지켜야 한다. 그래야 시장의 신뢰를 지킬 수 있다.

한국의 약탈자본과 공범자들

배임죄 구성의 확대

배임죄에서 필자가 문제삼는 것은 '누구(타인)'로부터 위임 받은 임무이냐는 점이다. '기업의 주인은 주주만의 것'이라는 협소한 주주자본주의에서 벗어나야 한다. 이렇게 생각하는 순간, 우리는 함정으로 빠져들 수밖에 없다. 사회공동체가 투기자본으로부터 노동자와 금융소비자의 피해를 막고, 나아가 피해를 당한 노동자와 금융소비자의 권익을 회복하는 것은 어려워진다. 피해를 입은 노동조합이나 소비자가 기업(자본)의 범죄를 묻고자 검찰에 고발을 하면, 시작도 해보기 전에 당사자가 아니라고 '각하'를 당하는 경우가 대부분이다.

검찰과 법원은 '기업의 주인은 주주만이 아니라 노동자, 소비자, 지역주민, 하청업체 등으로 매우 다양하다'는 '이해관계자 자본주의'의 관점을 가져야 한다. 만약 이런 관점을 가질 수만 있다면, 기업의 노동자는 물론 소비자, 하청업체, 지역주민도 투기자본을 배임죄로 고발할 수 있고, 피해구제도 가능할 수 있다.

아직 끝나지 않은 이야기

인간사 모든 것이 잠시도 쉬는 바가 없이 늘 역동적이듯이, 이 책에서 거론한 사건들은 이 순간에도 여전히 역동적으로 전개 중이다. 또한 그것에 맞선 나의 분투도 당연히 중지할 수 없다. 그런데 이 책의 주요 내용은 서문에서 밝힌 것처럼 지난 2018년도 봄까지 상황을 정리한 것이고, 지금은 2019년 한 여름이다. 그 이유는 지난 1년여 여러 이유로 이 책을 출간하지 못했기 때문에 빚어진 일이다. 이에 한국사회에서 파장이 컸던 '쌍용자동차 사태'와 한국의 대표기업인 'Kt'에 대한 뒷 이야기를 중심으로, 새롭게 전개된 몇 가지를 추가한다.

쌍용자동차

많은 변화가 있었던 곳은 쌍용자동차이다. 많은 해고노동자들이 속속 복직을 했다. 더 이상 안타까운 죽임이 없고, 피해를 입은 모든 노동자와 그 가족들에게 치유의 길이 열리길 간절히 빌 뿐이다. 그럼에도 아쉽다. 그것은 국가의 책임이다.

쌍용자동차 사태의 근본 원인은 자동차 산업, 국가기간 산업에 대한 '무분별한 해외매각' 정책에 있다. 2004년 노무현 정부는 당사자인 노동자와 시민사회의 반대, 채권단의 우려를 외면하고, 쌍용자동차를 중국 상하이자동차에게 매각하였다. 그 후 예상한 대로 상하이자동차는 완성차 종합기술 강탈, 숙련노동자에 대한 잦은 해고와 비정규직 양산 등으로 쌍용차의 산업 경쟁력을 훼손하였다.

2009년 상하이자차의 철수와 회계조작에 따른 부당한 정리해고가 발생하자 쌍용자동차 노동자들은 77일 파업투쟁으로 맞섰는데, 이를 정부가 잔인한 진압으로 파괴하였다. 당시 이명박 정권의 청와대와 조현오 등 경찰 수뇌부가 공모하여 파업 노동자를 상대로 '전쟁'같은 진압작전을 하였다. 반노동자적인 가치와 이념을 추구하는 국가 권력 하에서 발생한 전형적인 "국가 폭력"이었다. 지금 많은 시간이 흘렀지만, 이 폭력의 피해 후유증은 지금도 여전히 남아 있고 치유에 더 많은 시간과 비용이 필요할 것이다.

한편, 한국의 사법부도 쌍용차 사태에 큰 책임이 있다. 당시 파산법원 고영한 판사와 요즘 그 실체가 드러나기 시작한 '사법농단' 세력들이 조작된 회계보고에 기반을 하여 작성된 정리해고안을 수용하고 실행하도록 했다. 이 정리해고를 둘러싸고 쌍용자동차에서 갈등이 일어나고, 급기야 격렬 파업이 진행된 것이다. 그 이후 해고 노동자들이 이 부당한 해고에 대해 법적으로 권리 구제를 시도하였지만, 고영한과 사법농단 세력은 조직적으로 방해를 하였다. 판사로서, 인간으로서, 최소한의 '양심'조차 없는 자들이 지금껏 법복을 입고 거들먹거린 것이다.

그 외에도 회계조작에 동원된 대형 회계법인들과 산업은행, 언론 보도기관들, 많은 '어용 지식인', 그들 모두가 책임자들이다.

무고한 30여 명의 죽음과 오랜 세월 우리사회가 치른 엄청난 사회적 갈등 비용을 생각하면, 반드시 진상이 규명되어야 하며 책임자 처벌이 있어야 한다.

Kt

다음은 kt다. 지난 해 초, kt 황창규 회장 등이 국회의원 100여 명에게 제공한 '뇌물성' 정치자금이 드러났다. 하지만 이를 수사한 경찰은 무혐의 결정을 내렸고, 황창규 회장 등에 대해서만 불구속 기소 등으로 처분하였다. 그들의 수사는 도저히 납득할 수 없다. 무엇보다 '뇌물성' 정치자금을 수수한 국회의원에 대한 소환조사조차 제대로 하지 않았다. 그런 상태로 1년을 허송세월하였다. 이제는 검찰이 수사한다 한다. 그 후, 황창규 회장이 2014년부터 현재까지 전직 정치인 등 14명을 경영고문으로 채용하여, 불법 로비에 나선 혐의도 드러났다. 또 2016년 10월 경, 당시 자본금 2억 6천여만 원의 엔서치마케팅(현 플레이디)을 무려 600억 원에 사들였다는 것도 드러났다. 그 상대는 한앤컴퍼니 한상훈 사장이다. 그는 조선일보 방상훈 사장의 사위이며, 미국 국적자로 알려져 있다.

그 외에도 전임 이석채 회장 때 국회의원 김성태의 딸 등 여러 정치 권력자의 자녀들이 kt에 '부정취업'한 사실이 드러났다. 여기서도 마찬가지로 해당 정치 권력자들을 제대로 수사하지 않는 것으로 보인다. 이 사건은 부정취업 그 차체로 수많은 청년들에게 큰 상실감을 주는 중대한 범죄이다. 이뿐만 아니라 필자가 더욱 관심이 가는 것은 부정취업을 제공하여 kt가 얻는 이득이다. 즉, 권력자의 자녀가 불법 로비의 창구가 아닐까? 하는 의심이다. 따라서 부정취업 자체를 넘어서 부정취업을 한 자녀들이 했던 구체적인 업무를 수사해야 한다. 하지만 부패하고 무능하기 짝이 없고, 권력의 눈치나 잘 보는 검찰과 경찰의 태도를 보면 그들의 수사에 대해 이미 회의감이 들 수밖에 없다. 역시 근본적인 문제는 '사법개혁'일 것이다. 그러나 누가 수사권 조정과 검찰의 기소 독점을 배분하는 수준의 개혁으로는 해결될 수 없다. 본문에서도 이미 설명했듯이 직접 시민이 통제하는 사법권을 지향해야 답이 보일 것이다.

이외에도 책에서는 많은 사건과 사연을 소개하였는데, 거론한 약탈자본에 맞선 피해자들의 처절한 투쟁은 대부분 여전히 진행 중이다. 다만 아쉬운 것은 "기업사냥꾼" 최규선에 맞서 싸운 썬코어의 노동자 투쟁은 끝내 멈추고 말았다. 현행 법원의 기업회생 절차는 노동자에게 매우 불리하다는 것이 또 다시 증명이 된 것이다. "주주자본주의"하의 대한민국은 노동자에게 언제나 절벽이다. 부디 어려운 상황에서도 늘 단결하고 전진했던 썬코어 노동자들이 앞으로도 투쟁하는 다른 노동자에게 희망으로 거듭나길 바랄 뿐이다. 책에는 미처 소개하지 못한 삼부토건을 장악하려 했던 디에스티로봇의 사모펀드, 오리온그룹 담철곤 회장의 횡령 사건 등등에도 필자는 적극 대응하였다. 아쉽게도 모두 일일

한국의 약탈자본과 공범자들

이 다 소개하지 못했다. 다시 개정판을 내게 된다면, 상세히 정리하여 독자들의 호응에 보답할 것이다.

끝으로 지난 1년 간 국내외에서 많은 일들이 일어났고, 그 일들은 이 책에 소개 여부와 관계없이 이미 한국의 수많은 노동자와 시민들을 새로운 상황으로 내몰고 있다. 이에 대한 입장을 정리해 보았다.

트럼프와 영국의 반신자유주의

이 책의 첫 부분에서 크게 강조했던, "신자유주의 금융세계화"와는 다른 새로운 상황이 한국과 세계에 도래하고 있다. 미국 대통령 트럼프와 영국에서 시작되었는데, 금과옥조(金科玉條)처럼 숭배되어 온 신자유주의의 주요 가치-자유무역, 자본투자 등등을 허물기 시작했다. 하지만, 매우 '인종차별'적인 "우익 포퓰리스트"들이 주도하는 반신자유주의이기에 새로운 문제를 야기하고 있고, 지지할 수는 없다.

또한 미국과 중국, 제국주의 국가 간의 '패권교체기'를 예의 주시해야 한다. 이 흐름은 중국 시진핑 체제 출범과 미국 오바마 행정부 후반부에 시작되었지만, 현재는 본격적인 패권경쟁, 패권전쟁이라 부를 만큼 날로 격화되고 있다. 현 패권전쟁의 시작은 관세나 무역장벽, 미래 신산업 기술 보호문제 등이다. 그러나 앞으로 남중국해와 난사군도, 타이완, 홍콩, 황해와 동중국해, 나아가 인도와 티벳, 신장과 중앙아시아 등 중국 주변은 물론, 멀리 중동과 아프리카, 지중해, 중남미 등 전지구적으로 패권을 둘러싼 영토, 군사안보, 해(통)상로 상의 갈등과 분쟁(심지어 국지전까지도)이 예상된다. 또한 분야도 수출상품에서 에너지, 식량, 환경, 인권 등 어디로 번질지 모른다. 그 양상도 미중 양국의 갈등과 분쟁을 넘어서 그들의 동맹국들까지 갈등과 분쟁이 전염될 수 있다. 또한 1차 세계대전 직전의 발칸반도처럼, 지금의 남북한처럼, 특정지역 인근국가 사이의 분쟁에 미중 양국이 개입하게 되는 경우와 같이 그 반대 상황도 예상된다. 여기서 패권전쟁의 승자가 결정될 때까지의 시간이 한국에게 더 중요할 것이다. 바로, 그 시간동안 미중 패권전쟁으로 엉뚱하게 한국이 고통을 받을 수 있고, 한국이 다양한 대응을 해야 하기 때문이다. 분명한 것은 쉽고 짧게 끝나지는 않을 것이란 것이다.

일본 극우 정권의 제국주의 야욕

　일본의 극우 정권인 아베 신조 정권은 한국을 상대로 경제적 도발을 시작했다. 목표도 단순히 반도체 등 한국이 국제시장에서 비교우위를 지닌 상품생산을 방해하는 것에 있지 않다. 그 정도가 목표라면, 약간의 갈등과 마찰은 있겠지만, 한일 양국 정부의 협상, 관련 한일 양국 기업과 자본들 간의 담합과 같은 방식으로 조만간 타결될 것이다. 그러나 미국과 중국의 패권경쟁이나 한반도 평화와 같은 새로운 국제질서 형성에 앞서서, 일본이 아시아에서 미국 다음으로 제국주의 국가로 재도약하기 위해 한국을 미

　　　　　　　　　　　한국의 약탈자본과 공범자들

리 굴복시킬 필요 때문이라는, 관련 전문가들의 주장은 매우 타당하다. 19세기 말 일본이 아시아를 석권하는 제국주의 패권국가로 도약하기 위해, 제일 먼저 착수한 것이 가장 손쉬운 상대인 한반도의 조선에 침략한 것과 같은 이치이다. 특히 우왕좌왕하는 조선 조정과 왕실보다 제국주의 반대 노선을 선명하게 내건 동학농민혁명군을 철저하게 학살했던 것도, 오늘날 한국사회에 주는 시사점이 아주 크다. 동시에, 아베 정권의 한국에 대한 도발은 북한의 핵무장과 함께 일본 국내에서 재무장을 위한 "평화헌법" 개정을 위한 수단으로 활용을 하는 것도 중요한 목표이다. 하지만, 더욱 중요한 것은 아베 정권과 일본 극우세력의 본질적 실체가 제국주의 일본의 부활, 한반도 재 지배와 아시아 침략전쟁을 재현하고자 하는 욕망을 지닌 위험한 집단이라는 것이 명확히 드러났다는 사실이다.

따라서 일본 아베 정권의 도발을 그냥 '보복' 또는 '무역규제'라고 규정하는 것은 진실에 부합하지 않는다. '도발', '침략'이란 말이 옳다. 19세기 말처럼, 일본의 아베 정권이 재도약의 발판으로 주변 강대국에 비해서 가장 손쉬운 상대가 한국이라 여기고 도발을 시작한 것이다. 또 선전포고 없이 기습 공격하는 것은 일본의 아주 오래된 야만의 관습이기도 하다. 아무튼 그 의도와 목표를 생각해 보면, 일본의 도발은 미국, 중국과 마찬가지로 앞으로 그 분야도, 그 끝도 예상하기 어렵다. 비록 무역 분쟁은 타결된다고 해도, 아베 정권은 목표를 달성하기 위해 멈추지 않을 것이다. 분명한 것은 역사는 늘 반복된다지만, 역사를 배운 많은 한일 양국의 시민들은 과거의 불행한 역사가 반복되는 것을 좌시하지 않을 것이다.

20세기 전반, 일본 침략에 맞선 중국이 주는 교훈

역사를 보면 약소국이 강대국을 이긴 사례들은 제법 많이 있다. 그 중에서 널리 알려진 사례가 지난 20세기 중일전쟁일 것이다. 특히, 중일전쟁 초기 중국공산당의 마오쩌둥이 제기한 '지구전(持久戰)'의 개념을 특별히 주목할 필요가 있다. 오늘날 우리한국에 던지는 시사점이 있기 때문이다.

주요한 개념은 중국을 침략한 일본 제국주의는 아시아 최강의 강대국이어서 전쟁 초반부에는 반드시 크게 승리하겠지만, 후반부에서는 반(半)식민지 상태의 약소국 중국이 마침내 이긴다는 것이다. 이유는 다음과 같다. 일본군은 강력하지만 중국보다 적은 인구로 후속부대가 적어서, 거대한 중국에서의 전선을 확대하거나 유지하기 점점 어려워진다. 또 먼 일본에서 중국전선에까지 이르는 보급로는 길어져서 군수 부담도 점점 커진다. 결국 어느 시점에 이르면, 일본군은 중국의 주요 도시 몇몇과 그것을 이어주는 도로와 철도를 점령하면서 전쟁은 소강상태에 이를 것이다. 그 후 거대한 중국 대륙에서 몇 개의 점(도시)과 몇 가닥의 선(철로)을 뺏은 일본의 침략전쟁은 그 작은 점령지에서 점점 고립되고, 패배의 요인들도 점점 같이 상승한다는 것이다.

한국의 약탈자본과 공범자들

따라서 약소국 중국은 일본군 주력과 대결하는 것은 피하며, 결정적 순간을 기다려 압도적인 역량을 집중시켜 일본군을 섬멸하고 최종 승리한다는 것이다. 물론 결정적 순간이 올 때까지 무조건 전쟁을 하지 않는 것이 아니다. 끊임없이 전선에서 중소 규모(대개 여단급 이상의 대규모 군대들의 연합전술)의 운동전(=기동전: 단순하게 말하긴 어렵지만, 전황을 빠르게 판단해 유리한 위치로 이동하여 적을 공격 또는 방어, 이 둘을 반복하는 전술이며, 진지전에 반대 의미)과 일본 점령지 내에서는 소규모 유격전(적의 후방 거점을 기습 공격해 적을 소진시키고 후퇴를 반복하는 전술)을 전개를 하여, 점차 일본군을 점령지에서 고립시키고 약화시킨다. 이것은 전쟁 초기의 전략이고 이후의 전략변화는 변증법적 과정을 통해 변화를 해야 하는데, 변화무쌍한 그 내용을 여기서 다 소개할 수는 없다. 중요한 것은 결정적인 순간을 위한 공격 역량을 최대치로 준비하는 것이다. 그래서 계속해 국내 중국인민의 항일역량 총결집을 기본으로 하고, 적극적인 국제연대를 하자는 것(일본의 반전운동 포함한 전세계 모든 평화애호 세력과 연대 연합)을 강하게 주장하였다. 이러한 군사사상이 지구전인 것이며, 이러한 사상에 기반을 한 중국공산당과 중국은 중일전쟁에서 최종 승리하였다.

나라보다 자본의 이익을 걱정했던 쑨원의 후계자 '왕징웨이'

정말 흥미로운 것은 마오쩌둥이 지구전을 주장하면서 당시 중국에서 크게 유행했던 2가지의 정치적 주장 또는 군사사상을 아주

혹독하게 비판한 것이다. 그 중 하나가 '중국필망론(中國必亡論)'이다. 다른 제국주의 침략에 대해서도 마찬가지이지만, 청일전쟁 이래 중국은 일본을 단 한 번도 이긴 적이 없었다. 당시 중국은 '아시아의 환자(東亞病夫)'라고 비웃음을 당하는 약소국이었다.(스스로도 그렇게 자기비하를 하기도 하고) 또 제국주의 침략은 일반적 국제 질서이고, 다른 제국주의 국가들도 일본을 지지하는 것이 국제상 황이라는 주장이다. 그런데도 일본과 무모한 전쟁을 계속하면 중 국만 큰 피해를 입고 나라가 망할 것이다. 따라서 일본과 협력하여 일본의 요구(점령과 약탈)를 수용하고, 일본이 동의(허락)하는 범위 내에서 중국을 유지하자고 주장을 하였다. 그 대표적인 자가 1911년 중국 국민혁명의 쑨원 후계자라고 자부하던 왕징웨이였고, 그자들은 결국 친일 괴뢰정권을 세워 일본 침략에 협조하였다. 그자들이 그런 지경에까지 이른 것은 중국연안의 대도시 상 공업 지역 자본가들의 이익을 보호하려 했기 때문이라는 평가가 있다. 결국 그자들은 일본 패망 전후로 비참한 최후를 맞이하였다. 그런 자들을 중국역사에서는 '한간(漢奸)', 즉 매국노라고 한다.

다른 하나는 중국 국민당 장제스 정권의 '속승론(速勝論)'이다. 일본보다 강대국인 미국에게 일본 침략을 저지해달라는 외교 교 섭을 잘 하면 미국이 중국 편을 들고 나설 것이고, 그러면 전쟁은 일찍 종결되고 일본군은 빨리 후퇴할 것이라는 것이다. 한마디 로, 웃기는 망상이다. 무엇보다, 미국은 일본 제국주의가 한국을 침략해 식민지로 점령할 때부터, 1931년 만주침략과 당시 1937

한국의 약탈자본과 공범자들

년 중일전쟁이 발발하는 모든 과정에서, 언제나 일본을 일관되게 전폭적으로 지지하고 지원하였던 것은 엄연한 역사적 사실이다. 아무튼 장제스 정권의 오로지 미국에 의존해 일본을 패퇴시키겠다는 망상은 중국인민의 항일역량에 대해 철저히 불신 때문이다. 당시 장제스의 정치를 보면, 중국인민은 무지하다 여겨서 약탈을 하거나 저항을 하면 토벌의 대상으로 삼았다.

일본의 침략에 대한 장제스의 태도를 보면, 일본이 만주사변을 일으켜 만주 전지역을 장악했을 때도 총 한방 쏘지 않고 중국군을 철수시켰다. 또 일본이 중일전쟁을 일으켜 중국 관내로 쳐들어오자 큰 저항 없이 여러 협정을 맺고 중국 북부 지배를 용인하였다. 대항할 군사력이 없었던 것도 아니다. 독일과 미국의 전폭적인 군사 지원을 받고 있었다. 그런데, 막강해진 군사력으로 일본이 아닌 국내의 중국공산당 토벌에 열중하였다. 결국 중국인민들의 분노는 폭발했고, 군부의 반란으로 공산당과 휴전을 하였다. 반면에 살기등등한 일본 침략에 대한 대응은 일본에 평화 권고만하는 무기력한 국제연맹에 호소, 일본과 잘 대화해보라는 수준의 덕담만 하는 미국에게 구원요청을 하는 것이 대부분이 있었다. 그것이 중일전쟁 개전 초기까지의 상황이었다.

바로 여기서 거대한 중국인민의 항일역량을 믿고 철저히 중국인민에 기반을 하여 중일전쟁을 승리로 이끌겠다는 마오쩌둥과 오직 강대국에 의존해 전쟁을 이기겠다는 장제스의 차이를 명확히 볼 수 있다. 중국과 중국인, 그리고 역사와 문화에 대한 이해 수준, 정치·군사적 상황에 대한 통찰과 방향 제시, 그리고 미래의 승리에 대한 확신 그리고 그것의 설득 전파. 이런 것들의 결정적 차이가 그 둘의 정치적 운명을 크게 달라지게 만들었고, 이후 중국의 역사를 바꾸었다. 후일 미국은 태평양 지배권을 둘러싸고 일본의 직접 공격을 받게 되자 중국과 연합을 하는데, 미국에게 중요한 것은 장제스의 외교가 아니었다. 길고 긴 중국전선에서 오랫동안 처절하게 싸우고 있던 중국인민들의 항일역량이 군사적으로, 현실적으로 미국에게 더 필요했던 것이었다. 물론 중국 전체의 대표로 인정을 받은 것은 장제스 정권이었고, 그래서 미국은 장제스만 공식적으로 상대했다. 아무튼 장제스는 그런 망상으로 중일전쟁과 국공내전을 수행하다가, 1949년 나라는 망하고 자신은 타이완으로 도주했다.

국민당 정권의 장제스 부하와 참모들도 마찬가지다. 거의 '거지 떼' 수준이었던 공산당의 군대에 비하면, 그들 중에는 좋은 학벌과 유학, 풍부한 공직 경험을 가졌던 중국사회 엘리트가 참 많았다, 거기에 더해, 서양 제국주의 국가로부터 훌륭한 무기를 많이 도입했고, 그들 국가로부터 초빙된 군사고문단도 많았다. 그러나 중국-자국을 멸시하였던 서양의 제국주의를 스승으로 삼아 베운 결과 그 스승들과 같은 시각을 가졌기 때문에, 마오와 중국공산당이 보았던 자국의 진짜 힘이 무엇인지, 그 힘들을 어떻게 결집할지 몰랐다. 그래서 그들 모두는 장제스와 함께 폭삭 망했다. 여기서 마오쩌둥과 중국공산당의 항일과 혁명을 장제스 정권을 비교해 평가를 했다. 하지만 마오쩌둥이 진짜 맑시스트인지, 중국혁명 이후 정치는 잘 했는지, 마오 사후 지금의 중국은 어떤 나라인지 등등의 문제는 매우 다른 평가가 가능할 것이다. 나는 단지 1949년 이전의 중국 상황 속에서 마오와 그의 당이 올바른 정책으로 항일과 혁명 전쟁을 잘 했다고 평가한 것이다. 특히 국민당의 장제스 정권에 비교해서 말이다. 독자들께서는 오해가 없기 바란다.

한편 이상의 2가지 주장은 일본의 경제침략을 당한 오늘날의 한국에서 다시 부활해 크 유행하고 있다. 삼성전자 등 한국 기업에 큰 피해가 예상되니 일본과 무모한 경제전쟁을 하지 말자, 대통령 또는 국무총리를 일종의 '사죄사(謝罪使)'로서 일본에 보내 일본의 요구를 수용하자는 주장이 많다. 역사를 보면, 안중근 의사의 의거 후에나, 3.1운동에 대한 이완용의 경고문이 같은 맥락이다. 따라서 앞서 거론한 중국에서와 마찬가지로, 그런 자들은 그냥 매국노일 뿐이다.

다음은 일본보다 센 미국이 한국을 위해 나서 달라고, 외교 역량을 총 동원하는 문재인 정부이다. 이 또한 역사를 모르는 망상에 기반을 한다. 앞서 말한대로 미국은 1854년 일본과 수교한 이래로, 일본의 한국에 대한 (침략)정책을 일관되게 지지하고 지원하였다. 미국은 그것이 자국의 이익에 부합된다고 철석같이 믿는다. 유일한 예외가 1941년 12월 일본이 미국의 하와이 진주만을 습격하며 태평양전쟁을 일으키고, 1945년 8월 15일 일본이 패망할 때까지 불과 몇 년이다. 그 이후 지금까지도 미국과 일본은 언제나 한편이다. 앞으로도 일본이 '진주만 기습'을 다시하지 않는 한 변화할 가능성은 희박하다. 따라서 미국은 한국이 바라는 대로 움직이지도 않을 것이다. 그럼에도 만약 미국이 한국의 입장을 두둔하거나 공정한 중재를 한다면 한국은 오히려 다른 큰 댓가를 미국에 지불해야 할 것이다.

따라서 일본의 경제침략에 대한 정답은 '시민들의 항일역량 결집'일 뿐이다. 고통의 시간을 겪겠지만 시민들의 결집된 항일역량을 기반으로 전략을 세우고 다양한 전술을 구사하여야 한다. 구체적 전술, 전략은 그때그때 맞대응 수준의 경제보복 조치나 중장기적인 자체 기술 개발, 조직적인 일본상품 불매운동 등이 있을 것이다. 보다 중요한 것은 시민들의 항일역량 결집이고, 모든 전략과 전술은 시민의 역량에서 나와야 하고, 그것은 다시 시민의 역량을 강화하는 것으로 귀결되어야 한다.

지난 20세기 초, 조선의 고종은 국내의 항일역량을 철저히 믿지 않았다. 오히려 두려워하며 외세를 동원해 진압하기도 했다. 오로지 미국 등 국제열강, 즉 일본 외의 제국주의 국가들에게 '거중 조정(居中調停 : 제3국이 나서서 분쟁국들의 화해 조정)'을 요청하며, 그들 국가대통령과 황제에게 특사 파견과 친서 전달을 통해 일본의 침략을 막고자 애썼다. 앞서 거론한 장제스의 태도와 같았다. 그러나 조선 편을 들어주는 착한 제국주의는 없었고, 침략자 일본에게 총 한방 쏘지 않고 조선왕국은 망했다. 만약 전국적으로 총 4만 명, 서울에서만 약 2만 명에 이르는 조선왕조의 신식 군대와, 거의 매년 국가 예산의 40%를 퍼붓고 외국에서 사들여 왕실 창고에 쌓여 있었던 신식 무기로 서울 시민을 무장하고 일본에게 철저하게 저항했다면, 그렇게 허무하게 망하지는 않았을 것이다. 500년 유교를 지향했던 조선이 결정적인 순간에 공자님의 가장 기본적인 정치철학, "백성의 믿음이 없으면 서지 못 한다(民無信不立)"가 없어서 망한 셈이다. 지금은 그런 어처구니없는 불행이 다시 반복되지 않길 바랄 뿐이다.

후퇴하고 흔들리는 문제인 정부에게 바란다

현재 한국은 이미 벌써 여러 해 지독한 저성장 상태이고, 실업은 늘면 늘었지 좀처럼 줄지 않고 있다. 자본의 투자부진(또는 해외유출)과 노동 소득의 하락도 여전하다. 그 원인은 자본의 사보타주(sabotage : 고의적인 파괴행위)에 있지, 노동자나 시민들에게 있지 않다는 것은 분명하다. 지금 경제 상황이 누군가에게는 단지 '경기후퇴'라며 두둔하고 싶을 것이고, 또 다른 누군가에게는 '경제위기'라고하며 현 정부의 경제정책을 공격하고 싶어 한다. 하지만 아주 심하게 양극화된 경제구조 속에서 가난한 많은 시민들에게는 만성적인 '불황'이나 '대공황' 상태라고 해도 지나치지 않을 것이다.

또 이 경제적 양극화와 직접 연관이 되어있는 정치세력이 있다. 그자들은 과거 독재정권의 후예들, 이들을 '적폐세력'이나 '토착왜구'라고 부르든 일본과 마찬가지로 극우세력이라고 부르든지 상관없다. 여전히 그들은 강고한 정치적 세력을 형성하고 있다. 동시에 그자들을 반대하는 정치적 세력들도 강력하게 형성되어 있다. 정치적으로도 양극화 되어있다는 것이다. 이와 같은 정치·경제적 양극화 때문에 한국의 사회적 갈등은 매우 심각하다. 때문에, 어떤 전문가는 이미 한국에서 사회는 해체, 소멸하였다고 주장하기도 한다.

이런 한국에서 광범위하고 강력한 개혁 열망이 일어났고, 그 열망 속에서 등장한 것이 지금의 문재인 정부이다. 스스로도 한겨울의 광장과 거리를 가득 메우고 박근혜 정권을 탄핵시킨 천만 촛불 시민이 만든 '촛불 정부'이라 자임하였다.

그런데 그 문재인 정부가 지금 현재 시민들의 개혁 열망에서 나날이 멀어지고 있다. 근래는 최순실·박근혜 국정농단 사건의 주역 중의 하나인 대자본가들, 약탈 자본가들, 적폐들 등과 같은 자들을 모두 청와대로 불러 투자의 애로상황을 청취한다는 이상한 행사들을 자주 하고 있다. 또 그자들의 탐욕스러운 요구에 적극적으로 호응하며, 탄핵을 당한 과거 정권의 정책인 '규제 개혁', '노동규제 완화', '투자 활성화' 등은 이미 부활했다. 고의적으로 사보타주하는 적폐 자본가들에게 촛불 대통령이 '애걸복걸(哀乞伏乞)'을 하는 모습을 볼 때마다 기가 막힌다. 한편 국책은행은 대규모 구조조정에 나서며 노동자들을 불안하게 만들고 있다. 국회도

한국의 약탈자본과 공범자들

소위 적폐세력과 '협치'를 통해 반개혁적인 입법안을 쥐고 흔들 때가 많다. 사법부와 권력기관도 과거의 독재정권 후예들이 여전히 그대로 건재하고 있다. 대통령 주요 공약이었던 최저임금 1만 원 정책, 공공부문 비정규직의 정규직화(공공부문 채용 확대), 그리고 금융행정 개혁 등등. 이 모든 것을 문재인 정부와 집권 여당은 이제 거의 포기한 것으로 보인다.

이에 대해 문재인 정부과 여당은 자신들은 '촛불 시민'의 뜻을 받들어 개혁을 하고 싶지만, 과거 독재의 후예정당=자유한국당이 너무 강고하고, 자신들의 의석수가 부족해 불가능하다고 한다. 물론 그런 면도 있지만 국회의 동의가 없이 할 수 있는 개혁(행정부만 할 수 있는)도 많았다. 그러나 제대로 하지 않았다. 앞서 거론한 것들이 대부분 다 그렇다. 가령 '소득주도 성장정책'이라면서 최저임금 인상을 추진한 것 이외에는 거의 보이지 않는다. 그나마도, 방송 화면을 가득 채운 경제전문가라는 것들과 야당이 선동을 하자 일부 중소 자본가가 반대한다고 포기했다. 여기서 문재인 정부가 진정 개혁정권이라면, "대한민국 정부수립 이래 70년, 온 몸으로 노동과 납세의 의무를 다한 국민이 이제 어려운 처지에 빠졌는데, 정부가 그동안 받아먹은 세금으로 일자리와 임금을 제공한다는 것이 무슨 잘못이란 말인가! 그런 정부의 책무를 다 하지 않는 정부야 말로 오히려 탄핵감이다!"라고 당당히 맞받아야 한다. 무엇보다도 정부가 과거처럼 은행과 기업을 지원하는 것이 아니라 직접 청년, 노동자, 시민들은 지원해야 한다. 그러나 우물쭈물 후퇴하는 모습은 문재인 정부의 개혁의지가 진짜 있는지 의심하게 만든다.

국회의 동의가 필요한 개혁안들에 대해서도 진정성과 효과에서 의심이 든다. 시민들의 직접적인 통제와 같은 민주주의의 근본적인 가치를 지향하는 것보다는 미봉책인 것들이 많기 때문이다. 대표적인 것이 검경 수사권 분리와 공수처 설치가 그렇다. 똑같이 부패하고 무능한 집단인데, 그 두 집단의 권한을 잘 나누고, 다시 그들 중에서 일부만 새로 뽑아 공직자 비리수사를 전담시킨다는 것이다. 일시적으로 상황이 좀 나아질 수는 있겠지만 특별히 새로울 것은 없다. 일시적으로 대통령 하나 바뀌었다고, 선출되지 않으면서도 영속하는 권력기관과 그 기관의 영원한 주인인 관료들의 행태가 바뀌겠는가. 더욱이 개혁 대상 집단들(즉, 검찰과 경찰)과 개혁반대(적폐든 토착왜구든) 세력의 동의를 구해서 추진한다고 하는 것은 도저히 말이 되지 않는 소리다.

그런 이유에서 문재인 정부 출범의 주요 기반이었던 노동조합에 조직된 노동자들이 이미 크게 반발하고 있다. 또한, 개혁에 대한 뜨거운 열망을 지닌 진지한 시민들의 냉소도 늘어 갈 것이다.

그런데, 때마침 세계적으로 진행 중인 미국과 중국의 패권전쟁이라는 새로운 상황은 개혁을 회피하고 싶은 한국의 정권과 정치·경제의 권력자들에게 개혁을 요구하는 노동자와 시민을 공격할 아주 좋은 '핑계거리'를 제공할 것이다. 특히 일본의 경제침략에 항복하자는 자본가와 야당, 우익 언론은 문재인 정부을 끊임

없이 공격할 것이다. 그자들의 공격은 미약하나마 존재하는 문재인 정부의 개혁성을 철저히 파괴하는 것은 물론, 정권 자체의 붕괴를 노리는 것으로 보인다. 그자들의 공격이 성공할 때쯤, 한일 양국의 관계는 1965년 한일국교 정상화(또는 2015년 한일 일본군 위안부 합의)의 상황으로 되돌아갈 것이다. 소수 대자본가들의 이익을 보호하기 위해, 일본의 식민지·전쟁 범죄는 영구히 은폐하는 것(피해자는 계속해 고통을 당하고)에 한국 정부는 또 동의할 것이다. 늘 그랬듯이 한미(일)동맹을 위해 미국도 적극적으로 한국의 등을 떠밀 것이다.

결국 정부과 여당은 10년 전 노무현 정부와 열린우리당의 실패를 반복하기 쉽다.(그때도 개혁실패 보다는 포기, 배신에 가까웠다!) 가장 두려운 것은 모처럼 '진짜' 개혁으로 한국을 새롭게 만들 기회를 만들 기회를 잃고, 10년 간 암담한 보수반동의 시대가 도래를 했던 역사가 반복되는 것이다.

문재인 정부의 개과천선(改過遷善)을 촉구한다. 아직 권력이 있을 때, 시민의 지지가 남아 있을 때, 근본적인 개혁, 철저한 개혁에 나서라! 그것만이 국내 보수반동 세력을 제압하고, 국외 도발세력(그들이 일본이든 아니든)을 격퇴할 힘이 될 것이다. 또한 국내 보수반동 세력과 국외 도발세력이 함께 '은밀한 동맹을 맺고 지속적이며 강력한 공격'을 감행해오더라도, 오직 개혁만이 그자들을 저지할 수 있는 문재인 정권의 강력한 힘이 될 것이다. 근본적이고 철저한 개혁으로 지금보다 더 강력한 노동자, 시민들의 지지를 획득할 수 있기 때문이다.

진정으로 범죄를 저지른 자본가를 처벌하고, 피해대중은 구제가 되는 날은 영원히 오지 않는가!

탐욕스러운 자본을 규제하고, 노동자와 시민들을 위한 경제 공동체를 위한 개혁은 도대체 불가능한가!

보다 철저하고 근본적인 진짜 개혁을 위하여, 노동자와 시민을 믿고 권력을 나누어 줄 수 없는가!

후퇴하고 흔들리는 문재인 정부의 개혁을 보며, 본질적으로 부박(浮薄)한 '자유주의' 정치가들의 언행 앞에, 가슴을 치고 안타깝고 화가 치미는 이들에게 이 책이 희망의 작은 불씨라도 되길 바란다.

불가능하다는 것을 알면서도 하려는 사람인가?

是知其不可而爲之者與 論語

나는 한동안 옛날의 어느 시인처럼 고통의 술잔을 드는, '통음 (痛飮)'의 나날을 보낸 적이 있었다. 2015년 2월 당시 투기자본감 시센터 사무국장으로 활동하고 있었다. 늦은 밤, 당시 장화식 공 동 대표가 검찰에 긴급 체포가 되었다는 연락을 받았다. 처음에 는 이 책에서 거론하는 사람들 중 누군가가 만들어 낸 '탄압'이 라고 생각하였다. 특히 사모펀드 론스타와 공모한 권력자들을 의 심했었다. 그날도 다음 날 론스타 소송비대납 문제로 외환은행 앞 기자회견을 준비하다가 늦게 퇴근했었기 때문이다. 자정을 넘 겨 다른 투기자본감시센터의 공동 대표인 이대순 변호사가 풀 이 죽은 목소리로 전화를 해 왔다. 상황이 심각하니 내일 오전에 는 긴급 운영위원회 회의를 소집하고 오후에는 함께 검찰에 출두

해야 한다고 했다. 뜬 눈으로 지새운 밤이 지나고 오전 운영위원회 의에서 면회를 다녀 온 이대순 대표의 보고를 들었고, 만장일치로 장 대표의 징계가 결정되었다. 오후에는 검찰에 출두했다. 이미 전화통이 불이나 꺼 버렸다. 처음에는 믿기지 않았다. 장 대표가 론스타로부터 금품을 수수하고, 론스타 코리아 대표 유회원의 석방 탄원서를 써서 판사에게 제출했던 증거물들을 눈으로 확인하는 순간, 눈물이 왈칵 쏟아졌다. 처음에는 낭패감이었고, 나중에는 배신감이 밀려들어와 눈물을 주체할 수 없었다. 나는 조직의 결정에 따라서 유회원 엄벌 탄원서를 시민사회에 호소하고 조직해 법원에 제출하던 그 시점에, 장 대표는 그에게 금품을 수수하고 석방 탄원서를 내고 있었던 것이다. 마지막으로는 수치심에 더욱 서러웠다. 수사 검사가 서럽게 우는 나를 위로를 할 때는 더욱 참기 힘들었다. 하필이면 평소 비판을 하던 그 검사에게 위로를 받다니……. 그날 난 그렇게 무너져 주저앉았었다. 그런데 문득 '왜'가 궁금했다. 내가 본 장화식은 소위 '운동권' 인사들 중에 가장 '명석'한 사람이었고, 내가 이 운동을 하면서 가장 많이 배운 '선생'이었다. 그런 그가 왜? 해고기간 밀린 임금 때문이라고? 그것으로는 도저히 설명이 되지 않는다. 왜냐하면 아무리 그렇다고 해도, 아무도 모르게 혼자 금품을 수수하고, 석방탄원서를 제출한 것은 도저히 납득할 수 없었다. 그를 포섭했을 것으로 보이는 그의 선배인 조응천 변호사와 김앤장 법률사무소가 정말 무섭게도 느껴졌다. 아무튼 밤늦게까지 검찰 수사를 받고 검찰청을 나왔다. 이미 검사는 나와 다른 임원들의 금융거래 내역까지 모든 것을 조사 다 하고, 공범은 아니라고 판단하여 우리를 풀어 주었다. 그날 밤 이 대표와는 아무 말 없이 헤어져 각자의 집으로 돌아갔다.

며칠 있다가 이 대표의 연락이 왔다. 그를 만나니 조직을 해산하자고 한다. 아주 잠시 고민을 하다가 동의했다. 만약 투기자본감시센터가 메이저 시민단체 중의 하나였다면, 해산을 할 정도로 심각하지는 않았을 것이다. 임원 중에 하나가 개인비리를 저질렀다고 전체 조직의 해산까지는 가지 않았을 것이다. 우리의 경우는 사과와 징계로 마무리 될 수 없었다. 냉철하게 생각해 보면, 투기자본감시센터라는 작은 시민단체에 '장화식'이란 존재는 거의 전부였고, 그의 '스타성'에 의존한 것이 매우 컸던 것이다. 당시 언론과 방송에서는 투기자본감시센터의 장화식의 비리를 연일 성토했고, 정치권에서도 관련 입법을 하자는 국회의원이 있었다. YTN에서는 투기자본감시센터가 론스타로부터 8억을 받기 위해 8년 전에 만들었다는 주장을 하고 있었다. 그동안의 활동, 우리의 역사, 그 모든 것이 부정당하고 있었던 것이다. 거듭 생각해도 조직의 해산만이 답이었다.

그리고 해산절차를 밟았다. 그런데 투기자본감시센터 규약에는 해산 조항이 없었다. 아무도 해산을 염두에 둔 적이 없었기 때문이다. 대부분의 규약은 상근자인 나의 근로조건에 대한 것들이었다. 결국 '관행'대로 최고 의사결정기구인 운영위원회 회의에서 처리하는 수밖에 없었다. 그런데 그것도 문제였다. 단지 2명의 운영위원이 반대를 했는데, 해산을 할 수가 없었다. 왜냐하면 그동안 모든 회의는 표결을 한 적도 없고 다수결 규정조차 없었다. 그것도 그럴 것이 모든 회의 안건은 만장일치로 처리가 되어 왔다. 이유는 단순하다. 그 동안의 회의안건은 대부분이 'XX자본은 투기자본이니 이러한 방식으로 대응을 한다' 였기 때문이다. 처음부터 투기자본과의 투쟁에 동의하지 않으면 회의에 참석할 이유도, 조직에 가입할 이유도 없는 것이고, 해당 방식에도 동의나 동참하지 않으면 그뿐이었기 때문이다. 정당도 아닌 시민단체에서 그 이상 강제할 수도 없는 노릇이었다. 아무튼 반대 2인으로 해산을 할 수 없었다. 그렇게 해산여부를 묻는 회의만 2달 넘게 했다. 결국 그 2인을 제외한 나머지 임원들이 총 사퇴와 조직을 탈퇴하였다. 그러는 동안 나는 계속해서 많은 술을 마시며 시간을 보내고 있었다.

그 때 2~3달 동안, 운영위원 중 일부와 나는 해산과 더불어 새로운 단체 건설을 논의하고 있었다. 그 동안의 투기자본감시센터 활동을 돌아보고, 새롭게 반성과 각성을 하며 출발하자는 것이다. '위장폐업'이 아니라 '신장개업'을 하자는 것이다. 주요 활동가 개인의 일탈이 아니라 새롭게 인적 구성도 하고 조직 노선도 혁신을 해야 하는 것이다. 새롭게 임원을 섭외하고자 찾아간 노조에서 '그래봤자 너도 장화식 한패야!'라는 오해의 말도 들었다. 하지만 이대로 끝낼 수는 없었다. 나는 계속해 싸우고 싶었다. 많은 사람들이 그랬다.

그런 과정이 다시 거의 2달 정도였다. 새 조직의 준비회의를 통해, 기존 투기자본감시센터 임원 중에 계속해 활동을 원하는 사람과 그 동안의 활동에서 새롭게 연대하게 된 사람을 중심으로 새 조직의 임원 구성을 먼저 결정했다. 조직노선도 새롭게 했다. 과거 단기간에 고수익을 내고 먹튀를 하는 자본의 행태보다는, 보다 장기적으로 자본의 약탈 행위에 대한 대응을 해야 한다는 것이었다. 오랜 세월 '빨대'를 기업과 금융기관에 꼽고, 노동자와 소비자를 약탈하는 자본이 더 많고 치명적이라는 것이다. 그렇게 유지되고 성장을 하는 '약탈경제'가 본질적 문제라는 것에 준비회의 참석자들은 뜻을 같이 했다. 그런 '숙의' 속에서 '약탈경제반대행동'이 탄생하였다. 나는 여전히 사무국장이며, 상근 활동가로 활동을 하게 되었다.

나에게는 이런 고민을 하게 된 계기가 있었다. 오래 전, 지하철 9호선의 '혈세 낭비'문제로 투자은행 맥쿼리와 한창 싸울 때 였다. 맥쿼리 측에서 사무실로 내방을 하겠다며 면담 요청이 들어왔다. 맥쿼리의 박 아무개 상무가 직접 자신들을 반대하는 시민단체와 정치인을 상대로 해명을 한다고 했다. 결과는 충분히 예상이 됐지만, 굳이 만남을 거절할 이유가 없어서 만났다. 그는 30년 간 장기간 투자를 하는 것 등의 이유를 들어서 자신들이 '투기자본'이 아니라고 했다. 즉, 자신들은 '단기간에 먹튀'를 하는 것이 아니라는 것인데, 별로 설득력은 없었다. 하지만 그의 마지막

항변에 대해서는 반박하기 어려웠다. 그는 "우리 맥쿼리의 (고)수익 모델을 두고 투기자본이라 한다면, 한국정부가 가장 큰 투기자본일 것이다"라고 말했다. 그 말은 맞다. 맥쿼리를 포함해서, 한국에서 이름을 날린 사모펀드 등 투기자본들이 장악한 금융기관에 최대의 투자자는 정부이다. 정부가 혈세를 투입하고 직접 운영을 하는 국민연금과 모든 공적 연기금, 정부가 관리감독을 하는 시중 은행과 모든 금융기관은 경쟁적으로 사모펀드 등을 통해 투자를 하고 있다. 그 결과 다른 투기자본들과 고수익을 함께 나누며 성장하는 자본(?)이 바로 대한민국의 정부이다. 〈로드 오브 워(Lord of War)〉라는 영화가 있다. 주인공(니콜라스 케이지)은 이른바 '죽음의 상인'이라는 무기상이다. 영화는 주인공이 분주하게 온 세상을 다니며 무기를 팔고 다니다가, 마침내 공항에서 체포되어 미국으로 압송되는 장면으로 마무리 한다. 그의 마지막 대사는 '압권'이었다.

소개하자면 "내가 평생 팔아먹은 무기보다 미국 대통령이 외국 지도자에게 30분 전화 통화를 하며 판 무기가 더 많다. 그런데 왜 내가 더 나쁜 놈이냐!"는 것이다.

결국 핵심은 노동자와 소비자, 시민의 등에 올라타 빨대를 꼽고 장기적으로 그의 골수를 뽑아 먹는 놈들, 그런 약탈 자본의 경제체제 그리고 그 체제를 건설한 정부국가에 대해 싸워야 하는 것이다. 이런 이야기를 좀 더 멋있게 정리한 것이 새 조직의 출범 선언문이다. 좀 길지만 소개한다.

≪약탈경제행동의 출범 선언문≫

오늘날의 세계 자본주의를 이끄는 것은 미국의 월스트리트를 중심으로 글로벌 금융거래 네트워크를 구성하고 있는 각국의 금융회사들과 거기에 투자하는 각국의 부유한 크고 작은 자산가계급(property classes)이며 이들은 오늘날 약탈적인 자본주의의 공동지배자이다. 한국의 경우 보통의 재테크 자산가들만이 아니라 재벌가문 역시 이러한 약탈자 지배 블록의 일부로서 가담하고 있다.

동시에, 개발도상국과 선진국 모두에서 한편에서는 가난과 궁핍이 다른 한편에서는 부와 사치가 증가하고 있다. 이러한 불평등 심화의 배경에는 약탈적인 경제 메커니즘이 존재한다. 이점은 한국도 마찬가지이다.

자본주의 시장 경제의 세포(cell)은 법인기업이며 세포의 건강한 생존이 생명체의 유지와 성장에 필수적이듯이 기업의 건강한 유지와 번영은 자본주의 경제의 건강성에 필수적이다. 하지만 오늘날의 약탈적 자본주의는 스스로 자기 몸의 세포를 파괴하고 있다. 기업을 약탈적 방식으로 공격하여 망가뜨리는 것이다. 이런 점에서, 오늘날의 자본주의는 마치 '자가면역질환'에 걸린 환자와 같다고 할 수 있다. 법인기업에 대한 약탈은 그대로 그 법인기업에서 근무하는 노동자들에 대한 약탈로, 그리고 그 법인기업과 거래하는 협력업체에 대한 약탈로서 이전된다. 약탈적 저임금과 약탈적 납품가격 책정은 재벌그룹만의 문제가 아니라 글로벌 자본주의 전체의 문제이다.

재벌그룹과 재벌가문들이 약탈한 부를 다시 날강도처럼 탈취해 가는 자들은 기업사냥 '펀드'들이다. 이들은 우리나라 재벌 가문들이 쥐꼬리만한 지분을 가지고 거대한 대기업그룹을 지배하는 취약점을 파고들어, 그 경영권에 도전하면서 한국 최대의 우량 재벌그룹들에 축적된 사내유보금을 탈취한다.

오늘날 경제생활의 본질적 특징은 '약탈'이다. 시장 경제는 '약탈하는 자와 약탈당하는 자', '약탈하는 기업과 약탈당하는 기업', '약탈하는 자본과 약탈당하는 자본', '약탈하는 나라와 약탈당하는 나라'로 나뉘어 있다. '약탈적 자본주의(predatory capitalism)'의 전면화가 우리가 직면한 현실이다. 베블렌과 케인스, 마르크스, 갈브레이스 같은 위대한 경제학자들은 하나 같이 "아무런 생산적 기여를 하지 않으면서 약탈에 의존하는 자산가계급, 유한계급이 자본주의의 무덤을 스스로 파고 있다"고 비판하면서 새로운 유형의 '생산적 경제'가 필요하다고 역설했다.

모든 경제가 약탈적인 것은 아니며, 모든 시장 경제가 약탈적인 것도 아니다. 인간의 존엄성과 사회공동체의 번영에 부합하는 생산적인 시장 경제가 가능하다. 이러한 사회연대적 경제는 약탈적인 자유시장 자본주의와 정면으로 대치된다. '약탈적 자본주의'에 반대하고 그것에 맞설 때만이 시민과 사회공동체가 주인이 되는 생산적인 경제 즉 '사회연대적 경제'를 만들어나갈 수 있다. 이에, 오늘 우리는 약탈경제반대행동(영문명 : Vampire Capital Hunter)을 출범한다.

2015년 8월 31일(월)

약탈경제반대행동출범식 참가자 일동

영문 이름은 출범 준비회의에 참석했던 연대단체 젊은 여성 동지의 제안으로 탄생하였다. 그는 "약탈이란 말이 너무 'Old' 합니다. '흡혈귀', '흡혈자본'란 말이 이것들의 실체에 더 정확한 표현이고, 감성적으로도 젊은 사람들에게 맞을 것입니다"라고 주장했다. 그런 갑론을박 속에서 탄생한 단체의 영문 이름이 'Vampire Capital Hunter'이다.

사실 나는 준비회의에서 '약탈경제'란 말을 처음 들었을 때, 조금 당황했다. 그것은 고구려 초기 등 유목국가의 경제를 지칭하는 '역사 용어'였기 때문이다. 그런데 차차 생각해보니, 그 둘의 범주는 다르지만 유사한 개념의 말이라는 것에 결국 동의하게 되었다. 예속된 하호들이 멀리서 쌀과 식량, 생선과 소금 등을 이고 지고 와서 바친 것을 아무런 생산 활동을 하지 않고 앉아서 받아먹은 고구려 1만여 명의 '좌식자(坐食者)'나, 오늘날의 자산계급은 결국에는 같은 것이다.

그리고 또 하나. 시민운동이란 '전문가와 사회 엘리트를 통한 대의 실현'이 아닌 궁극적으로 시민들의 '직접 행동'이어야 한다. 약탈경제에 반대하는 '시민들의 행동'을 강조해 단체 이름에 '행동'이 들어갔다. 지금도 좋은 이름이라 자평한다.

그렇게 지난 2015년 8월 31일 약탈경제반대행동은 출범했다. 하지만 고민이다. 여전히 개별 피해자들과 함께, 특정 (약탈)자본의 범죄행위를 찾아 고발하고, 응징하는 것이 나의 주요 임무이다. 가야할 방향은 명확히 찾았지만, 가야할 길이 너무도 먼 것이다. 그렇다고 크게 걱정하지 않는다. 우리가 가는 이 길이 진실로 옳다면, 우리는 이 길을 당당히 걸어가면 되니까!

명나라 말 감옥에서 죽은 사상가 이탁오(李卓吾)는 이런 말을 했다.

"나이 오십 이전까지 나는 정말 한 마리 개와 같았다. 앞의 개가 그림자를 보고 짖어대자 나도 따라 짖어댄 것이다. 왜 그렇게 짖어댔는지 그 까닭을 묻는다면, 그저 벙어리처럼 아무 말 없이 웃을 뿐이었다. 오호라! 나는 오늘에서야 우리 공자를 이해했고 더 이상 예전처럼 따라 짖지는 않게 되었다. 예전의 난쟁이가 노년에 이르러 마침내 어른으로 성장한 것이다."

보통 새로움을 잃어가는 나이인 오십 살에 이탁오는 역으로 사상도, 활동도 새로워졌다. 개인적으로 지난날의 활동과 생각을 새롭게 정리하고, 더 높이, 더 멀리 나가기 위하여 이 책을 썼다. 독자들의 애정 어린 비판을 바란다.

참고자료

- 두산백과 "계속기업", http://terms.naver.com/entry.nhn?docId=1201132&cid=40942& categoryId=31822, 2017. 8. 17.
- Daum백과 "금융화", http://100.daum.net/encyclopedia/view/54XX45900031, 2017. 6. 5.
- 알렉스 캘리니코스(2003), 『반자본주의선언』, 책갈피 pp.12
- 이찬근(2015년), 『금융경제학사용설명서』, 부키, pp.241~248
- 장하준, 「영국에서 자동차 회사가 '멸종'된 까닭은?」, 참여와 혁신 2005. 6. 10.
- 정명희, 「헤지펀드, 183년 전통 최대은행 삼키나」, 민중의 소리 2007. 9. 17.
- 김상준 「환자들 생명 놓고 이윤챙기는 못된 자본가를 어쩌나_미국인들 공분」, 경향신문 2016. 2. 15.
- 지주형(2011), 『한국신자유주의의 기원과 형성』, 책세상, pp.249
- 투기자본감시센터(2008년), 「투기자본과 정책대응 방안」, 전국금융산업노동조합 용역보고 pp7
- 김기준 국회의원 보도자료(2012), 「은행, 배당률과 외국인지분 높을수록 비정규직원 비율도 높아」, 2012. 12. 18.
- 한국경제통계시스템, http://palix.tistory.com/676, 2017. 8. 9.
- 고영훈, 「30대 대기업 외국인자본 315조…전체 증권보유액 67%」, 한국금융신문 2016. 10. 17.
- 김영봉, 「국내 대기업, 조세회피처에 직접투자한 금액 23조원, 역외탈세 우려」, 아시아타임즈 2016. 10. 14.
- 이찬근(2015년), 『금융경제학사용설명서』, 부키, pp.225~237, pp.130~183
- 위키백과 "소송투자자 국가 분쟁 해결",
- https://ko.wikipedia.org/wiki/%ED%88%AC%EC%9E%90%EC%9E%90_%EA%B5%AD %EA%B0%80_%EB%B6%84%EC%9F%81_%ED%95%B4%EA%B2%B0, 2017. 8. 16.

- 박병률, 「김앤장, 은행 자문료 독식…왜?」경향신문, 2010. 9.28
- 구영식, 「외환은행 인수한 론스타펀드 투자금 절반 이상이 국내자본?」 오마이뉴스 2008. 7. 8.
- 「누가 론스타를 비호하나?」,
- http://newstapa.org/?s=%EB%A1%A0%EC%8A%A4%ED%83%80+%EB%B9%84%ED% 98%B8, 뉴스타파 2015. 5. 8.
- 박소희, 「"국민연금, 이마트 투자한 1561억 회수하라"」, 오마이뉴스 2013. 2. 6.
- 위상호, 「PEF 계층화…고민 깊어지는 기관투자자 출자」, 인베스트조선 2016. 4. 27.
- Daum백과 "신한맥쿼리금융자문주식회사",
- http://100.daum.net/encyclopedia/view/b13s3142n10, 2017. 6. 5.
- 김종백, 〈폭탄 터질라"…금융권, 씨앤앰에 '노심초사〉 시사포커스 2016. 4. 19.
- 진상현, 〈보고펀드 투자 대가성 혐의 논란〉, 머니투데이 2006. 12. 7.
- 강희종, 「맥쿼리, 씨앤앰 인수 가능할까」, 2008. 2. 14.
- 김보형, 「쌍용차 노조, 김창록 前 산은 총재 고발」, 머니투데이 2009. 6. 23.
- 오경묵, 「檢, '쌍용차 회계조작 의혹' 전·현직 대표 무혐의」, 뉴시스 2014. 3. 18.
- CBS〈김현정의 뉴스쇼〉, 「"기술유출·고의부도 하극상…쌍용차청문회 해보니"」 노컷뉴스 2012. 9. 21.
- 장하준(2011), 『그들이 말하지 않는 23가지』, 부키 pp39~46
- 박병률 , 「김앤장, 은행 자문료 독식…왜?」 경향신문 2010. 9. 28.
- 이권진, 「'키코 5년' 피해 776개사 3조2천억」 중소기업신문 2013. 5. 15.
- 김병일, 「금융전문변호사들과 1년 호흡…복잡한 키코사건 깔끔하게 마무리」 한국경제 2011. 8. 4.
- 조태근, 「김앤장 출신이 론스타 外銀 '대주주자격' 심사한다」, 민중의 소리 2011. 5. 2.
- 황일송, 「5조원 손실」 책임은 론스타 내부에 있었다」, 뉴스타파 2015. 6. 25.
- 강현창, 「썬코어, 경영지배인 선임…"도주한 최규선 회장, 돌아올 것」뉴시스, 2017. 4. 10.

- 위키백과, "쌍용자동차",
- https://ko.wikipedia.org/wiki/%EC%8C%8D%EC%9A%A9%EC%9E%90%EB%8F%99%EC%B0%A8, 2017년 8월 17일
- 정영오, 「매각실사 방해땐 노조 형사고발"/쌍용車 소진관 사장」, 한국일보 2004. 2. 3.
- 「쌍용차매각 MOU 27일 체결(종합)」, 연합뉴스 2006. 7. 26.
- 「한중, 투자환경 개선노력 강화키로 보시라이 中상무부장, 강한 노동운동에 우려표명」, 연합뉴스 2006. 5. 27.
- 강훈상, 「쌍용차 기술유출 수사발표 왜 늦춰졌나」 2009년 11월 11일
- 나난, 「"쌍용 사태의 책임 파산법원에 있다"」, 레디앙 2009. 8. 3.
- 김용진, 「검찰 "쌍용차, 첨단기술 중국에 유출"」, 이투데이 2009. 11. 11.
- 김정수, 「김문수지사 쌍용차 핵심기술 중국유출 '도마위'」 2009년 11. 12.
- 정명기(2012), 「한국자동차산업 현황과 쌍용자동차의 미래」 『쌍용자동차 처리방식의 문제점과 대안』자료집 pp. 12~15
- 정종남(2011), 「KT 민영화 10년 : 노동자와 소비자를 쥐어짜 수익 챙기는 투기자본 경영수법의 전형」, 『KT 민영화 폐해와 대안 토론회통신비 못 내리는 진짜 이유』자료집 pp. 12
- 김시연, 「KT, '무늬만 국제전화'... 내부 '경고성 메일'」, 오마이뉴스 2012. 3. 16.
- 백영미, 「[2015 국감]KT 무궁화 위성 헐값 매각 도마위」, 뉴시스 2015. 9. 14.
- 이충신, 「'KT 시이오 리스크' 해결책으로 노동이사제 도입 제시」, 한겨레 2017. 3. 14.
- 일본노동조합총연합회(2008), 「투자펀드의 규제 규율 조사보고서(영국)」, 전국금융산업노동조합
- 이근 외(2016), 『2017 한국경제 대전망』, 21세기북스 pp.54
- 김준형 「금감위, "국내은행 외국인 이사 국적 또는 거주 검토 필요하다"」, 머니투데이2004 12. 2.
- 김인규 외(2010), 「미국 금융개혁법의 내용」,

- http://msimulation.tistory.com/1138 2017. 6. 8.

- 김호균(2006.), 「독일공동결정제의 현황과 과제」, 한국EU학회

- 곽정수, 「유럽 선진 경제·노사관계 뒤엔 노동자 경영 참여」, 한겨레신문 2017. 2. 14.

- 한국인권재단 블로그, 「OECD 다국적기업 가이드라인」, http://forhumanrights.tistory.com/250

- http://www.lawnb.com/lawinfo/contents_view.asp?cid=71A29D4EE85645DD97842

6C5E97E1ADE이K 2017. 8. 9.

- 김효진, 「변협, '검사장 선출제' 등 검찰개혁안 제시」, 아시아 경제 2016. 8. 22.

- 김도형, 「막오른 일본 '국민참가 재판원제도' '속전속결'」, 한겨레 2009. 8. 5.

- 최용석, 「한국에 징역 300년형이 없는 이유?」, 머니투데이 2011. 11. 10.

- 김기준의원 대표발의(2012년), 「금융위원회의 설치 등에 관한 법률 일부개정법률안」

- 김기준의원 대표발의(2012년), 「금융소비자위원회 설치 및 운영에 관한 법률안」

- 근로자 참여 및 협력증진에 관한 법률,

- http://www.lawnb.com/lawinfo/contents_view.asp?cid=2630C2723364472398A1CF

DD472F672D이K, 2017. 8. 9.

- 박주현(2011), 「공공기관 재편방안」, 『KT 민영화 폐해와 대안 토론회통신비 못 내리는 진

짜 이유」자료집 pp. 131~143

- 정명기(2011), 『쌍용자동차 매각 이대로 좋은가?』, 「쌍용자동차매각 국회토론회」 자료집 pp. 3~6

- 에드워드 챈들러, 금융투기의 역사, 국일증권경제연구소, 2001년

- 앵거스 컨스팀, 해적의 역사, 가람기획, 2002년

- 아사다 미노루, 동인도회사, 파피에, 2004년

- 박태견, 오늘의 이슈칼라일 그룹과 부시 정권, 프레시안, 2001.10.30

- 임종인 · 장화식, 법률사무소 김앤장, 후마니타스, 2008년

- 장하준·정승일·이종태, 그들이 말하지 않는 23가지, 부키, 2010년

- 경향신문 특별취재팀, 세계금융위기 이후, 한스미디어, 2010년

- 쑹훙빙, 화폐전쟁, 랜덤하우스, 2008년

- 지주형, 한국신자유주의의 기원과 형성, 책세상, 2011년

- 오함, 주원장전, 지식산업사, 2003년

- 이옥순, 인도에 미치다. 김영사 2007년

- 댄 브리어디, 아이언 트라이앵글(칼라일 그룹의 빛과 그림자, 세계를 움직이는 새로운 권력), 황금부엉이, 2006년

- 금융경제연구소, 금융산업 IMF사태에서 한미FTA까지, 2007년

- ITCU(정명희 번역), 쉽게 읽는 카지노 자본주의, 전국금융산업노동조합, 2007년

- 정명희, 「헤지펀드, 183년 전통 최대은행 삼키나」, 민중의 소리 2007. 9. 17.

- 한지원, 자동차 위기, 산업정책적 접근의 한계와 노동권 중심의 대안적 접근 방법, 금속노조 정책연구원, 2009. 4.29.

- 최석환 기자, 최근 외국계 펀드의 투자 및 차익실현 동향, 머니투데이, 2005년 9월 29일자 기사

- 고승주 기자, 세계금융의 '큰 손'으로 부상한 국민연금, 여성소비자신문 2012년 10월 5일자 기사

- 정일환 기자, 외국인, 지난해 국내주식 17.6조 순매수, 뉴시스 2013년 1월 7일자 기사

- 김기준 국회의원 보도자료, 은행, 배당률과 외국인지분 높을수록 비정규직원 비율도 높아, 2012년 10월 18일

- 한승호·이율·한지훈 기자, 재벌그룹 마구잡이식 M&A…경쟁력에 도움되나, 연합뉴스 2013년 1월 23일자 기사

- 오정은 기자, 군인공제회, 맥쿼리인프라 9년 투자로 89% 수익, 머니투데이 2013년 1월 3일자 기사

- 권우성·박소희 기자, "국민연금, 이마트 투자한 1561억 회수하라", 오마이뉴스 2013년 2

월 6일자 기사

- 이한진, "(기고) G20 서울 정상회담과 론스타게이트", 시민사회신문, 2010년 6월 기사
- 홍성준, "(기고) 쌍용자동차 사태, 국가가 책임을 져야 하는 이유", 민중의소리, 2009년 7월
- 2009년 9월 15일자 투기자본감시센터 (논평) "쌍용자동차 대주주 감자규모는 뻔뻔한 책임회피이다!"
- 2012년 7월 4일자 투기자본감시센터 (논평) "쌍용자동차사태 책임자 고영한 대법관 후보의 사퇴를 촉구한다!"
- 2012. 2. 28. 전국금속산업노동조합 쌍용자동차지부 (기자회견문) "역사적 범죄, 쌍용자동차 회계조작 책임자를 처벌하라!"
- 2009년 9월 25일 SBS 8시 뉴스, HSBC은행서 타미플루 사재기? "2천명분 비축"
- 이유미·서민우 기자, "SC은행 2000억 고배당 제동", 서울경제, 2013년 2월 4일자 기사
- 2011년 12월 8일자, 금융수탈 1%에 저항하는 99%, 투기자본 스탠다드차타드 규제 및 파생금융상품 판매 중지와 피해보상 촉구 기자회견문
- 류영상·변해정기자, SC제일銀 '메탈론' 중징계될 듯···금융권 "관련규제 폐지해야", 뉴시스, 2011년 6월 3일자 기사
- 2011년 7월 7일 투기자본감시센터 "투기자본 사회적 규제와 장기투쟁사업장 문제 해결을 위한 토론회 : 투기를 구속하라!" 자료집 중 허영구 공동대표 발제문
- 홍성준, (기고) "투기자본들이 제조업으로 몰리는 이유", 금속노동자, 2009년 12월 11일자 기고문
- 홍성준, (기고) "세금 퍼주기와 국가 교통망 매도의 결과는 망국일 뿐이다", 인권연대, 2012년 5월 16일자 기고문
- 이종태 기자, 맥쿼리, 산하 12개 기업중 11개가 자본잠식, 시사인, 2012년 6월 22일자 기사
- 홍성준, (기고) "죽음의 기업 Kt, 주주들에겐 축복이었다", 미디어 오늘, 2012년 5월 30일자 기고문

한국의 약탈자본과 공범자들

- 정종남(투기자본감시센터 기획국장), Kt 민영화 10년 : 노동자와 소비자를 쥐어짜 수익 챙기는 투기자본 경영수법의 전형, "Kt 민영화 폐해와 대안 토론회통신비 못 내리는 진짜 이유" 자료집 중, 2011년 6월 27일
- 기성훈 기자, 서울시, 우면산터널·지하철9호선에 1000억 보전, 머니투데이, 2012년 10월 11일자 기사
- 박준식 기자, MBK맥쿼리, 6년 만에 씨앤엠 매각 착수, 머니투데이, 2013년 2월 12일자 기사
- 2010년 10월 7일, 씨앤엠 파업사태 해결과 투기자본을 위한 경영폐기 촉구 기자회견 "투기자본 맥쿼리, MBK파트너스에 맞서 씨앤엠을 지키는 노동자 파업은 정당하다!"
- 홍성준, "금융•투기자본을 보는 두 시선", 인권연대 기관지, 2011년 5월 16일
- 신현경 기자, 고전적인수법, 고율배당, 유상감자, 무상증자, 매일노동뉴스 2007년 12월 28일자 기사
- 양우람 기자, "금융공공성을 위한 노동조합의 역할" 국회 토론회서 조혜경 연구위원 지적, 매일노동뉴스 2012년 7월 26일자 기사
- 강현창, 「썬코어, 경영지배인 선임…"도주한 최규선 회장, 돌아올 것,뉴시스, 2017. 4. 10.
- 임현재, 키코(KIKO) 소송 첫 판결 내렸던 '그때 그 판사님들' 지금은?, 메트로, 2017.11. 5.
- 김병일 기자, 금융전문변호사들과 1년 호흡…복잡한 키코사건 깔끔하게 마무리, 한국경제, 11월 8일자 기사
- 2012년 11월 28일 투기자본감시센터 (성명) "법원은 LIG건설 CP사기피해 배상명령을 하라!"
- 2012년 7월 5일 KIKO사태 책임 금융위, 금감원 고발 기자회견문
- 2012년 12월 27일 투기자본감시센터 (논평) "LIG그룹 "보상계획"은 피해자에 대한 현혹이며 추악한 행태이다."
- 2010년 11월 4일, G20 정상의 책임을 묻는 금융투기자본 피해자 증언대회 자료집
- 2011년 4월 27일자 투기자본감시센터 (성명) "심인숙 금융위원은 론스타 대주주 적격성 심사에서 손을 떼라!"

- 2009년 10월 30일자 투기자본감시센터 윤영대 운영위원, 론스타사건의 진실 : 론스타게이트재판 자료집
- 구영식 기자, 「외환은행 인수한 론스타펀드 투자금 절반 이상이 국내자본?」 오마이뉴스 2008. 7. 8.
- 「누가 론스타를 비호하나?」,
- http://newstapa.org/?s=%EB%A1%A0%EC%8A%A4%ED%83%80+%EB%B9%84%ED%98%B8, 뉴스타파 2015. 5. 8.
- 나무위키, 마피아, https://namu.wiki/w/%EB%A7%88%ED%94%BC%EC%95%84, 2018. 4. 10.
- 매일신문 2011년 10월 29일자 기사, 행안부, 김앤장 등 37곳 퇴직공직자 취업 제한
- 김다혜기자, 갑을오토텍 노조 "靑, 신현수·박형철 해임하라", 뉴시스 2017. 7. 19.
- 김윤나영 기자, 민주당, 가습기 살균제 진상 규명…이인걸은?, 프레시안 2017. 6. 1.
- 홍성준, "(기고) 금융시스템에 침투하기", 인권연대 기관지 2012년 8월24일자
- 2012년 7월 13일, 김옥주 전국저축은행비상대책위원장 탄압하는 MB정권 규탄 기자회견문 : 뇌물수수 권력자는 비호하고 피해자는 탄압하는 MB정권 규탄한다!
- 2011년 4월 27일 (논평) "경제관련 감독기관 관료와 김앤장 법률사무소"
- 임순현·이환춘 기자, 고위법관 출신 줄줄이 로펌行…'물밑' 영입경쟁도 치열, 법률신문, 2013년 2월 14일자 기사
- 최기철 기자, (2012국감)올해 퇴직법관 2명중 1명은 대형로펌行, 뉴스토마토, 2012년 10월 23일자 기사
- 김종철·신나리 기자, "당선인 복지공약 뒤흔드는 사람들은 반역자 박근혜기에 과거사도 제대로 정리할 수 있어 : [e사람] 장하준 영국 케임브리지대 경제학과 교수", 오마이뉴스, 2013년 2월 3일자 기사
- 르노 랑베르 기자, 경제학자라는 청부업자, 르몽드디플로마티크, 2012년 3월호

한국의 약탈자본과 공범자들

- 김경아 기자, 전관예우 방지 근본대책 필요, ytn 2013년 2월 22일 방송
- 최경민 기자, 자본시장법 개정안 표류…'3조 클럽'은 한숨, 머니투데이, 11월 16일자 기사
- 금융수탈 1%에 저항하는 99% 여의도를 점령하라 공동행동 100일 맞이 백서 "금융자본주의 흑서", 2012년 1월 26일자
- 2012년 2월 9일자 여의도를 점령하라 제 18차 공동행동 기자회견문 "19대 총선을 앞둔 각 정당과 후보자들에게 요구한다!"
- 고기완 기자, 前진로 변호사 "진로 농락 당해", 한국경제신문 2004년 10월 9일
- 최흡/김종호 기자, SK, 경영권 방어… 소버린은 8000억 차익, 조선닷컴 2005년 7월 18일
- 다음 백과 "칼 아이칸", http://100.daum.net/encyclopedia/view/89XX25700036, 2018년 4월 17일
- 김호균, 「독일공동결정제의 현황과 과제」, 한국EU학회 2006
- 곽정수, 「유럽 선진 경제·노사관계 뒤엔 노동자 경영 참여」, 한겨레신문 2017. 2. 14.
- 박순빈 기자, 〈종업원 기업에 거품은 없다〉, 한겨레 2001년 8월 22.
- 정응석, 「미국의 검찰제도에 관한 연구」, 延世大學校 法科大學 法學研究所 法學研究/17(4) 2007 pp.93, pp.99
- 나무 위키, "미국/사법", https://namu.wiki/w/%EB%AF%B8%EA%B5%AD/%EC%82%AC%EB%B2%95, 2017. 9. 30.
- 권순민, 「일본 형사재판에서의 국민 참여에 관한 쟁점과 그 시사점」, 원광대학교 법학연구소 圓光法學/26(4), 2010 pp.204
- 소준섭, 「'뇌물' 판사와 '비리' 검사장, 뿌리 뽑는 방법」, 오마이뉴스 2016. 12. 26.
- 김다혜기자, 갑을오토텍 노조 "靑, 신현수·박형철 해임하라", 뉴시스 2017. 7. 19.)
- 김윤나영 기자, 민주당, 가습기 살균제 진상 규명…이인걸은?, 프레시안 2017. 6. 1.

- 김호균, 「독일공동결정제의 현황과 과제」, 한국EU학회 2006

- 박순빈 기자, 〈종업원 기업에 거품은 없다〉, 한겨레 2001. 8. 22

- 정웅석, 「미국의 검찰제도에 관한 연구」, 연세대 법정연구소 법학연구/17(4) 2007 pp.93, pp.99

- 권순민, 「일본 형사재판에서의 국민 참여에 관한 쟁점과 그 시사점」, 원광대학교 법학연구소 원광법학/26(4), 2010 pp.204

- 소준섭, 「'뇌물' 판사와 '비리' 검사장, 뿌리 뽑는 방법」, 오마이뉴스 2016. 12. 26

- 강현창, 「썬코어, 경영지배인 선임…"도주한 최규선 회장, 돌아올 것」뉴시스, 2017. 4. 10

한국의 약탈자본과 공범자들

초판 1쇄 발행 2019년 10월 10일

지은이 홍성준
펴낸이 곽유찬

기획·편집 한대웅, 임황석
디자인 시여비

펴낸곳 레인북
등록 2019년 5월 14일 제2019-000046호
주소 서울시 마포구 백범로 31길 21 서울복지타운 1층 서울시50플러스
중부캠퍼스 공유공간 힘나
전화 010-9013-9235 팩스 02-704-8350
대표메일 lanebook@naver.com

인쇄·제본 (주)상지사

ISBN 979-11-967269-1-1 (03300)

이 도서의 국립중앙도서관 출판예정도서목록(CIP)은 서지정보유통지원시스템 홈페이
지(http://seoji.nl.go.kr)와 국가자료종합목록 구축시스템(http://kolis-net.nl.go.
kr)에서 이용하실 수 있습니다. (CIP제어번호 : CIP2019037570)